Evaluation Report of County Science &
Technology Innovation in Jiangxi Province

江西省
县域科技创新能力评价报告

2021年度

邹　慧　王秋林　胡紫祎　熊永丽／著

科学出版社

北　京

内 容 简 介

在借鉴国内外现有研究成果的基础上，本书结合江西省情，建立县域科技创新评价指标体系，从创新环境、创新投入、创新成效和经济社会发展四个方面全面客观地评价江西全省100个县（市、区）科技创新的发展状况，并结合县域实际提出对策建议。

本书可为江西省委、省人民政府及各有关部门清楚地掌握科技创新的"家底"提供参考。另外，书中通过年度对比分析的方式，既能反映各县（市、区）过去一年科技创新做出的成绩，又能帮助其准确找到自身不足，从而更有针对性地推动科技创新工作。

本书适合相关研究人员、科技决策部门管理者和工作人员、广大科技工作者阅读。

审图号：赣 S（2023）148 号

图书在版编目（CIP）数据

江西省县域科技创新能力评价报告.2021年度/邹慧等著.—北京：科学出版社，2023.11

ISBN 978-7-03-076734-9

Ⅰ.①江⋯ Ⅱ.①邹⋯ Ⅲ.①技术革新–研究报告–江西–2021 Ⅳ.①F124.3

中国国家版本馆CIP数据核字（2023）第200943号

责任编辑：朱萍萍 李嘉佳 / 责任校对：韩 杨
责任印制：师艳茹 / 封面设计：有道文化

*科学出版社*出版
北京东黄城根北街 16 号
邮政编码：100717
http://www.sciencep.com

北京建宏印刷有限公司 印刷
科学出版社发行 各地新华书店经销
*
2023年11月第 一 版 开本：720×1000 1/16
2023年11月第一次印刷 印张：18
字数：259 000
定价：168.00 元
（如有印装质量问题，我社负责调换）

党的二十大报告明确提出，要加快实施创新驱动发展战略，加快实现高水平科技自立自强。《国务院办公厅关于县域创新驱动发展的若干意见》指出，实施创新驱动发展战略，难点在县域。与城市相比，县域科技创新存在投入不足、基础薄弱、人才缺乏等短板，制约了整体创新能力的提升。

聚焦县域创新、开展能力评价，不断推进县域创新能力提升，既是贯彻落实江西创新型省份建设要求、补齐创新发展短板的必然之举，又是江西打造中部地区重要创新高地的重要支撑。

江西省科学院从2015年开始组织科研力量对照全国、省科技进步统计监测指标体系，结合县域实际，在省科技厅、省统计局的指导与大力支持下，在深入调研、专家论证、征集各地各部门意见的基础上，研制出江西省县域科技创新能力评价指标体系，并连续六年完成了《江西省县域科技创新能力评价报告》（2015～2021年）。历年报告都得到了省委、省人民政府领导、省直相关部门以及部分县（市、区）的高度肯定，特别是2018年度、2019年度、2021年度评价结果由江西省推进创新型省份建设领导小组印发全省通报，有力地推动了全省县域科技创新能力的提升。

县域创新需要社会各界的广泛关注与努力，需要各部门的大力支持与重视。我们将认真听取各方意见与建议、不断总结完善，使这项工作更科学、更客观，更能如实地反映县域创新的发展现状，为县域发展提供决策参考、为江西创新型省份建设提供重要支撑。

《江西省县域科技创新能力评价报告》课题组

2023 年 6 月

C目 录
CONTENTS

第一章

江西省县域科技创新能力评价指标体系

第一节　县域与科技创新能力

县域，是以县级行政区划（县、区、县级市）为地理空间，以县级机关为调控主体，具有地域特色和功能完备的区域。

科技创新是原创性科学研究和技术创新的总称，是创新和应用新知识、新技术、新工艺，采用新的生产方式和经营管理模式，开发新产品、提高产品质量、提供新服务的过程，可以分成知识创新、技术创新和管理创新。科技创新能力主要是指一个地区创造新知识的能力、获取一切可用知识的能力、企业自主创新能力、优化创新环境能力和提升创新经济绩效的能力，是区域发展的最主要动力之一[①]。

开展县域科技创新能力评价工作，是对全省县域科技创新状况的深入摸底调查与动态监测，对县域科技创新能力全面系统地分析评判。评价工作分别从创新环境、创新投入、创新成效、经济社会发展等方面，挖掘制约科技创新的因素和根源，为各县（市、区）制定科技政策与发展战略，优化创新环境，提高县域科技创新能力，促进科技、经济、社会融合发展提供重要参考。

---

① 雷勇.2009.县域科技创新能力评价研究［D］.长沙：湖南师范大学.

第二节　指标体系组成

课题组参照科技部建设创新型省份、建设创新型县（市）指标体系及中国科学技术发展战略研究院《中国区域科技创新评价报告》[①]，结合年度江西省高质量发展综合绩效考核及江西省县域工作实际，对原有县域科技创新能力评价指标体系进行修订完善，在征求各地市及省直相关部门意见的基础上，形成了江西省县域科技创新能力评价指标体系。指标体系见表1-1。

表 1-1　指标体系

指标		描述
科技创新能力		科技创新能力综合反映创新环境、创新投入、创新成效、经济社会发展的总体状况
一级指标 （4项）	创新环境	创新需要一定的基础和环境，创新环境对于集聚创新要素、挖掘创新潜能至关重要，创新环境综合反映各县（市、区）的创新基础条件和创新意识
	创新投入	创新投入强度与经济增长存在显著的正相关关系，适度强化的创新投入有助于迅速提升技术水平，通过技术创新促进经济增长，提升竞争力。创新投入是指用于科技创新活动中的各种投入，主要包括各县（市、区）的人力投入和财力投入状况
	创新成效	创新成效是创新活动的直接产出，是衡量县（市、区）创新能力的重要指标，主要包括各县（市、区）的技术创新和产业化水平
	经济社会发展	创新活动最终是要服务于社会、造福于社会，促进经济社会和人类生活的共同进步。经济社会发展综合反映经济增长和社会生活水平
二级指标 （8项）	创新基础	反映区域开展创新活动的现有状况
	科技意识	反映各县（市、区）政府、企业、民众对科技创新活动的参与度
	人力投入	反映各县（市、区）在开展科技创新活动方面的人力投入状况
	财力投入	反映各县（市、区）在开展科技创新活动方面的经费投入状况
	技术创新	反映各县（市、区）企业在技术改进或创新方面的成效
	产业化水平	反映各县（市、区）在创新成果转化方面的能力

[①] 中国科学技术发展战略研究院 . 2020. 中国区域科技创新评价报告 2020［R］. 北京：科学技术文献出版社 .

续表

指标		描述
二级指标 （8项）	经济增长	反映各县（市、区）创新活动对推动地方经济增长的成效
	社会生活	反映各县（市、区）创新活动最终对当地社会生活的改善状况
三级指标 （20项）	规模以上企业数	反映县（市、区）企业规模状况，是创新活动的主体和县域创新的基石，指年度主营业务收入在2000万元以上的工业、建筑业、服务业法人单位。数据来源于省统计局
	规模以上工业企业建立研发机构的比例	反映县（市、区）企业开展技术创新活动能力的情况，指所辖区域内规模以上工业企业拥有经地市级及以上政府有关部门认定的研发机构占比；企业研发机构是指在企业内设立的独立或非独立的具有自主研发能力的技术创新组织载体。数据来源于省统计局
	当年[①]新增省级及以上研发平台/创新载体	反映县（市、区）创新动力和基础条件，指一个监测年度内，新认定的省级和国家级研发平台和创新载体总量。包括：①平台，国家（级）或省（级）实验室、重点（工程）实验室、工程（技术）研究中心、制造业创新中心、企业技术中心、技术创新中心、产业创新中心、国际联合研究中心；②载体，国家级或省级高新区、农业科技园、国际科技合作基地、高新技术产业化基地、火炬特色产业基地、可持续发展实验区、科技企业孵化器、创新型县（市、区）、众创空间。数据来源于省科技厅、省发展和改革委员会、省工业和信息化厅
	人均科普经费投入	反映政府当年对科技宣传、科学普及的重视程度，指单位人口中实际用于科普管理、研究及开展科普活动的全部实际支出。数据来源于省科学技术协会
	每十万人科普专职人员	指一个监测年度内各县（市、区）每十万人口中配备的科普专职人员数。开展科普专题活动是让公众接受科学知识、推广科学技术、树立科技意识的重要方式。科普专职人员是指依照《中华人民共和国科学技术普及法》，弘扬科学精神，普及科学知识，传播科学思想和科学方法，开展青少年科学技术教育活动，提高全民科学素质的专职人员。数据来源于省科技厅
	规模以上工业企业中万人R&D人员全时当量	反映县（市、区）研究与试验发展（research and development，R&D）活动的人力投入水平，指一个监测年度内，每万人口中规模以上工业企业R&D人员按实际从事R&D活动时间计算的工作量，包括全时人员折合全时工作量与所有非全时人员工作量之和。数据来源于省统计局
	规模以上工业企业R&D人员占从业人员比重	反映县（市、区）企业研发人力投入情况，指一个监测年度内各县（市、区）规模以上工业企业R&D人员数量占规模以上工业企业从业人员数量的比重，企业R&D人员主要包括研究人员、技术人员和辅助人员三类。数据来源于省统计局

---

① 书中提到的当年的数据/结果均为2021年的数据/结果，上一年的数据/结果均为2020年的数据/结果。

续表

指标		描述
三级指标 （20项）	规模以上工业企业R&D经费支出	R&D经费投入是反映县（市、区）科技创新水平的重要指标，县（市、区）R&D经费投入的最主要来源是规模以上工业企业，包括与地区生产总值（GDP）之比、增幅两方面。与GDP之比是衡量县（市、区）科技投入水平最为重要、最为综合的指标，指一定时期内规模以上工业企业R&D经费支出与同期地区生产总值的比值；增幅指县（市、区）规模以上工业企业R&D经费支出较上一年增长百分比。数据来源于省统计局
	规模以上工业企业R&D经费支出占营业收入比重	反映县（市、区）企业创新能力和创新投入水平，包括数值、增幅两方面，指一个监测年度内规模以上工业企业的R&D经费内部支出占其营业收入的比重。数据来源于省统计局
	万人有效发明专利拥有量增量	专利数量是反映地区科技活动质量的重要指标，发明专利又是其中更为重要的指标[2]。有效发明专利拥有量增量，反映县（市、区）创新活动的质量，指一个监测年度内新增的每万人口拥有的发明专利有效数量。数据来源于省市场监督管理局
	每万家企业法人高新技术企业数	反映县（市、区）高新技术企业密集度、高技术产业发展水平和产业结构优化调整的情况。指一个监测年度内，每万家企业法人单位中在认定有效期内正常运行的高新技术企业数量。数据来源于省科技厅和省市场监督管理局
	每万家企业法人科技型中小企业数	反映县（市、区）科技创新活力，指一个监测年度内，每万家企业法人单位中科技型中小企业数量。科技型中小企业是依托一定数量的科技人员从事科学技术研究开发活动，取得自主知识产权并将其转化为高新技术产品或服务，从而实现可持续发展的中小企业，也是科技创新梯次培育（科技型中小企业—高新技术企业—瞪羚企业—独角兽企业）的重要后备力量。数据来源于省科技厅和省市场监督管理局
	规模以上工业企业新产品销售收入占营业收入比重	反映县（市、区）规模以上工业企业采用新技术原理、新设计构思研制、生产全新产品的状况，或在结构、材质、工艺等某一方面有明显改进的情况，指一个监测年度内各县（市、区）规模以上工业企业新产品销售收入占其营业收入的比重。数据来源于省统计局
	高新技术产业增加值占规模以上工业增加值比重	反映县（市、区）产业结构优化程度，包括数值、增幅两部分。数值指高新技术产业增加值与规模以上工业增加值的比值，增幅指高新技术产业增加值占规模以上工业增加值比重较上年增长百分比。数据来源于省统计局

续表

指标		描述
三级指标 （20项）	技术合同成交额	反映县（市、区）技术市场的发展和技术成果交易情况，包括总量、与GDP之比两部分。总量指一个监测年度内由技术市场管理办公室认定登记的技术合同（技术开发、技术转让、技术咨询、技术服务）标明的金额总和；与GDP之比指一个监测年度内某一个县（市、区）技术合同成交额（按技术合同登记地域划分）与同期地区生产总值的比值。数据来源于省科技厅和省统计局
	农业产业化省级以上龙头企业数	反映县（市、区）农产品产业化情况，指以农产品生产、加工、流通或农业相关服务业为主业，通过各种利益联结机制带动农户，使农产品生产、加工、销售有机结合，相互促进，在规模和经营指标上达到规定标准，并经国家或省级有关部门认定的企业数量。数据来源于省农业农村厅
	GDP较上一年增长率	反映县（市、区）经济发展状况，指区域内GDP较上一年增长的百分比。数据来源于省统计局
	本级地方财政科技支出占公共财政支出比重	反映县（市、区）政府科技投入力度，指本级政府科学技术支出决算额占本级财政一般公共预算支出决算额的比重。数据来源于省财政厅
	居民人均可支配收入	反映县（市、区）居民经济收入水平和社会生活水平，指居民可用于最终消费支出和储蓄的总和，即居民可用于自由支配的收入，包括工资性收入、经营净收入、财产净收入和转移净收入。数据来源于国家统计局江西调查总队
	万人社会消费品零售额	反映县（市、区）消费支出水平和社会生活水平，指非生产、非经营用的实物商品金额，以及提供餐饮服务所取得的收入金额总和。数据来源于省统计局

第三节　指标体系架构

江西省县域科技创新能力评价指标体系架构如表 1-2 所示。

表 1-2　江西省县域科技创新能力评价指标体系架构

总得分	一级指标	二级指标	三 级 指 标（20 个）	
科技创新能力	创新环境	创新基础	规模以上企业数（家）	
			规模以上工业企业建立研发机构的比例（%）	
			当年新增省级及以上研发平台 / 创新载体（个）	国家级
				省级
		科技意识	人均科普经费投入（元）	
			每十万人科普专职人员（人）	
	创新投入	人力投入	规模以上工业企业中万人 R&D 人员全时当量（人·年）	
			规模以上工业企业 R&D 人员占从业人员比重（%）	
		财力投入	规模以上工业企业 R&D 经费支出 *	与 GDP 之比
				增幅
			规模以上工业企业 R&D 经费支出占营业收入比重（%）	数值
				增幅
	创新成效	技术创新	万人有效发明专利拥有量增量（件）	
			每万家企业法人高新技术企业数（家）	
			每万家企业法人科技型中小企业数（家）	
		产业化水平	规模以上工业企业新产品销售收入占营业收入比重（%）	
			高新技术产业增加值占规模以上工业增加值比重（%）	数值
				增幅
			技术合同成交额 *	数值（万元）
				与 GDP 之比
			农业产业化省级以上龙头企业数（家）	
	经济社会发展	经济增长	GDP 较上一年增长率（%）	
			本级地方财政科技支出占公共财政支出比重（%）	
		社会生活	居民人均可支配收入（元）	
			万人社会消费品零售额（万元）	

* 标注的指标实际的含义包括两个方面，是两个方面计算的结果，无单位，全书同。

第一节　江西省县域科技创新能力总体评价

江西省县域科技创新能力总得分，最高分为青云谱区（93.82 分，南昌市），最低分为红谷滩区（53.25 分，南昌市）。全省平均得分为 67.24 分，低于全省县级市（68.30 分）和区（70.59 分）平均水平。但根据各县（市、区）科技创新能力总得分情况，将全省 100 个县（市、区）划分为以下几类（表 2-1、图 2-1、图 2-2）。最高分与最低分比值为 1.76，较上一年的 2.03 有所下降。

表 2-1　江西省 2021 年 100 个县（市、区）科技创新能力总得分划分类别

类别	描述
第一类	综合评价总得分 80.00 分（含）以上地区有 4 个，为青云谱区（南昌市）、月湖区（鹰潭市）、青山湖区（南昌市）、吉安县（吉安市）。与上一年相比，青云谱区在上一年退出后再次回归。从具体分值来看，90.00 分以上有 2 个，为青云谱区（南昌市）和月湖区（鹰潭市）
第二类	综合评价总得分 70.00（含）～80.00 分的地区有南昌县（南昌市）等 20 个
第三类	综合评价总得分 67.24（含）～70.00 分的地区有章贡区（赣州市）等 21 个。全省平均水平之上的县（市、区）共有 45 个，较上一年增加 5 个（图 2-2）
第四类	综合评价总得分 60.00（含）～67.24 分的地区有永修县（九江市）等 43 个
第五类	综合评价总得分 60.00 分以下的地区有于都县（赣州市）等 12 个

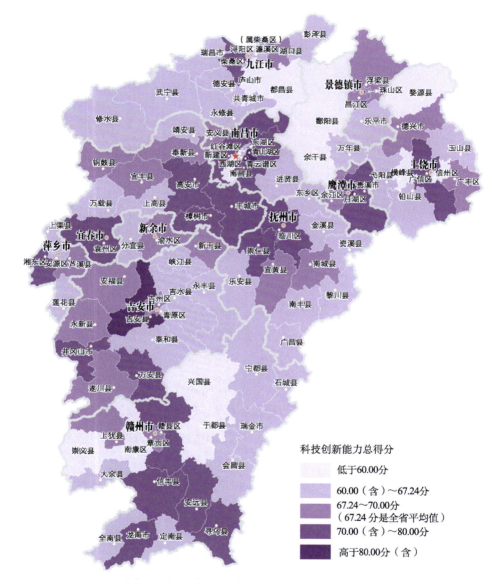

图 2-1　江西省 2021 年县域科技创新能力分布图

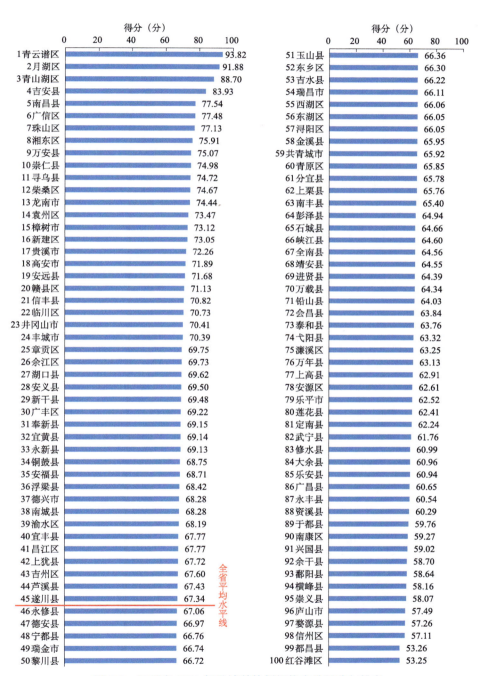

图 2-2　江西省 2021 年县域科技创新能力总得分与排名

第二节　江西省县域科技创新能力分类比较

目前，江西省共有县（市、区）100个，各地的经济基础、主导产业、功能定位、自然资源、区位优势等各有不同。为了能更公平、公正、客观地评价江西省县域科技创新能力，根据《江西省人民政府关于印发江西省主体功能区规划的通知》（赣府发〔2013〕4号）和产业发展情况及省委办公厅、省人民政府办公厅《关于印发〈2021年度江西省高质量发展综合绩效考核评价实施意见〉的通知》，本报告将全省所有县（市、区）分为三类：重点开发区（35个，一类）、农业主产区（33个，二类）、重点生态区（32个，三类），并进行分类比较。

一、重点开发区（一类）

重点开发区的35个县（市、区）中，科技创新能力总得分最高的三个地区分别是青云谱区（南昌市）、月湖区（鹰潭市）和青山湖区（南昌市），得分最低的三个地区分别是南康区（赣州市）、信州区（上饶市）和红谷滩区（南昌市）。重点开发区中科技创新能力平均得分为70.93分，高于全省平均水平、农业主产区平均水平、重点生态区平均水平和全省所有区、县级市平均水平。根据各县（市、区）科技创新能力得分情况，将重点开发区划分为以下几类（表2-2、图2-3）。

表2-2　江西省2021年重点开发区（一类）科技创新能力得分划分类别

类别	描述
第一类	科技创新能力总得分80.00分（含）以上的地区有4个，即青云谱区（南昌市）、月湖区（鹰潭市）、青山湖区（南昌市）、吉安县（吉安市）。与上一年相比，前四名中湘东区（萍乡市）退出，青云谱区进入。从具体分值来看，90.00分（含）以上有2个，与上一年持平
第二类	科技创新能力总得分70.93（含）～80.00分的地区有11个，即南昌县（南昌市）、广信区（上饶市）、珠山区（景德镇市）、湘东区（萍乡市）、柴桑区（九江市）、袁州区（宜春市）、樟树市（宜春市）、新建区（南昌市）、贵溪市（鹰潭市）、高安市（宜春市）、赣县区（赣州市）。重点开发区平均水平以上的地区共有15个，较上一年增加4个

续表

类别	描述
第三类	科技创新能力总得分 60.00（含）～70.93 分的地区有临川区（抚州市）等 17 个
第四类	科技创新能力总得分低于 60.00 分的地区有南康区（赣州市）、信州区（上饶市）和红谷滩区（南昌市）3 个

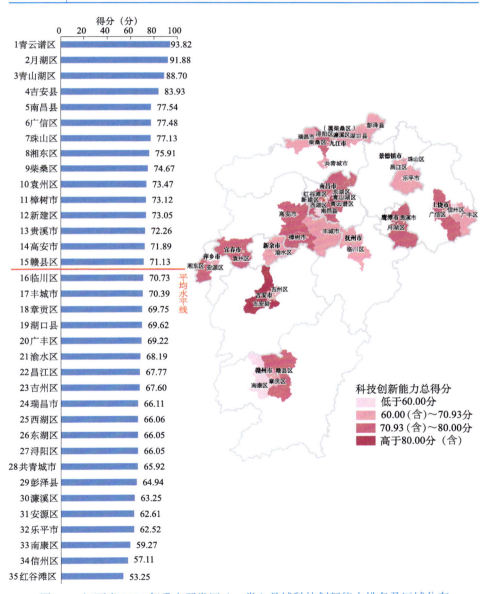

图 2-3　江西省 2021 年重点开发区（一类）县域科技创新能力排名及区域分布

二、农业主产区（二类）

农业主产区的 33 个县（市、区）中，科技创新能力总得分最高的三个地区分别是崇仁县（抚州市）、信丰县（赣州市）和余江区（鹰潭市），得分最低的三个地区分别是余干县（上饶市）、鄱阳县（上饶市）和都昌县（九江市）。农业主产区的科技创新能力平均得分为 64.83 分，低于全省平均水平、重点开发区平均水平、重点生态区平均水平和全省所有区、县级市平均水平。根据各县（市、区）科技创新能力得分情况，将农业主产区划分为以下几类（表 2-3、图 2-4）。

表 2-3　江西省 2021 年农业主产区科技创新能力得分划分类别

类别	描述
第一类	科技创新能力总得分 70.00 分（含）以上的地区有 2 个，即崇仁县（抚州市）、信丰县（赣州市）。与上一年相比，崇仁县继续保持二类县（市、区）科技创新能力第一，信丰县由上一年的第三名上升到第二名
第二类	科技创新能力总得分 64.83（含）～70.00 分的地区有余江区（鹰潭市）等 15 个县（市、区）。农业主产区平均水平以上的地区共有 17 个，较上一年增加 1 个
第三类	科技创新能力总得分 60.00（含）～64.83 分的地区有峡江县（吉安市）等 11 个
第四类	科技创新能力总得分低于 60.00 分的地区有于都县（赣州市）、兴国县（赣州市）、余干县（上饶市）、鄱阳县（上饶市）和都昌县（九江市）5 个

三、重点生态区（三类）

重点生态区的 32 个县（市、区）中，科技创新能力总得分最高的三个地区分别是万安县（吉安市）、寻乌县（赣州市）和龙南市（赣州市），得分最低的三个地区分别是崇义县（赣州市）、庐山市（九江市）和婺源县（上饶市）。重点生态区科技创新能力平均得分为 65.71 分，低于全省平均水平、重点开发区平均水平、全省所有区、全省县级市的平均水平，略高于农业主产区平均水平。根据各县（市、区）科技创新能力得分情况，将重点生态区划分为以下几类（表 2-4、图 2-5）。

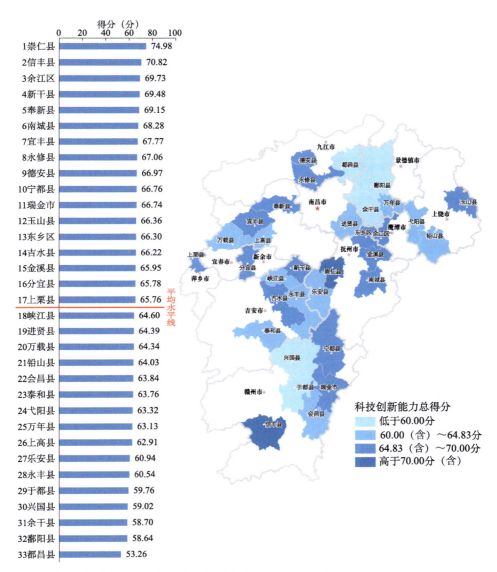

图 2-4 江西省 2021 年农业主产区（二类）县域科技创新能力排名及区域分布

表 2-4 江西省 2021 年重点生态区科技创新能力得分划分类别

类别	描述
第一类	科技创新能力总得分 70.00 分（含）以上的地区有 5 个，即万安县（吉安市）、寻乌县（赣州市）、龙南市（赣州市）、安远县（赣州市）和井冈山市（吉安市）
第二类	科技创新能力总得分 65.71（含）～70.00 分的地区有安义县（南昌市）等 12 个。重点生态区平均水平以上的地区共有 17 个，与上一年持平

续表

类别	描述
第三类	科技创新能力总得分60.00（含）～65.71分的地区有南丰县（抚州市）等11个
第四类	科技创新能力总得分低于60.00分的地区有横峰县（上饶市）、崇义县（赣州市）、庐山市（九江市）和婺源县（上饶市）4个

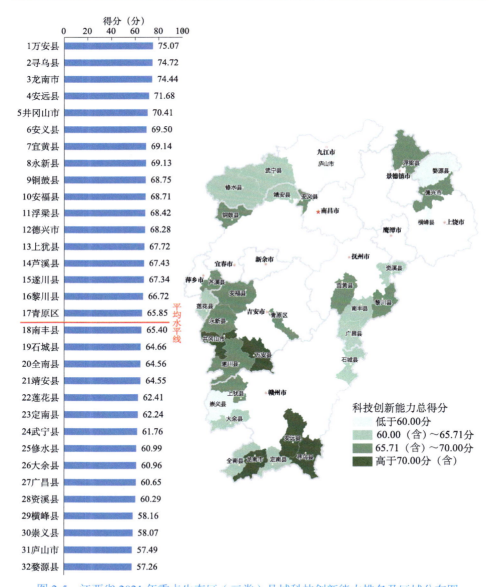

图 2-5 江西省 2021 年重点生态区（三类）县域科技创新能力排名及区域分布图

第三节 县、区与县级市

目前，江西省有 100 个县（市、区），其中包括 61 个县、27 个区、12 个县级市。为更细致地了解各地区科技创新能力在全省的状况，本报告将县、区、县级市进行单独分类比较。

一、县

在江西省的 61 个县中，科技创新能力总得分最高的三个县分别是吉安县（吉安市）、南昌县（南昌市）、万安县（吉安市），得分最低的三个县是崇义县（赣州市）、婺源县（上饶市）和都昌县（九江市）（表 2-5）。江西省所有县的科技创新能力平均得分为 65.55 分，低于全省平均水平和区、县级市平均水平。

表 2-5 江西省 2021 年 61 个县科技创新能力排名

地区	科技创新能力总得分	创新环境	创新投入	创新成效	经济社会发展
吉安县	1	4	1	2	14
南昌县	2	1	25	1	8
万安县	3	34	3	19	3
崇仁县	4	22	4	3	38
寻乌县	5	15	2	26	35
安远县	6	11	8	7	53
信丰县	7	19	7	16	25
湖口县	8	35	5	38	26
安义县	9	32	14	6	58
新干县	10	14	11	32	6
奉新县	11	52	9	30	2
宜黄县	12	29	15	8	41
永新县	13	36	13	13	23

续表

地区	科技创新能力总得分	创新环境	创新投入	创新成效	经济社会发展
铜鼓县	14	53	6	14	54
安福县	15	7	19	33	5
浮梁县	16	2	45	12	37
南城县	17	30	20	10	42
宜丰县	18	12	10	51	13
上犹县	19	44	27	5	50
芦溪县	20	38	44	4	22
遂川县	21	18	31	21	10
永修县	22	9	36	23	12
德安县	23	16	22	43	7
宁都县	24	5	17	42	46
黎川县	25	13	40	9	43
玉山县	26	3	33	46	19
吉水县	27	20	24	41	17
金溪县	28	43	18	15	59
分宜县	29	47	34	27	4
上栗县	30	25	21	39	34
南丰县	31	37	12	48	32
彭泽县	32	24	29	40	24
石城县	33	17	42	25	44
峡江县	34	46	30	35	18
全南县	35	23	52	11	39
靖安县	36	61	38	22	1
进贤县	37	40	37	17	49
万载县	38	45	23	44	27
铅山县	39	42	16	58	16
会昌县	40	31	35	28	57
泰和县	41	58	32	31	15
弋阳县	42	49	28	45	28

续表

地区	科技创新能力总得分	创新环境	创新投入	创新成效	经济社会发展
万年县	43	27	43	47	21
上高县	44	50	26	49	30
莲花县	45	51	48	20	47
定南县	46	56	49	18	45
武宁县	47	26	46	53	20
修水县	48	8	53	55	31
大余县	49	60	54	29	9
乐安县	50	48	41	36	60
广昌县	51	55	51	37	33
永丰县	52	21	39	34	61
资溪县	53	6	58	56	11
于都县	54	10	57	54	29
兴国县	55	41	50	57	52
余干县	56	28	47	60	56
鄱阳县	57	39	56	50	48
横峰县	58	54	55	59	36
崇义县	59	59	61	24	40
婺源县	60	33	59	52	51
都昌县	61	57	60	61	55

创新环境方面，得分最高的三个县是南昌县、浮梁县和玉山县；得分最低的三个县是崇义县、大余县和靖安县。

创新投入方面，得分最高的三个县是吉安县、寻乌县和万安县；得分最低的三个县是婺源县、都昌县和崇义县。

创新成效方面，得分最高的三个县是南昌县、吉安县和崇仁县；得分最低的三个县是横峰县、余干县和都昌县。

经济社会发展方面，得分最高的三个县是靖安县、奉新县和万安县；得分最低的三个县是金溪县、乐安县和永丰县。

二、区

在江西省的 27 个区中，科技创新能力总得分最高的三个区是青云谱区、月湖区、青山湖区，得分最低的三个区是南康区、信州区和红谷滩区（表 2-6）。江西省所有区的科技创新能力平均得分为 70.59 分，略低于全省一类县（市、区）平均水平，但高于全省平均水平和县级市平均水平。

表 2-6   江西省 2021 年 27 个区科技创新能力排名

地区	科技创新能力总得分	创新环境	创新投入	创新成效	经济社会发展
青云谱区	1	18	1	13	2
月湖区	2	6	7	1	8
青山湖区	3	1	6	2	9
广信区	4	23	4	4	18
珠山区	5	27	2	11	16
湘东区	6	22	5	5	23
柴桑区	7	14	3	16	26
袁州区	8	10	8	12	15
新建区	9	5	20	8	5
赣县区	10	17	11	7	19
临川区	11	11	15	6	27
章贡区	12	4	19	19	4
余江区	13	24	12	15	1
广丰区	14	7	10	20	14
渝水区	15	9	23	9	10
昌江区	16	8	22	10	12
吉州区	17	12	14	21	6
东乡区	18	19	16	14	25
西湖区	19	26	13	23	3
东湖区	20	3	27	3	7
浔阳区	21	16	18	17	11
青原区	22	21	9	22	22

续表

地区	科技创新能力总得分	创新环境	创新投入	创新成效	经济社会发展
濂溪区	23	13	17	26	13
安源区	24	20	21	18	20
南康区	25	15	24	25	24
信州区	26	25	25	24	21
红谷滩区	27	2	26	27	17

创新环境方面，得分最高的三个区是青山湖区、红谷滩区和东湖区；得分最低的三个区是信州区、西湖区和珠山区。

创新投入方面，得分最高的三个区是青云谱区、珠山区和柴桑区；得分最低的三个区是信州区、红谷滩区和东湖区。

创新成效方面，得分最高的三个区是月湖区、青山湖区和东湖区；得分最低的三个区是南康区、濂溪区和红谷滩区。

经济社会发展方面，得分最高的三个区是余江区、青云谱区和西湖区；得分最低的三个区是东乡区、柴桑区和临川区。

三、县级市

在江西省 12 个县级市中，科技创新能力总得分最高的三个县级市是龙南市、樟树市和贵溪市，最低的三个市是共青城市、乐平市和庐山市（表2-7）。江西省所有县级市的科技创新能力平均得分为 68.30 分，高于全省平均水平和全省所有县的平均水平，但低于全省所有区的平均水平。

表 2-7　江西省 2021 年 12 个县级市科技创新能力排名

地区	科技创新能力总得分	创新环境	创新投入	创新成效	经济社会发展
龙南市	1	12	1	1	10
樟树市	2	7	4	2	4
贵溪市	3	10	2	5	5
高安市	4	3	5	3	9
井冈山市	5	2	3	11	3

续表

地区	科技创新能力总得分	创新环境	创新投入	创新成效	经济社会发展
丰城市	6	1	8	6	12
德兴市	7	6	6	4	7
瑞金市	8	8	7	7	6
瑞昌市	9	9	9	9	1
共青城市	10	5	10	10	2
乐平市	11	4	11	8	11
庐山市	12	11	12	12	8

创新环境方面，得分最高的三个市是丰城市、井冈山市和高安市；得分最低的三个市是贵溪市、庐山市和龙南市。

创新投入方面，得分最高的三个市是龙南市、贵溪市和井冈山市；得分最低的三个市是共青城市、乐平市和庐山市。

创新成效方面，得分最高的三个市分别是龙南市、樟树市和高安市；得分最低的三个市是共青城市、井冈山市和庐山市。

经济社会发展方面，得分最高的三个市是瑞昌市、共青城市和井冈山市；得分最低的三个市是龙南市、乐平市和丰城市。

第四节　脱贫摘帽县

2017年9月，《中共江西省委办公厅　江西省人民政府办公厅印发〈关于深入推进脱贫攻坚工作的意见〉的通知》（赣办发〔2017〕14号）就推进脱贫攻坚工作再深入提出了具体意见。自2017年2月井冈山市在全国率先脱贫摘帽，至2020年4月26日江西省于都县、修水县等7个贫困县正式退出贫困县序列，至此江西省内25个贫困县全部脱贫摘帽。为落实习近平总书记对脱贫县"要扶上马送一程、设立过渡期、保持主要帮扶政策总体稳定"的指示精神，本报告将脱贫摘帽县科技创新能力单列分析，以供各地决策参考

（表 2-8）。

表 2-8　江西省 2021 年脱贫摘帽县科技创新能力排名

地区	科技创新能力总得分	创新环境	创新投入	创新成效	经济社会发展
吉安县	1	2	1	2	7
广信区	2	19	3	1	3
万安县	3	15	4	7	1
寻乌县	4	8	2	11	13
安远县	5	6	6	5	21
赣县区	6	12	9	4	4
井冈山市	7	1	5	22	2
永新县	8	16	7	6	9
上犹县	9	20	11	3	19
遂川县	10	11	12	9	5
宁都县	11	3	8	16	16
瑞金市	12	7	10	14	6
石城县	13	9	15	10	15
会昌县	14	14	13	12	24
莲花县	15	22	17	8	17
修水县	16	4	20	19	11
乐安县	17	21	14	13	25
广昌县	18	24	19	15	12
于都县	19	5	24	18	10
南康区	20	10	23	23	8
兴国县	21	18	18	20	20
余干县	22	13	16	24	23
鄱阳县	23	17	22	17	18
横峰县	24	23	21	21	14
都昌县	25	25	25	25	22

　　25 个脱贫摘帽县中，创新能力总得分最高的三个地区是吉安县、广信区和万安县；得分最低的三个地区是鄱阳县、横峰县和都昌县。

创新环境方面，脱贫摘帽县中得分最高的三个地区是井冈山市、吉安县和宁都县；得分最低的三个地区是横峰县、广昌县和都昌县。

创新投入方面，脱贫摘帽县中得分最高的三个地区是吉安县、寻乌县和广信区；得分最低的三个地区是南康区、于都县和都昌县。

创新成效方面，脱贫摘帽县中得分最高的三个地区是广信区、吉安县和上犹县；得分最低的三个地区是南康区、余干县和都昌县。

经济社会发展方面，脱贫摘帽县中得分最高的三个地区是万安县、井冈山市和广信区；得分最低的三个地区是余干县、会昌县和乐安县。

第三章

江西省各县（市、区）科技创新能力水平分析

第一节 南 昌 市

一、南昌县

南昌县，位于江西省南昌市南部。2021 年，该县常住人口为 150.24 万人，地区 GDP 为 1195.57 亿元。居民人均可支配收入为 35 964 元，排在全省一类县（市、区）第 18 位，排在南昌市第 6 位。GDP 较上一年增长 8.70%，排在全省一类县（市、区）第 21 位，排在南昌市第 5 位。规模以上工业企业建立研发机构的比例为 16.36%，排在全省一类县（市、区）第 27 位，排在南昌市第 4 位。每十万人科普专职人员为 7.19 人，排在全省一类县（市、区）第 24 位，排在南昌市第 8 位。规模以上工业企业中万人 R&D 人员全时当量为 31.02 人·年，排在全省一类县（市、区）第 12 位，排在南昌市第 3 位。规模以上工业企业 R&D 经费支出为 237 760.4 万元，较上一年下降 3.59%，排在全省一类县（市、区）第 18 位，排在南昌市第 5 位。万人有效发明专利拥有量增量为 1.84 件，排在全省一类县（市、区）第 11 位，排在南昌市第 5 位。每万家企业法人高新技术企业数为 110.79 家，排在全省一类县（市、区）第 8 位，排在南昌市第 2 位。农业产业化省级以上龙头企业数为 41 家，排在

全省一类县（市、区）第 1 位，排在南昌市第 1 位（表 3-1）。

表 3-1　南昌县（一类）科技创新能力评价指标得分与位次

指标名称	得分（分）	全省一类县（市、区）排名		本市排名	
	2021 年	2020 年	2021 年	2020 年	2021 年
科技创新能力	77.54	7	5	2	3
创新环境	4.59	5	5	4	4
创新基础	4.80	5	4	4	3
规模以上企业数（家）	6.62	3	2	2	2
规模以上工业企业建立研发机构的比例（%）	2.36	28	27	5	4
当年新增省级及以上研发平台 / 创新载体（个）	5.51	5	2	4	2
科技意识	4.29	5	9	3	4
人均科普经费投入（元）	5.42	3	4	2	3
每十万人科普专职人员（人）	2.90	—	24	—	8
创新投入	3.53	13	17	3	5
人力投入	3.84	23	14	5	3
规模以上工业企业中万人 R&D 人员全时当量（人·年）	4.03	24	12	5	3
规模以上工业企业 R&D 人员占从业人员比重（%）	3.65	22	16	4	4
财力投入	3.29	6	23	2	6
规模以上工业企业 R&D 经费支出	3.55	11	18	2	5
规模以上工业企业 R&D 经费支出占营业收入比重（%）	3.07	2	28	1	8
创新成效	4.29	4	3	2	2
技术创新	3.88	8	9	5	4
万人有效发明专利拥有量增量（件）	3.91	10	11	4	5
每万家企业法人高新技术企业数（家）	3.89	9	8	3	2
每万家企业法人科技型中小企业数（家）	3.85	4	9	3	4
产业化水平	4.70	2	3	2	2
规模以上工业企业新产品销售收入占营业收入比重（%）	4.44	10	6	3	3
高新技术产业增加值占规模以上工业增加值比重（%）	3.52	10	14	3	4
技术合同成交额	4.47	10	7	8	4
农业产业化省级以上龙头企业数（家）	7.98	1	1	1	1

续表

指标名称	得分（分）	全省一类县（市、区）排名		本市排名	
	2021 年	2020 年	2021 年	2020 年	2021 年
经济社会发展	3.74	8	19	4	6
经济增长	3.63	4	17	1	4
GDP 较上一年增长率（%）	3.31	4	21	2	5
本级地方财政科技支出占公共财政支出比重（%）	3.96	9	10	2	2
社会生活	3.90	17	17	6	6
居民人均可支配收入（元）	4.27	18	18	6	6
万人社会消费品零售额（万元）	3.45	19	21	5	6

如表 3-1 所示，南昌县科技创新能力排在全省一类县（市、区）第 5 位，较上一年上升了 2 位，排在南昌市第 3 位，较上一年下降了 1 位。在一级指标中，经济社会发展排在全省一类县（市、区）第 19 位，较上一年下降了 11 位，排在南昌市第 6 位，较上一年下降了 2 位；创新环境排在全省一类县（市、区）第 5 位，排在南昌市第 4 位，均与上一年位次相同；创新投入排在全省一类县（市、区）第 17 位，较上一年下降了 4 位，排在南昌市第 5 位，较上一年下降了 2 位；创新成效排在全省一类县（市、区）第 3 位，较上一年上升了 1 位，排在南昌市第 2 位，与上一年位次相同。

综上所述，南昌县农业产业化省级以上龙头企业数排在全省一类县（市、区）首位，规模以上企业数、当年新增省级及以上研发平台 / 创新载体、人均科普经费投入排名靠前。但规模以上工业企业建立研发机构的比例、规模以上工业企业 R&D 经费支出占营业收入比重、每十万人科普专职人员排名靠后。建议该县鼓励有条件的企业建立研发机构、加大科研投入，提升产业层次和技术水平，助推经济高质量发展。

二、进贤县

进贤县，位于江西省中部偏北，南昌市下辖县。2021 年，该县常住人口为 64.35 万人，地区 GDP 为 354.40 亿元。居民人均可支配收入为 32 684

元，排在全省二类县（市、区）第 1 位，排在南昌市第 8 位。GDP 较上一年增长 8.40%，排在全省二类县（市、区）第 24 位，排在南昌市第 6 位。规模以上企业数为 234 家，排在全省二类县（市、区）第 6 位，排在南昌市第 5 位。规模以上工业企业建立研发机构的比例为 9.46%，排在全省二类县（市、区）第 33 位，排在南昌市第 7 位。每十万人科普专职人员为 39.16 人，排在全省二类县（市、区）第 5 位，排在南昌市第 3 位。规模以上工业企业中万人 R&D 人员全时当量为 20.33 人·年，排在全省二类县（市、区）第 16 位，排在南昌市第 5 位。规模以上工业企业 R&D 经费支出为 27 770.5 万元，较上一年下降 10.62%，排在全省二类县（市、区）第 32 位，排在南昌市第 6 位。万人有效发明专利拥有量增量为 0.72 件，排在全省二类县（市、区）第 15 位，排在南昌市第 7 位。每万家企业法人高新技术企业数为 81.58 家，排在全省二类县（市、区）第 5 位，排在南昌市第 5 位。农业产业化省级以上龙头企业数为 25 家，排在全省二类县（市、区）第 1 位，排在南昌市第 3 位（表 3-2）。

表 3-2　进贤县（二类）科技创新能力评价指标得分与位次

指标名称	得分（分）	全省二类县（市、区）排名		本市排名	
	2021 年	2020 年	2021 年	2020 年	2021 年
科技创新能力	64.39	9	19	8	8
创新环境	3.22	24	20	9	8
创新基础	2.89	29	31	8	8
规模以上企业数（家）	3.68	7	6	5	5
规模以上工业企业建立研发机构的比例（%）	1.94	33	33	7	7
当年新增省级及以上研发平台/创新载体（个）	3.08	4	13	8	9
科技意识	3.72	21	6	9	5
人均科普经费投入（元）	3.28	5	15	3	8
每十万人科普专职人员（人）	4.26	—	5	—	3
创新投入	3.29	11	25	4	6
人力投入	3.68	10	10	3	5

续表

指标名称	得分（分）	全省二类县（市、区）排名		本市排名	
	2021年	2020年	2021年	2020年	2021年
规模以上工业企业中万人R&D人员全时当量（人·年）	3.36	12	16	4	5
规模以上工业企业R&D人员占从业人员比重（%）	4.00	8	6	2	2
财力投入	2.97	15	32	3	7
规模以上工业企业R&D经费支出	2.76	12	32	3	6
规模以上工业企业R&D经费支出占营业收入比重（%）	3.15	14	28	3	7
创新成效	3.60	3	6	6	7
技术创新	3.48	10	12	6	7
万人有效发明专利拥有量增量（件）	3.58	31	15	7	7
每万家企业法人高新技术企业数（家）	3.54	3	5	4	5
每万家企业法人科技型中小企业数（家）	3.29	18	15	7	6
产业化水平	3.72	1	7	4	7
规模以上工业企业新产品销售收入占营业收入比重（%）	3.03	19	21	5	6
高新技术产业增加值占规模以上工业增加值比重（%）	3.79	10	7	2	3
技术合同成交额	3.25	5	16	9	9
农业产业化省级以上龙头企业数（家）	5.69	1	1	3	3
经济社会发展	2.92	32	26	9	8
经济增长	2.49	33	31	8	7
GDP较上一年增长率（%）	2.91	33	24	6	6
本级地方财政科技支出占公共财政支出比重（%）	2.07	33	33	9	9
社会生活	3.56	5	6	8	8
居民人均可支配收入（元）	3.85				
万人社会消费品零售额（万元）	3.21	12	12	7	8

如表 3-2 所示，进贤县科技创新能力排在全省二类县（市、区）第 19位，较上一年下降了 10 位，排在南昌市第 8 位，与上一年位次相同。在一级指标中，经济社会发展排在全省二类县（市、区）第 26 位，较上一年上升了 6 位，排在南昌市第 8 位，较上一年上升了 1 位；创新投入排在全省二类县（市、区）第 25 位，较上一年下降了 14 位，排在南昌市第 6 位，较上一

年下降了 2 位；创新成效排在全省二类县（市、区）第 6 位，较上一年下降了 3 位，排在南昌市第 7 位，较上一年下降了 1 位；创新环境排在全省二类县（市、区）第 20 位，较上一年上升了 4 位，排在南昌市第 8 位，较上一年上升了 1 位。

综上所述，进贤县农业产业化省级以上龙头企业数、居民人均可支配收入居全省二类县（市、区）首位，每十万人科普专职人员、规模以上工业企业 R&D 人员占从业人员比重、每万家企业法人高新技术企业数排名较前。但规模以上工业企业建立研发机构的比例、规模以上工业企业 R&D 经费支出、规模以上工业企业 R&D 经费支出占营业收入比重排名靠后。建议该县夯实创新基础，加大科技投入，同时鼓励有条件的企业积极开展科研活动，助推经济高质量发展。

三、安义县

安义县，位于江西省中北部，南昌市下辖县。2021 年，该县常住人口为 26.53 万人，地区 GDP 为 123.71 亿元。居民人均可支配收入为 30 155 元，排在全省三类县（市、区）第 5 位，排在南昌市第 9 位。GDP 较上一年增长 8.30%，排在全省三类县（市、区）第 29 位，排在南昌市第 7 位。规模以上企业数为 264 家，排在全省三类县（市、区）第 1 位，排在南昌市第 4 位。规模以上工业企业建立研发机构的比例为 20.43%，排在全省三类县（市、区）第 29 位，排在南昌市第 3 位。每十万人科普专职人员为 7.54 人，排在全省三类县（市、区）第 24 位，排在南昌市第 7 位。规模以上工业企业中万人 R&D 人员全时当量为 32.56 人·年，排在全省三类县（市、区）第 5 位，排在南昌市第 2 位。规模以上工业企业 R&D 经费支出为 20 271.7 万元，较上一年增长 64.91%，排在全省三类县（市、区）第 5 位，排在南昌市第 3 位。万人有效发明专利拥有量增量为 1.34 件，排在全省三类县（市、区）第 4 位，排在南昌市第 6 位。每万家企业法人高新技术企业数为 84.43 家，排在全省三类县（市、区）第 10 位，排在南昌市第 4 位。农业产业化省级以上龙头企业数为 9 家，排在全省三类县（市、区）第 7 位，排在南昌市第 5 位（表 3-3）。

表 3-3 安义县（三类）科技创新能力评价指标得分与位次

指标名称	得分（分）	全省三类县（市、区）排名		本市排名	
	2021 年	2020 年	2021 年	2020 年	2021 年
科技创新能力	69.50	11	6	7	5
创新环境	3.35	12	17	7	6
创新基础	3.28	19	19	6	6
规模以上企业数（家）	3.88	1	1	4	4
规模以上工业企业建立研发机构的比例（%）	2.61	26	29	3	3
当年新增省级及以上研发平台 / 创新载体（个）	3.35	13	6	9	7
科技意识	3.47	7	17	6	6
人均科普经费投入（元）	3.92	1	5	3	4
每十万人科普专职人员（人）	2.92	—	24	—	7
创新投入	3.66	21	10	5	3
人力投入	3.76	14	9	4	4
规模以上工业企业中万人 R&D 人员全时当量（人·年）	4.12	10	5	3	2
规模以上工业企业 R&D 人员占从业人员比重（%）	3.39	22	12	5	5
财力投入	3.57	22	13	5	4
规模以上工业企业 R&D 经费支出	3.99	10	5	5	3
规模以上工业企业 R&D 经费支出占营业收入比重（%）	3.23	29	19	5	3
创新成效	3.97	4	3	5	5
技术创新	3.68	20	8	9	5
万人有效发明专利拥有量增量（件）	3.77	32	4	9	6
每万家企业法人高新技术企业数（家）	3.58	11	10	5	4
每万家企业法人科技型中小企业数（家）	3.70	21	5	5	5
产业化水平	4.27	1	2	1	3
规模以上工业企业新产品销售收入占营业收入比重（%）	4.03	8	7	2	4
高新技术产业增加值占规模以上工业增加值比重（%）	5.05	1	2	1	1
技术合同成交额	4.11	1	7	3	7
农业产业化省级以上龙头企业数（家）	3.41	7	7	5	5
经济社会发展	2.72	28	32	8	9

续表

指标名称	得分（分）	全省三类县（市、区）排名		本市排名	
	2021 年	2020 年	2021 年	2020 年	2021 年
经济增长	2.47	29	32	6	8
GDP 较上一年增长率（%）	2.77	21	29	4	7
本级地方财政科技支出占公共财政支出比重（%）	2.17	31	31	8	8
社会生活	3.10	11	11	9	9
居民人均可支配收入（元）	3.54	5	5	9	9
万人社会消费品零售额（万元）	2.56	32	32	9	9

如表 3-3 所示，安义县科技创新能力排在全省三类县（市、区）第 6 位，较上一年上升了 5 位，排在南昌市第 5 位，较上一年上升了 2 位。在一级指标中，经济社会发展排在全省三类县（市、区）第 32 位，较上一年下降了 4 位，排在南昌市第 9 位，较上一年下降了 1 位；创新环境排在全省三类县（市、区）第 17 位，较上一年下降了 5 位，排在南昌市第 6 位，较上一年上升了 1 位；创新投入排在全省三类县（市、区）第 10 位，较上一年上升了 11 位，排在南昌市第 3 位，较上一年上升了 2 位；创新成效排在全省三类县（市、区）第 3 位，较上一年上升了 1 位，排在南昌市第 5 位，与上一年位次相同。

综上所述，安义县规模以上企业数居全省三类县（市、区）首位，高新技术产业增加值占规模以上工业增加值比重、万人有效发明专利拥有量增量、规模以上工业企业 R&D 经费支出、规模以上工业企业中万人 R&D 人员全时当量排名靠前。但规模以上工业企业建立研发机构的比例、每十万人科普专职人员、GDP 较上一年增长率、本级地方财政科技支出占公共财政支出比重排名靠后。建议该县加大科技投入，增加科普人员数量，鼓励有条件的企业开展科研活动，提高区域科技竞争力。

四、东湖区

东湖区，江西省南昌市市辖区、中心城区。2021 年，该区常住人口为41.29 万人，地区 GDP 为 452.13 亿元。居民人均可支配收入为 51 816 元，排在全省一类县（市、区）第 1 位，排在南昌市第 1 位。GDP 较上一年增长 8.20%，排在全省一类县（市、区）第 32 位，排在南昌市第 8 位。规模以上工业企业建立研发机构的比例为 100%，排在全省一类县（市、区）第 1 位，排在南昌市第 1 位。每十万人科普专职人员为 66.36 人，排在全省一类县（市、区）第 4 位，排在南昌市第 2 位。万人有效发明专利拥有量增量为 4.43 件，排在全省一类县（市、区）第 1 位，排在南昌市第 1 位。每万家企业法人高新技术企业数为 88.45 家，排在全省一类县（市、区）第 13 位，排在南昌市第 3 位。技术合同成交额为 83 822.26 万元，与 GDP 之比为 1.85%，排在全省一类县（市、区）第 5 位，排在南昌市第 3 位（表 3-4）。

表 3-4 东湖区（一类）科技创新能力评价指标得分与位次

指标名称	得分（分）	全省一类县（市、区）排名		本市排名	
	2021 年	2020 年	2021 年	2020 年	2021 年
科技创新能力	66.05	14	26	4	7
创新环境	4.67	2	3	2	3
创新基础	4.87	2	3	2	2
规模以上企业数（家）	2.86	34	34	9	9
规模以上工业企业建立研发机构的比例（%）	7.49	1	1	1	1
当年新增省级及以上研发平台/创新载体（个）	4.16	2	15	2	6
科技意识	4.38	4	8	2	3
人均科普经费投入（元）	3.53	6	17	3	7
每十万人科普专职人员（人）	5.41	—	4	—	2
创新投入	1.71	34	35	8	9
人力投入	1.55	34	35	8	9
规模以上工业企业中万人 R&D 人员全时当量（人·年）	2.09	34	35	8	9
规模以上工业企业 R&D 人员占从业人员比重（%）	1.01	34	35	8	9
财力投入	1.83	34	35	8	9
规模以上工业企业 R&D 经费支出	1.24	34	35	8	9
规模以上工业企业 R&D 经费支出占营业收入比重（%）	2.32	33	35	8	9
创新成效	4.18	9	4	4	3

续表

指标名称	得分（分）	全省一类县（市、区）排名		本市排名	
	2021 年	2020 年	2021 年	2020 年	2021 年
技术创新	4.56	3	2	2	1
万人有效发明专利拥有量增量（件）	4.68	18	1	6	1
每万家企业法人高新技术企业数（家）	3.62	2	13	1	3
每万家企业法人科技型中小企业数（家）	5.52	2	3	1	2
产业化水平	3.80	28	14	8	6
规模以上工业企业新产品销售收入占营业收入比重（%）	6.66	33	2	7	1
高新技术产业增加值占规模以上工业增加值比重（%）	1.38	31	33	7	7
技术合同成交额	4.53	5	5	4	3
农业产业化省级以上龙头企业数（家）	2.41	30	30	7	7
经济社会发展	4.39	7	6	3	4
经济增长	2.69	34	33	7	6
GDP 较上一年增长率（%）	2.64	33	32	6	8
本级地方财政科技支出占公共财政支出比重（%）	2.73	30	28	6	5
社会生活	6.95	1	1	1	1
居民人均可支配收入（元）	6.26	1	1	1	1
万人社会消费品零售额（万元）	7.79	1	1	1	1

如表3-4所示，东湖区科技创新能力排在全省一类县（市、区）第26位，较上一年下降了12位，排在南昌市第7位，较上一年下降了3位。在一级指标中，经济社会发展排在全省一类县（市、区）第6位，较上一年上升了1位，排在南昌市第4位，较上一年下降了1位；创新环境排在全省一类县（市、区）第3位，排在南昌市第3位，均较上一年下降了1位；创新投入排在全省一类县（市、区）第35位，排在南昌市第9位，均较上一年下降了1位；创新成效排在全省一类县（市、区）第4位，较上一年上升了5位，排在南昌市第3位，较上一年上升了1位。

综上所述，东湖区规模以上工业企业建立研发机构的比例、万人有效发明专利拥有量增量、居民人均可支配收入、万人社会消费品零售额居全省一类县（市、区）首位，每十万人科普专职人员、每万家企业法人科技型中小企业数、规模以上企业新产品销售收入占营业收入比重、技术合同成交额排名靠前。但规模以上企业数、规模以上工业企业中万人 R&D 人员全时当量、规模以上工业企业 R&D 人员占从业人员比重、高新技术产业增加值占规模以上工业增加值比重等排名靠后。建议该区加大科技投入，积极培养和引进人才，同时鼓励企业加大研发力度，不断提升科技创新能力。

五、西湖区

西湖区，江西省南昌市市辖区、中心城区。2021 年，该区常住人口为 48.29 万人，地区 GDP 为 670.68 亿元。居民人均可支配收入为 51 409 元，排在全省一类县（市、区）第 2 位，排在南昌市第 2 位。GDP 较上一年增长 10%，排在全省一类县（市、区）第 3 位，排在南昌市第 2 位。每十万人科普专职人员为 10.35 人，排在全省一类县（市、区）第 19 位，排在南昌市第 5 位。规模以上工业企业中万人 R&D 人员全时当量为 1.28 人·年，排在全省一类县（市、区）第 34 位，排在南昌市第 8 位。规模以上工业企业 R&D 经费支出为 3508.4 万元、较上一年下降 28.63%，排在全省一类县（市、区）第 33 位，排在南昌市第 7 位。万人有效发明专利拥有量增量为 3.04 件，排在全省一类县（市、区）第 5 位，排在南昌市第 3 位。每万家企业法人高新技术企业数为 40.84 家，排在全省一类县（市、区）第 28 位，排在南昌市第 8 位。技术合同成交额为 134 506.64 万元、与 GDP 之比为 2.01%，排在全省一类县（市、区）第 3 位，排在南昌市第 2 位。万人社会消费品零售额为 82 073.30 万元，排在全省一类县（市、区）第 3 位，排在南昌市第 3 位（表 3-5）。

表 3-5　西湖区（一类）科技创新能力评价指标得分与位次

指标名称	得分（分）	全省一类县（市、区）排名		本市排名	
	2021 年	2020 年	2021 年	2020 年	2021 年
科技创新能力	66.06	32	25	9	6
创新环境	2.95	13	34	6	9

续表

指标名称	得分（分）	全省一类县（市、区）排名		本市排名	
	2021 年	2020 年	2021 年	2020 年	2021 年
创新基础	2.65	17	35	5	9
规模以上企业数（家）	3.35	28	24	6	6
规模以上工业企业建立研发机构的比例（%）	1.35	3	34	2	8
当年新增省级及以上研发平台／创新载体（个）	3.35	18	24	7	7
科技意识	3.38	14	19	7	8
人均科普经费投入（元）	3.67	6	14	3	6
每十万人科普专职人员（人）	3.04	—	19	—	5
创新投入	3.55	26	16	6	4
人力投入	2.58	25	33	6	8
规模以上工业企业中万人 R&D 人员全时当量（人·年）	2.17	32	34	7	8
规模以上工业企业 R&D 人员占从业人员比重（%）	2.98	15	25	3	7
财力投入	4.34	21	5	4	2
规模以上工业企业 R&D 经费支出	2.15	28	33	6	7
规模以上工业企业 R&D 经费支出占营业收入比重（%）	6.13	7	2	2	2
创新成效	3.19	28	30	9	8
技术创新	3.52	24	16	8	6
万人有效发明专利拥有量增量（件）	4.27	12	5	5	3
每万家企业法人高新技术企业数（家）	3.07	24	28	8	8
每万家企业法人科技型中小企业数（家）	3.19	23	22	6	7
产业化水平	2.85	25	31	7	8
规模以上工业企业新产品销售收入占营业收入比重（%）	1.97	33	34	7	8
高新技术产业增加值占规模以上工业增加值比重（%）	1.38	31	33	7	7
技术合同成交额	5.43	3	3	2	2
农业产业化省级以上龙头企业数（家）	2.13	34	34	8	8
经济社会发展	4.89	35	2	7	2
经济增长	3.80	35	12	9	3
GDP 较上一年增长率（%）	5.04	35	3	9	2

续表

指标名称	得分（分）	全省一类县（市、区）排名		本市排名	
	2021 年	2020 年	2021 年	2020 年	2021 年
本级地方财政科技支出占公共财政支出比重（%）	2.55	27	33	4	7
社会生活	6.54	3	2	3	2
居民人均可支配收入（元）	6.21	2	2	2	2
万人社会消费品零售额（万元）	6.94	3	3	3	3

如表 3-5 所示，西湖区科技创新能力排在全省一类县（市、区）第 25 位，较上一年上升了 7 位，排在南昌市第 6 位，较上一年上升了 3 位。在一级指标中，经济社会发展排在全省一类县（市、区）第 2 位，较上一年上升了 33 位，排在南昌市第 2 位，较上一年上升了 5 位；创新环境排在全省一类县（市、区）第 34 位，较上一年下降了 21 位，排在南昌市第 9 位，较上一年下降了 3 位；创新投入排在全省一类县（市、区）第 16 位，较上一年上升了 10 位，排在南昌市第 4 位，较上一年上升了 2 位；创新成效排在全省一类县（市、区）第 30 位，较上一年下降了 2 位，排在南昌市第 8 位，较上一年上升了 1 位。

综上所述，西湖区规模以上工业企业 R&D 经费支出占营业收入比重、技术合同成交额、GDP 较上一年增长率、居民人均可支配收入、万人社会消费品零售额排在全省一类县（市、区）前列，但规模以上工业企业建立研发机构的比例、规模以上工业企业中万人 R&D 人员全时当量、规模以上工业企业 R&D 经费支出、规模以上工业企业新产品销售收入占营业收入比重、高新技术产业增加值占规模以上工业增加值比重等排名靠后。建议该区夯实创新基础，鼓励有条件的企业建立研发机构，提升产业竞争力，助推经济高质量发展。

六、青云谱区

青云谱区，江西省南昌市市辖区、中心城区，位于南昌市区的南部。2021 年，该区常住人口为 35.74 万人，地区 GDP 为 401.77 亿元。居民人均可支配收入为 50 508 元，排在全省一类县（市、区）第 4 位，排在南昌市第 4 位。GDP 较上一年增长 10.20%，排在全省一类县（市、区）第 1 位，排在南昌市第 1 位。规模以上企业数为 156 家，排在全省一类县（市、区）第 33 位，排在南昌市第 8 位。每十万人科普专职人员为 9.23 人，排在全省一类县（市、区）第 21 位，排在南昌市第 6 位。规模以上工业企业中万人 R&D 人员全时当量为 27.17 人·年，排在全省一类县（市、区）第 15 位，排在南昌市第 4 位。规模以上工业企业 R&D 经费支出为 132 250.6 万元、较上一年增幅 171.73%，排在全省一类县（市、区）第 2 位，排在南昌市第 1 位。万人有效发明专利拥有量增量为 2.26 件，排在全省一类县（市、区）第 7 位，排在南昌市第 4 位。每万家企业法人高新技术企业数为 40.68 家，排在全省一类县（市、区）第 29 位，排在南昌市第 9 位。技术合同成交额为 65 509.66 万元、与 GDP 之比为 1.63%，排在全省一类县（市、区）第 10 位，排在南昌市第 6 位。万人社会消费品零售额为 82 528.31 万元，排在全省一类县（市、区）第 2 位，排在南昌市第 2 位（表 3-6）。

表 3-6　青云谱区（一类）科技创新能力评价指标得分与位次

指标名称	得分（分）	全省一类县（市、区）排名		本市排名	
	2021 年	2020 年	2021 年	2020 年	2021 年
科技创新能力	93.82	8	1	3	1
创新环境	3.35	31	28	8	7
创新基础	3.49	30	20	7	5
规模以上企业数（家）	3.14	33	33	8	8
规模以上工业企业建立研发机构的比例（%）	2.80	25	23	4	2
当年新增省级及以上研发平台/创新载体（个）	4.70	15	5	6	4
科技意识	3.15	21	25	8	9
人均科普经费投入（元）	3.28	6	22	3	8
每十万人科普专职人员（人）	2.99	—	21	—	6
创新投入	6.88	10	1	2	1
人力投入	4.45	5	9	1	1

续表

指标名称	得分（分）	全省一类县（市、区）排名		本市排名	
	2021 年	2020 年	2021 年	2020 年	2021 年
规模以上工业企业中万人 R&D 人员全时当量（人·年）	3.79	3	15	1	4
规模以上工业企业 R&D 人员占从业人员比重（%）	5.12	6	4	1	1
财力投入	8.87	32	1	7	1
规模以上工业企业 R&D 经费支出	6.01	30	2	7	1
规模以上工业企业 R&D 经费支出占营业收入比重（%）	11.21	32	1	7	1
创新成效	3.70	7	15	3	6
技术创新	3.42	7	22	4	8
万人有效发明专利拥有量增量（件）	4.04	3	7	3	4
每万家企业法人高新技术企业数（家）	3.07	28	29	9	9
每万家企业法人科技型中小企业数（家）	3.12	25	25	8	8
产业化水平	3.97	9	10	6	5
规模以上工业企业新产品销售收入占营业收入比重（%）	6.25	4	4	1	2
高新技术产业增加值占规模以上工业增加值比重（%）	2.27	29	32	6	6
技术合同成交额	4.12	6	10	5	6
农业产业化省级以上龙头企业数（家）	3.27	19	19	6	6
经济社会发展	5.05	2	1	1	1
经济增长	4.09	23	8	4	2
GDP 较上一年增长率（%）	5.31	18	1	3	1
本级地方财政科技支出占公共财政支出比重（%）	2.88	29	27	5	4
社会生活	6.49	2	3	2	3
居民人均可支配收入（元）	6.10	3	4	3	4
万人社会消费品零售额（万元）	6.97	2	2	2	2

如表 3-6 所示，青云谱区科技创新能力排在全省一类县（市、区）第 1 位，较上一年上升了 7 位，排在南昌市第 1 位，较上一年上升了 2 位。在一级指标中，经济社会发展排在全省一类县（市、区）第 1 位，较上一年上升了 1 位，排在南昌市第 1 位，与上一年位次相同；创新环境排在全省一类县

（市、区）第 28 位，较上一年上升了 3 位，排在南昌市第 7 位，较上一年上升了 1 位；创新投入排在全省一类县（市、区）第 1 位，较上一年上升了 9 位，排在南昌市第 1 位，较上一年上升了 1 位；创新成效排在全省一类县（市、区）第 15 位，较上一年下降了 8 位，排在南昌市第 6 位，较上一年下降了 3 位。

综上所述，青云谱区规模以上工业企业 R&D 经费支出占营业收入比重、GDP 较上一年增长率居全省一类县（市、区）首位，规模以上工业企业 R&D 人员占从业人员比重、规模以上工业企业 R&D 经费支出、规模以上工业企业新产品销售收入占营业收入比重、万人社会消费品零售额等排在全省一类县（市、区）前列。但规模以上企业数、高新技术产业增加值占规模以上工业增加值比重、每万家企业法人高新技术企业数、本级地方财政科技支出占公共财政支出比重等排名靠后。建议该区优化创新环境，加大对高新技术企业和科技型中小企业的培育支持力度，推动高技术产业发展。

七、红谷滩区

红谷滩区，位于江西省南昌市西北部，赣江下游西岸，是南昌市委、市政府为拓展城市规模，构建"一江两岸"城市发展格局而设立的城市新区。2021 年，该区常住人口为 59.42 万人，地区 GDP 为 730.26 亿元。居民人均可支配收入为 50 643 元，排在全省三类县（市、区）第 3 位，排在南昌市第 3 位。GDP 较上一年增长 8%，排在全省一类县（市、区）第 33 位，排在南昌市第 9 位。规模以上企业数为 165 家，排在全省一类县（市、区）第 31 位，排在南昌市第 7 位。人均科普经费投入为 2.97 元，排在全省一类县（市、区）第 1 位，排在南昌市第 1 位。每十万人科普专职人员为 72.37 人，排在全省一类县（市、区）第 3 位，排在南昌市第 1 位。万人有效发明专利拥有量增量下降为 25.78 件，排在全省一类县（市、区）第 35 位，排在南昌市第 9 位。每万家企业法人高新技术企业数为 55.13 家，排在全省一类县（市、区）第 23 位，排在南昌市第 7 位。技术合同成交额为 87 025.13 万元、与 GDP 之比为 1.19%，排在全省一类县（市、区）第 8 位，排在南昌市第 5 位（表 3-7）。

表 3-7　红谷滩区（一类）科技创新能力评价指标得分与位次

指标名称	得分（分）	全省一类县（市、区）排名		本市排名	
	2021 年	2020 年	2021 年	2020 年	2021 年
科技创新能力	53.25	16	35	5	9
创新环境	4.75	3	2	3	2
创新基础	3.00	35	33	9	7
规模以上企业数（家）	3.20	31	31	7	7
规模以上工业企业建立研发机构的比例（%）	1.35	35	34	9	8
当年新增省级及以上研发平台 / 创新载体（个）	4.70	12	5	5	4
科技意识	7.37	1	1	1	1
人均科普经费投入（元）	8.76	1	1	1	1
每十万人科普专职人员（人）	5.66	—	3	—	1
创新投入	2.68	34	34	8	8
人力投入	3.11	34	24	8	6
规模以上工业企业中万人 R&D 人员全时当量（人·年）	2.23	34	33	8	7
规模以上工业企业 R&D 人员占从业人员比重（%）	3.98	34	11	8	3
财力投入	2.33	34	34	8	8
规模以上工业企业 R&D 经费支出	1.24	34	34	8	8
规模以上工业企业 R&D 经费支出占营业收入比重（%）	3.21	33	18	8	4
创新成效	1.45	13	35	7	9
技术创新	0.41	4	35	3	9
万人有效发明专利拥有量增量（件）	−4.23	2	35	2	9
每万家企业法人高新技术企业数（家）	3.23	20	23	7	7
每万家企业法人科技型中小企业数（家）	2.54	35	35	9	9
产业化水平	2.50	32	35	9	9
规模以上工业企业新产品销售收入占营业收入比重（%）	1.97	33	34	7	8
高新技术产业增加值占规模以上工业增加值比重（%）	1.38	31	33	7	7
技术合同成交额	4.24	9	8	7	5
农业产业化省级以上龙头企业数（家）	2.13	34	34	8	8
经济社会发展	3.73	3	20	2	7

指标名称	得分（分）	全省一类县（市、区）排名		本市排名	
	2021 年	2020 年	2021 年	2020 年	2021 年
经济增长	2.47	16	35	3	9
GDP 较上一年增长率（%）	2.37	1	33	1	9
本级地方财政科技支出占公共财政支出比重（%）	2.57	34	32	7	6
社会生活	5.63	4	5	4	4
居民人均可支配收入（元）	6.11	4	3	4	3
万人社会消费品零售额（万元）	5.04	6	10	4	5

如表 3-7 所示，红谷滩区科技创新能力排在全省一类县（市、区）第 35 位，较上一年下降了 19 位，排在南昌市第 9 位，较上一年下降了 4 位。在一级指标中，经济社会发展排在全省一类县（市、区）第 20 位，较上一年下降了 17 位，排在南昌市第 7 位，较上一年下降了 5 位；创新环境排在全省一类县（市、区）第 2 位，排在南昌市第 2 位，均较上一年上升了 1 位；创新投入排在全省一类县（市、区）第 34 位，排在南昌市第 8 位，均与上一年位次相同；创新成效排在全省一类县（市、区）第 35 位，较上一年下降了 22 位，排在南昌市第 9 位，较上一年下降了 2 位。

综上所述，红谷滩区人均科普经费投入居全省一类县（市、区）首位，当年新增省级及以上研发平台/创新载体、每十万人科普专职人员、居民人均可支配收入在全省一类县（市、区）排名靠前。但规模以上企业数、规模以上工业企业建立研发机构的比例、规模以上工业企业中万人 R&D 人员全时当量、规模以上工业企业 R&D 经费支出、万人有效发明专利拥有量增量、每万家企业法人科技型中小企业数等排名靠后。建议该区持续加大对科技型中小企业、高新技术企业的培育支持力度，鼓励企业加大研发投入，提升产业竞争力，助推经济高质量发展。

八、青山湖区

青山湖区，江西省南昌市市辖区，位于南昌市城东。2021 年，该区常住人口为 135.73 万人，地区 GDP 为 611.76 亿元。居民人均可支配收入为 48 267 元，排在全省一类县（市、区）第 5 位，排在南昌市第 5 位。GDP 较上一年增长 8.80%，排在全省一类县（市、区）第 18 位，排在南昌市第 3 位。规模以上企业数为 981 家，排在全省一类县（市、区）第 1 位，排在南昌市第 1 位。规模以上工业企业建立研发机构的比例为 11.36%，排在全省一类县（市、区）第 33 位，排在南昌市第 6 位。每十万人科普专职人员为 5.16 人，排在全省一类县（市、区）第 27 位，排在南昌市第 9 位。规模以上工业企业中万人 R&D 人员全时当量为 52.21 人·年，排在全省一类县（市、区）第 5 位，排在南昌市第 1 位。当年新增省级及以上研发平台/创新载体共 29 个，其中国家级 1 个，省级 28 个，排在全省一类县（市、区）第 1 位，排在南昌市第 1 位。万人有效发明专利拥有量增量下降为 15.95 件，排在全省一类县（市、区）第 34 位，排在南昌市第 8 位。每万家企业法人高新技术企业数为 410.16 家，排在全省一类县（市、区）第 2 位，排在南昌市第 1 位。农业产业化省级以上龙头企业数为 18 家，排在全省一类县（市、区）第 7 位，排在南昌市第 4 位（表 3-8）。

表 3-8 青山湖区（一类）科技创新能力评价指标得分与位次

指标名称	得分（分）	全省一类县（市、区）排名		本市排名	
	2021 年	2020 年	2021 年	2020 年	2021 年
科技创新能力	88.70	1	3	1	2
创新环境	5.65	1	1	1	1
创新基础	7.15	1	1	1	1
规模以上企业数（家）	8.82	1	1	1	1
规模以上工业企业建立研发机构的比例（%）	2.05	30	33	6	6
当年新增省级及以上研发平台/创新载体（个）	11.17	1	1	1	1
科技意识	3.39	8	18	4	7
人均科普经费投入（元）	3.86	6	9	3	5
每十万人科普专职人员（人）	2.82	—	27	—	9
创新投入	4.18	6	8	1	2

续表

指标名称	得分（分）	全省一类县（市、区）排名		本市排名	
	2021 年	2020 年	2021 年	2020 年	2021 年
人力投入	4.30	10	10	2	2
规模以上工业企业中万人 R&D 人员全时当量（人·年）	5.35	6	5	2	1
规模以上工业企业 R&D 人员占从业人员比重（%）	3.26	27	21	6	6
财力投入	4.07	2	7	1	3
规模以上工业企业 R&D 经费支出	5.15	2	4	1	2
规模以上工业企业 R&D 经费支出占营业收入比重（%）	3.19	19	22	4	6
创新成效	4.57	2	2	1	1
技术创新	4.17	2	5	1	2
万人有效发明专利拥有量增量（件）	−1.33	1	34	1	8
每万家企业法人高新技术企业数（家）	7.39	8	2	2	1
每万家企业法人科技型中小企业数（家）	6.84	3	2	2	1
产业化水平	4.97	4	1	3	1
规模以上工业企业新产品销售收入占营业收入比重（%）	3.40	11	17	4	5
高新技术产业增加值占规模以上工业增加值比重（%）	3.50	26	15	5	5
技术合同成交额	7.88	2	1	1	1
农业产业化省级以上龙头企业数（家）	4.69	7	7	4	4
经济社会发展	4.21	25	10	6	5
经济增长	3.31	30	23	5	5
GDP 较上一年增长率（%）	3.44	31	18	5	3
本级地方财政科技支出占公共财政支出比重（%）	3.17	16	22	3	3
社会生活	5.56	9	6	5	5
居民人均可支配收入（元）	5.82	5	5	5	5
万人社会消费品零售额（万元）	5.24	26	8	8	4

如表 3-8 所示，青山湖区科技创新能力排在全省一类县（市、区）第 3 位，较上一年下降了 2 位，排在南昌市第 2 位，较上一年下降了 1 位。在一级指标中，经济社会发展排在全省一类县（市、区）第 10 位，较上一年上升了 15 位，排在南昌市第 5 位，较上一年上升了 1 位；创新环境排在全省一类

县（市、区）第 1 位，排在南昌市第 1 位，均与上一年位次相同；创新投入排在全省一类县（市、区）第 8 位，较上一年下降了 2 位，排在南昌市第 2 位，较上一年下降了 1 位；创新成效排在全省一类县（市、区）第 2 位，排在南昌市第 1 位，均与上一年位次相同。

综上所述，青山湖区规模以上企业数、当年新增省级及以上研发平台 / 创新载体、技术合同成交额排名居全省一类县（市、区）首位，规模以上工业企业中万人 R&D 人员全时当量、规模以上工业企业 R&D 经费支出、每万家企业法人科技型中小企业数、每万家企业法人高新技术企业数、居民人均可支配收入排在全省一类县（市、区）前列。但规模以上工业企业建立研发机构的比例、每十万人科普专职人员、万人有效发明专利拥有量增量排名靠后。建议该区鼓励有条件的企业建立研发机构，增强企业和民众专利意识，提升地区科技竞争力。

九、新建区

新建区，原新建县，2015 年 8 月，撤销新建县设立新建区，其位于江西省南昌市中心城区西北。2021 年，该区常住人口为 82.15 万人，地区 GDP 为 393.38 亿元。居民人均可支配收入为 34 152 元，排在全省一类县（市、区）第 21 位，排在南昌市第 7 位。GDP 较上一年增长 8.80%，排在全省一类县（市、区）第 18 位，排在南昌市第 3 位。规模以上企业数为 376 家，排在全省一类县（市、区）第 9 位，排在南昌市第 3 位。规模以上工业企业建立研发机构的比例为 11.63%，排在全省一类县（市、区）第 31 位，排在南昌市第 5 位。每十万人科普专职人员为 10.59 人，排在全省一类县（市、区）第 18 位，排在南昌市第 4 位。规模以上工业企业中万人 R&D 人员全时当量为 12.68 人·年，排在全省一类县（市、区）第 28 位，排在南昌市第 6 位。规模以上工业企业 R&D 经费支出为 45 606.3 万元、较上一年增长 54.77%，排在全省一类县（市、区）第 16 位，排在南昌市第 4 位。万人有效发明专利拥有量增量为 3.26 件，排在全省一类县（市、区）第 4 位，排在南昌市第 2 位。每万家企业法人高新技术企业数为 65.60 家，排在全省一类县（市、区）第

18位，排在南昌市第6位。农业产业化省级以上龙头企业数为29家，排在全省一类县（市、区）第3位，排在南昌市第2位（表3-9）。

表3-9 新建区（一类）科技创新能力评价指标得分与位次

指标名称	得分（分）	全省一类县（市、区）排名		本市排名	
	2021年	2020年	2021年	2020年	2021年
科技创新能力	73.05	18	12	6	4
创新环境	4.22	6	7	5	5
创新基础	3.84	4	15	3	4
规模以上企业数（家）	4.65	9	9	3	3
规模以上工业企业建立研发机构的比例（%）	2.07	34	31	8	5
当年新增省级及以上研发平台/创新载体（个）	4.97	2	4	2	3
科技意识	4.78	9	5	5	2
人均科普经费投入（元）	6.20	6	3	3	2
每十万人科普专职人员（人）	3.05	—	18	—	4
创新投入	3.13	29	27	7	7
人力投入	2.83	33	31	7	7
规模以上工业企业中万人R&D人员全时当量（人·年）	2.88	30	28	6	6
规模以上工业企业R&D人员占从业人员比重（%）	2.77	31	29	7	8
财力投入	3.38	25	20	6	5
规模以上工业企业R&D经费支出	3.61	19	16	4	4
规模以上工业企业R&D经费支出占营业收入比重（%）	3.20	29	20	6	5
创新成效	3.98	14	10	8	4
技术创新	3.95	22	8	7	3
万人有效发明专利拥有量增量（件）	4.33	34	4	8	2
每万家企业法人高新技术企业数（家）	3.36	14	18	6	6
每万家企业法人科技型中小企业数（家）	4.20	13	4	4	3
产业化水平	4.00	8	9	5	4
规模以上工业企业新产品销售收入占营业收入比重（%）	2.63	26	30	6	7
高新技术产业增加值占规模以上工业增加值比重（%）	4.21	18	8	4	2
技术合同成交额	3.80	8	14	6	8

续表

指标名称	得分（分）	全省一类县（市、区）排名		本市排名	
	2021 年	2020 年	2021 年	2020 年	2021 年
农业产业化省级以上龙头企业数（家）	6.26	3	3	2	2
经济社会发展	4.67	10	4	5	3
经济增长	5.30	8	1	2	1
GDP 较上一年增长率（%）	3.44	34	18	8	3
本级地方财政科技支出占公共财政支出比重（%）	7.16	1	1	1	1
社会生活	3.72	20	20	7	7
居民人均可支配收入（元）	4.04	21	21	7	7
万人社会消费品零售额（万元）	3.33	23	24	6	7

如表 3-9 所示，新建区科技创新能力排在全省一类县（市、区）第 12 位，较上一年上升 6 位，排在南昌市第 4 位，较上一年上升 2 位。在一级指标中，经济社会发展排在全省一类县（市、区）第 4 位，较上一年上升 6 位，排在南昌市第 3 位，较上一年上升 2 位；创新环境排在全省一类县（市、区）第 7 位，较上一年下降 1 位，排在南昌市第 5 位，与上一年位次相同；创新投入排在全省一类县（市、区）第 27 位，较上一年上升 2 位，排在南昌市第 7 位，与上一年位次相同；创新成效排在全省一类县（市、区）第 10 位，排在南昌市第 4 位，均比上一年上升了 4 位。

综上所述，新建区本级地方财政科技支出占公共财政支出比重排名居全省一类县（市、区）首位，当年新增省级及以上研发平台 / 创新载体、人均科普经费投入、农业产业化省级以上龙头企业数、万人有效发明专利拥有量增量、每万家企业法人科技型中小企业数在全省一类县（市、区）排名相对靠前。但规模以上工业企业建立研发机构的比例、规模以上工业企业中万人 R&D 人员全时当量、规模以上工业企业 R&D 人员占从业人员比重、规模以上工业企业新产品销售收入占营业收入比重排名靠后。建议该区加大科研人力投入，积极引进和培养人才，鼓励企业自主研发，提高产品质量，进一步提升科技竞争力。

第二节 九 江 市

一、修水县

修水县，位于江西省西北部，九江市西部，九江市下辖县。2021年，该县常住人口为70.25万人，地区GDP为293.56亿元。居民人均可支配收入为22 583元，排在全省三类县（市、区）第19位，排在九江市第12位。GDP较上一年增长9.20%，排在全省三类县（市、区）第8位，排在九江市第3位。规模以上工业企业建立研发机构的比例为43.36%，排在全省三类县（市、区）第13位，排在九江市第4位。人均科普经费投入为1.26元，排在全省三类县（市、区）第1位，排在九江市第4位。规模以上工业企业R&D经费支出为22 983.2万元、较上一年增长12.57%，排在全省三类县（市、区）第22位，排在九江市第11位。每万家企业法人高新技术企业数为34.22家，排在全省三类县（市、区）第26位，排在九江市第10位。规模以上工业企业新产品销售收入占营业收入比重为9.42%，排在全省三类县（市、区）第27位，排在九江市第8位。本级地方财政科技支出占公共财政支出比重为2.01%，排在全省三类县（市、区）第26位，排在九江市第9位（表3-10）。

表 3-10　修水县（三类）科技创新能力评价指标得分与位次

指标名称	得分（分）	全省三类县（市、区）排名		本市排名	
	2021 年	2020 年	2021 年	2020 年	2021 年
科技创新能力	60.99	27	25	11	11
创新环境	3.65	29	6	12	2
创新基础	3.62	16	6	11	2
规模以上企业数（家）	3.22	3	6	6	10
规模以上工业企业建立研发机构的比例（%）	4.02	21	13	9	4
当年新增省级及以上研发平台 / 创新载体（个）	3.62	13	3	9	2

续表

指标名称	得分（分）	全省三类县（市、区）排名		本市排名	
	2021年	2020年	2021年	2020年	2021年
科技意识	3.70	30	9	12	5
人均科普经费投入（元）	4.00	30	1	12	4
每十万人科普专职人员（人）	3.33	—	15	—	4
创新投入	2.96	25	26	10	11
人力投入	2.91	24	24	11	11
规模以上工业企业中万人R&D人员全时当量（人·年）	2.91	20	22	12	11
规模以上工业企业R&D人员占从业人员比重（%）	2.91	23	25	9	10
财力投入	3.01	25	23	8	11
规模以上工业企业R&D经费支出	2.98	22	22	10	11
规模以上工业企业R&D经费支出占营业收入比重（%）	3.04	27	26	7	9
创新成效	3.08	22	28	7	9
技术创新	3.18	31	28	12	10
万人有效发明专利拥有量增量（件）	3.50	29	22	11	9
每万家企业法人高新技术企业数（家）	2.99	29	26	10	10
每万家企业法人科技型中小企业数（家）	3.02	30	28	12	10
产业化水平	2.99	11	27	1	7
规模以上工业企业新产品销售收入占营业收入比重（%）	2.67	25	27	4	8
高新技术产业增加值占规模以上工业增加值比重（%）	3.01	8	26	1	9
技术合同成交额	2.60	28	31	13	13
农业产业化省级以上龙头企业数（家）	4.27	1	1	2	2
经济社会发展	3.24	17	15	12	12
经济增长	3.50	13	13	7	5
GDP较上一年增长率（%）	3.98	5	8	7	3
本级地方财政科技支出占公共财政支出比重（%）	3.02	18	26	8	9
社会生活	2.86	20	18	12	12
居民人均可支配收入（元）	2.58	19	19	12	12
万人社会消费品零售额（万元）	3.19	12	13	11	11

如表 3-10 所示，修水县科技创新能力排在全省三类县（市、区）第 25 位，较上一年上升了 2 位，排在九江市第 11 位，与上一年位次相同。在一级指标中，经济社会发展排在全省三类县（市、区）第 15 位，较上一年上升了 2 位，排在九江市第 12 位，与上一年位次相同；创新投入排在全省三类县（市、区）第 26 位，排在九江市第 11 位，均较上一年下降了 1 位；创新成效排在全省三类县（市、区）第 28 位，较上一年下降了 6 位，排在九江市第 9 位，较上一年下降了 2 位；创新环境排在全省三类县（市、区）第 6 位，较上一年上升了 23 位，排在九江市第 2 位，较上一年上升了 10 位。

综上所述，修水县人均科普经费投入、农业产业化省级以上龙头企业数居全省三类县（市、区）首位，规模以上企业数、当年新增省级及以上研发平台 / 创新载体排名靠前，但技术合同成交额、每万家企业法人高新技术企业数、每万家企业法人科技型中小企业数、规模以上工业企业 R&D 经费支出占营业收入比重等排名靠后。建议该县积极引进和培育人才，鼓励企业加大研发投入，加速高新技术企业和科技型中小企业培育，加快科技成果转移转化，促进当地经济发展。

二、武宁县

武宁县，位于江西省西北部，九江市下辖县。2021 年，该县常住人口为 31.58 万人，地区 GDP 为 201.88 亿元。居民人均可支配收入为 29 697 元，排在全省三类县（市、区）第 7 位，排在九江市第 9 位。GDP 较上一年增长 8.80%，排在全省三类县（市、区）第 17 位，排在九江市第 9 位。规模以上工业企业建立研发机构的比例为 50.85%，排在全省三类县（市、区）第 7 位，排在九江市第 1 位。人均科普经费投入为 1.24 元，排在全省三类县（市、区）第 3 位，排在九江市第 6 位。规模以上工业企业中万人 R&D 人员全时当量为 19.88 人·年，排在全省三类县（市、区）第 13 位，排在九江市第 9 位。规模以上工业企业 R&D 经费支出为 19 945.7 万元、较上一年上升 5.58%，排在全省三类县（市、区）第 21 位，排在九江市第 10 位。每万家企业法人高新技术企业数为 45.11 家，排在全省三类县（市、区）22 位，排在九江市第

8 位。规模以上工业企业新产品销售收入占营业收入比重为 6.39%，排在全省三类县（市、区）第 30 位，排在九江市第 11 位。农业产业化省级以上龙头企业数为 7 家，排在全省三类县（市、区）第 14 位，排在九江市第 5 位。本级地方财政科技支出占公共财政支出比重为 2.56%，排在全省三类县（市、区）第 13 位，排在九江市第 5 位（表 3-11）。

表 3-11　武宁县（三类）科技创新能力评价指标得分与位次

指标名称	得分（分）	全省三类县（市、区）排名		本市排名	
	2021 年	2020 年	2021 年	2020 年	2021 年
科技创新能力	61.76	23	24	10	10
创新环境	3.42	7	13	8	10
创新基础	3.47	6	10	6	6
规模以上企业数（家）	3.02	10	10	12	11
规模以上工业企业建立研发机构的比例（%）	4.48	9	7	1	1
当年新增省级及以上研发平台/创新载体（个）	2.81	6	21	5	11
科技意识	3.35	13	18	5	10
人均科普经费投入（元）	3.95	1	3	4	6
每十万人科普专职人员（人）	2.61	—	32	—	13
创新投入	3.12	22	21	9	10
人力投入	3.17	17	19	9	9
规模以上工业企业中万人 R&D 人员全时当量（人·年）	3.33	12	13	9	9
规模以上工业企业 R&D 人员占从业人员比重（%）	3.02	21	22	8	6
财力投入	3.08	23	21	9	10
规模以上工业企业 R&D 经费支出	3.04	21	21	9	10
规模以上工业企业 R&D 经费支出占营业收入比重（%）	3.11	23	23	5	8
创新成效	3.11	29	27	10	8
技术创新	3.27	25	24	8	8
万人有效发明专利拥有量增量（件）	3.52	28	18	10	7
每万家企业法人高新技术企业数（家）	3.12	24	22	8	8
每万家企业法人科技型中小企业数（家）	3.15	22	23	6	7

续表

指标名称	得分（分）	全省三类县（市、区）排名		本市排名	
	2021年	2020年	2021年	2020年	2021年
产业化水平	2.95	29	28	9	9
规模以上工业企业新产品销售收入占营业收入比重（%）	2.44	30	30	11	11
高新技术产业增加值占规模以上工业增加值比重（%）	3.35	23	20	8	5
技术合同成交额	2.89	12	24	8	9
农业产业化省级以上龙头企业数（家）	3.12	14	14	5	5
经济社会发展	3.48	14	11	11	8
经济增长	3.40	23	16	11	8
GDP较上一年增长率（%）	3.44	30	17	12	9
本级地方财政科技支出占公共财政支出比重（%）	3.37	8	13	3	5
社会生活	3.58	4	4	8	8
居民人均可支配收入（元）	3.48	7	7	9	9
万人社会消费品零售额（万元）	3.71	5	5	5	6

如表 3-11 所示，武宁县科技创新能力排在全省三类县（市、区）第 24 位，较上一年下降了 1 位，排在九江市第 10 位，与上一年位次相同。在一级指标中，经济社会发展排在全省三类县（市、区）第 11 位，排在九江市第 8 位，均较上一年上升了 3 位；创新投入排在全省三类县（市、区）第 21 位，较上一年上升了 1 位，排在九江市第 10 位，较上一年下降了 1 位；创新成效排在全省三类县（市、区）第 27 位，排在九江市第 8 位，均较上一年上升了 2 位；创新环境排在全省三类县（市、区）第 13 位，较上一年下降了 6 位，排在九江市第 10 位，较上一年下降了 2 位。

综上所述，武宁县人均科普经费投入、万人社会消费品零售额、居民人均可支配收入、规模以上工业企业建立研发机构的比例排名相对靠前，但每十万人科普专职人员、规模以上工业企业新产品销售收入占营业收入比重、每万家企业法人科技型中小企业数、技术合同成交额等排名靠后。建议该县加速培育高新技术企业和科技型中小企业，鼓励企业加大科研投入，提高产品质量，助推经济高质量发展。

三、瑞昌市

瑞昌市，位于江西省北部偏西，九江市西部，九江市下辖县级市。2021年，该市常住人口为 39.74 万人，地区 GDP 为 308.51 亿元。居民人均可支配收入为 30 165 元，排在全省一类县（市、区）第 26 位，排在九江市第 6 位。GDP 较上一年增长 9.20%，排在全省一类县（市、区）第 10 位，排在九江市第 3 位。规模以上工业企业建立研发机构的比例为 30.12%，排在全省一类县（市、区）第 14 位，排在九江市第 8 位。人均科普经费投入为 1.13 元，排在全省一类县（市、区）第 15 位，排在九江市第 9 位。规模以上工业企业中万人 R&D 人员全时当量为 32.51 人·年，排在全省一类县（市、区）第 11 位，排在九江市第 5 位。规模以上工业企业 R&D 经费支出为 49 693.8 万元、较上一年增长 11%，排在全省一类县（市、区）第 21 位，排在九江市第 6 位。每万家企业法人高新技术企业数为 45.96 家，排在全省一类县（市、区）第 25 位，排在九江市第 7 位。规模以上工业企业新产品销售收入占营业收入比重为 13.48%，排在全省一类县（市、区）第 24 位，排在九江市第 4 位。农业产业化省级以上龙头企业数为 7 家，排在全省一类县（市、区）第 22 位，排在九江市第 5 位。本级地方财政科技支出占公共财政支出比重为 6.27%，排在全省一类县（市、区）第 2 位，排在九江市第 1 位（表 3-12）。

表 3-12　瑞昌市（一类）科技创新能力评价指标得分与位次

指标名称	得分（分）	全省一类县（市、区）排名		本市排名	
	2021 年	2020 年	2021 年	2020 年	2021 年
科技创新能力	66.11	22	24	4	5
创新环境	3.43	21	24	6	8
创新基础	3.56	21	19	3	4
规模以上企业数（家）	4.10	15	15	1	1
规模以上工业企业建立研发机构的比例（%）	3.20	14	14	7	8
当年新增省级及以上研发平台/创新载体（个）	3.35	28	24	5	4
科技意识	3.24	17	21	6	12
人均科普经费投入（元）	3.64	6	15	4	9

指标名称	得分（分）	全省一类县（市、区）排名		本市排名	
	2021年	2020年	2021年	2020年	2021年
每十万人科普专职人员（人）	2.76	—	30	—	11
创新投入	3.42	22	20	6	5
人力投入	3.55	20	17	8	5
规模以上工业企业中万人R&D人员全时当量（人·年）	4.12	15	11	6	5
规模以上工业企业R&D人员占从业人员比重（%）	2.97	25	27	7	8
财力投入	3.31	18	22	5	6
规模以上工业企业R&D经费支出	3.46	16	21	6	6
规模以上工业企业R&D经费支出占营业收入比重（%）	3.18	23	23	6	5
创新成效	3.22	30	29	8	7
技术创新	3.29	31	25	10	6
万人有效发明专利拥有量增量（件）	3.60	32	19	12	5
每万家企业法人高新技术企业数（家）	3.13	25	25	7	7
每万家企业法人科技型中小企业数（家）	3.11	27	26	8	8
产业化水平	3.15	23	28	3	5
规模以上工业企业新产品销售收入占营业收入比重（%）	2.97	20	24	3	4
高新技术产业增加值占规模以上工业增加值比重（%）	3.33	11	17	3	6
技术合同成交额	3.13	24	23	3	3
农业产业化省级以上龙头企业数（家）	3.12	22	22	5	5
经济社会发展	4.29	6	7	2	1
经济增长	4.82	2	2	2	1
GDP较上一年增长率（%）	3.98	9	10	5	3
本级地方财政科技支出占公共财政支出比重（%）	5.67	2	2	1	1
社会生活	3.49	25	25	9	9
居民人均可支配收入（元）	3.54	27	26	7	6
万人社会消费品零售额（万元）	3.44	20	22	9	9

　　如表3-12所示，瑞昌市科技创新能力排在全省一类县（市、区）第24位，较上一年下降了2位，排在九江市第5位，较上一年下降了1位。在一

级指标中，经济社会发展排在全省一类县（市、区）第 7 位，较上一年下降了 1 位，排在九江市第 1 位，较上一年上升了 1 位；创新投入排在全省一类县（市、区）第 20 位，较上一年上升了 2 位，排在九江市第 5 位，较上一年上升了 1 位；创新成效排在全省一类县（市、区）第 29 位，排在九江市第 7 位，均较上一年上升了 1 位；创新环境排在全省一类县（市、区）第 24 位，较上一年下降了 3 位，排在九江市第 8 位，较上一年下降了 2 位。

综上所述，瑞昌市本级地方财政科技支出占公共财政支出比重、GDP 较上一年增长率排名靠前，但每十万人科普专职人员、规模以上工业企业 R&D 人员占从业人员比重、每万家企业法人科技型中小企业数、技术合同成交额、居民人均可支配收入排名靠后。建议该市优化创新环境，加大科普宣传力度，加大科技创新投入，积极引进和培育人才，同时加速培育高新技术企业和科技型中小企业，推动产业转型升级，提升科技对经济发展的支撑能力。

四、都昌县

都昌县，位于江西省北部，九江市下辖县。2021 年，该县常住人口为 56 万人，地区 GDP 为 246.85 亿元。居民人均可支配收入为 18 462 元，排在全省二类县（市、区）第 33 位，排在九江市第 13 位。GDP 较上一年增长 8.60%，排在全省二类县（市、区）第 21 位，排在九江市第 12 位。规模以上工业企业建立研发机构的比例为 21.78%，排在全省二类县（市、区）第 28 位，排在九江市第 13 位。人均科普经费投入为 1.02 元，排在全省二类县（市、区）第 13 位，排在九江市第 13 位。规模以上工业企业中万人 R&D 人员全时当量为 3.04 人·年，排在全省二类县（市、区）第 33 位，排在九江市第 13 位。每十万人科普专职人员为 13.04 人，排在全省二类县（市、区）第 18 位，排在九江市第 8 位。每万家企业法人高新技术企业数为 9.66 家，排在全省二类县（市、区）第 33 位，排在九江市第 13 位。规模以上工业企业新产品销售收入占营业收入比重为 1.82%，排在全省二类县（市、区）第 33 位，排在九江市第 13 位。农业产业化省级以上龙头企业数为 10 家，排在全省二类县（市、区）第 9 位，排在九江市第 4 位。本级地方财政科技支出占公共财政支出比重为 1.49%，排在全省二类县（市、区）第 28 位，排在九江市第 11 位（表 3-13）。

表 3-13　都昌县（二类）科技创新能力评价指标得分与位次

指标名称	得分（分）	全省二类县（市、区）排名		本市排名	
	2021 年	2020 年	2021 年	2020 年	2021 年
科技创新能力	53.26	33	33	13	13
创新环境	2.98	31	32	13	13
创新基础	2.79	26	33	13	13
规模以上企业数（家）	2.88	26	28	11	13
规模以上工业企业建立研发机构的比例（%）	2.69	22	28	12	13
当年新增省级及以上研发平台/创新载体（个）	2.81	15	24	9	11
科技意识	3.25	30	17	13	11
人均科普经费投入（元）	3.34	27	13	12	13
每十万人科普专职人员（人）	3.15	—	18	—	8
创新投入	2.57	33	33	13	13
人力投入	2.16	33	33	13	13
规模以上工业企业中万人 R&D 人员全时当量（人·年）	2.28	33	33	13	13
规模以上工业企业 R&D 人员占从业人员比重（%）	2.05	33	33	13	13
财力投入	2.90	33	33	12	12
规模以上工业企业 R&D 经费支出	2.80	33	31	12	12
规模以上工业企业 R&D 经费支出占营业收入比重（%）	2.97	33	33	12	12
创新成效	2.85	33	33	13	12
技术创新	2.96	33	33	13	13
万人有效发明专利拥有量增量（件）	3.40	31	29	13	11
每万家企业法人高新技术企业数（家）	2.70	33	33	13	13
每万家企业法人科技型中小企业数（家）	2.74	31	33	13	13
产业化水平	2.75	33	32	11	11
规模以上工业企业新产品销售收入占营业收入比重（%）	2.10	33	33	13	13
高新技术产业增加值占规模以上工业增加值比重（%）	3.02	29	26	11	8
技术合同成交额	2.62	27	30	12	12

续表

指标名称	得分（分）	全省二类县（市、区）排名		本市排名	
	2021 年	2020 年	2021 年	2020 年	2021 年
农业产业化省级以上龙头企业数（家）	3.55	9	9	4	4
经济社会发展	2.77	33	28	13	13
经济增长	2.94	32	26	13	12
GDP 较上一年增长率（%）	3.17	31	21	13	12
本级地方财政科技支出占公共财政支出比重（%）	2.70	32	28	12	11
社会生活	2.52	32	31	13	13
居民人均可支配收入（元）	2.06	33	33	13	13
万人社会消费品零售额（万元）	3.08	17	17	12	12

如表 3-13 所示，都昌县科技创新能力排在全省二类县（市、区）第 33 位，排在九江市第 13 位，均与上一年位次相同。在一级指标中，经济社会发展排在全省二类县（市、区）第 28 位，较上一年上升了 5 位，排在九江市第 13 位，与上一年位次相同；创新投入排在全省二类县（市、区）第 33 位，排在九江市第 13 位，均与上一年位次相同；创新成效排在全省二类县（市、区）第 33 位，与上一年位次相同，排在九江市第 12 位，较上一年上升了 1 位；创新环境排在全省二类县（市、区）第 32 位，较上一年下降了 1 位，排在九江市第 13 位，与上一年位次相同。

综上所述，都昌县科技创新能力在全省二类县（市、区）排名靠后。建议该县优化创新环境，加大创新投入，加速培育高新技术企业和科技型中小企业，推动产业转型升级，助推经济高质量发展。

五、湖口县

湖口县，位于江西省北部，九江市东部，九江市下辖县。2021 年，该县常住人口为 22.22 万人，地区 GDP 为 283.10 亿元。居民人均可支配收入为 30 050 元，排在全省一类县（市、区）第 27 位，排在九江市第 7 位。GDP 较上一年增长 8.90%，排在全省一类县（市、区）第 17 位，排在九江市第

8 位。规模以上工业企业建立研发机构的比例为 28.38%，排在全省一类县（市、区）第 17 位，排在九江市第 9 位。人均科普经费投入为 1.18 元，排在全省一类县（市、区）第 11 位，排在九江市第 8 位。规模以上工业企业中万人 R&D 人员全时当量为 54.55 人·年，排在全省一类县（市、区）第 3 位，排在九江市第 2 位。规模以上工业企业 R&D 经费支出为 78 471.9 万元、较上一年增长 26.68%，排在全省一类县（市、区）第 8 位，排在九江市第 2 位。每万家企业法人高新技术企业数为 67.05 家，排在全省一类县（市、区）第 16 位，排在九江市第 5 位。规模以上工业企业新产品销售收入占营业收入比重为 17.55%，排在全省一类县（市、区）第 19 位，排在九江市第 1 位。农业产业化省级以上龙头企业数为 4 家，排在全省一类县（市、区）第 27 位，排在九江市第 10 位。本级地方财政科技支出占公共财政支出比重为 1.29%，排在全省一类县（市、区）第 31 位，排在九江市第 13 位（表 3-14）。

表 3-14　湖口县（一类）科技创新能力评价指标得分与位次

指标名称	得分（分）	全省一类县（市、区）排名		本市排名	
	2021 年	2020 年	2021 年	2020 年	2021 年
科技创新能力	69.62	10	19	2	2
创新环境	3.33	32	29	10	12
创新基础	3.25	28	28	12	11
规模以上企业数（家）	3.32	26	26	8	7
规模以上工业企业建立研发机构的比例（%）	3.10	18	17	11	9
当年新增省级及以上研发平台 / 创新载体（个）	3.35	28	24	5	4
科技意识	3.45	25	16	10	9
人均科普经费投入（元）	3.78	23	11	11	8
每十万人科普专职人员（人）	3.05	—	17	—	9
创新投入	4.16	4	9	1	2
人力投入	4.60	4	6	1	2
规模以上工业企业中万人 R&D 人员全时当量（人·年）	5.50	2	3	1	2
规模以上工业企业 R&D 人员占从业人员比重（%）	3.71	5	15	1	2
财力投入	3.80	4	9	1	2

续表

指标名称	得分（分）	全省一类县（市、区）排名		本市排名	
	2021年	2020年	2021年	2020年	2021年
规模以上工业企业 R&D 经费支出	4.31	5	8	2	2
规模以上工业企业 R&D 经费支出占营业收入比重（%）	3.39	6	12	1	2
创新成效	3.34	26	22	5	4
技术创新	3.52	17	15	6	4
万人有效发明专利拥有量增量（件）	3.81	16	12	5	1
每万家企业法人高新技术企业数（家）	3.37	18	16	6	5
每万家企业法人科技型中小企业数（家）	3.37	17	17	4	5
产业化水平	3.16	26	27	6	4
规模以上工业企业新产品销售收入占营业收入比重（%）	3.27	14	19	1	1
高新技术产业增加值占规模以上工业增加值比重（%）	3.47	20	16	7	4
技术合同成交额	2.97	21	29	4	7
农业产业化省级以上龙头企业数（家）	2.70	27	27	10	10
经济社会发展	3.28	30	32	8	11
经济增长	3.08	20	26	8	11
GDP 较上一年增长率（%）	3.57	12	17	6	8
本级地方财政科技支出占公共财政支出比重（%）	2.58	28	31	11	13
社会生活	3.59	22	23	7	7
居民人均可支配收入（元）	3.52	26	27	6	7
万人社会消费品零售额（万元）	3.67	17	18	7	7

如表 3-14 所示，湖口县科技创新能力排在全省一类县（市、区）第 19 位，较上一年下降了 9 位，排在九江市第 2 位，与上一年位次相同。在一级指标中，经济社会发展排在全省一类县（市、区）第 32 位，较上一年下降了 2 位，排在九江市第 11 位，较上一年下降了 3 位；创新投入排在全省一类县（市、区）第 9 位，较上一年下降了 5 位，排在九江市第 2 位，较上一年下降了 1 位；创新成效排在全省一类县（市、区）第 22 位，较上一年上升了 4 位，排在九江市第 4 位，较上一年上升了 1 位；创新环境排在全省一类县（市、

区）第 29 位，较上一年上升了 3 位，排在九江市第 12 位，较上一年下降了 2 位。

综上所述，湖口县规模以上工业企业中万人 R&D 人员全时当量、规模以上工业企业 R&D 经费支出排名靠前，但规模以上企业数、技术合同成交额、农业产业化省级以上龙头企业数、本级地方财政科技支出占公共财政支出比重、居民人均可支配收入排名靠后。建议该县优化创新环境，加大科研投入，加快科技成果转移转化，鼓励企业做大做强，促进经济高质量发展。

六、彭泽县

彭泽县，位于江西省北部，九江市下辖县。2021 年，该县常住人口为 27.75 万人，地区 GDP 为 200.62 亿元。居民人均可支配收入为 29 198 元，排在全省一类县（市、区）第 31 位，排在九江市第 10 位。GDP 较上一年增长 8.80%，排在全省一类县（市、区）第 18 位，排在九江市第 9 位。规模以上工业企业建立研发机构的比例为 30.63%，排在全省一类县（市、区）第 13 位，排在九江市第 7 位。人均科普经费投入为 1.34 元，排在全省一类县（市、区）第 7 位，排在九江市第 3 位。规模以上工业企业中万人 R&D 人员全时当量为 24.47 人·年，排在全省一类县（市、区）第 16 位，排在九江市第 7 位。规模以上工业企业 R&D 经费支出为 34 552.4 万元、较上一年增长 23.65%，排在全省一类县（市、区）第 14 位，排在九江市第 5 位。每万家企业法人高新技术企业数为 36.01 家，排在全省一类县（市、区）第 31 位，排在九江市第 9 位。规模以上工业企业新产品销售收入占营业收入比重为 15.70%，排在全省一类县（市、区）第 21 位，排在九江市第 3 位。农业产业化省级以上龙头企业数为 13 家，排在全省一类县（市、区）第 12 位，排在九江市第 3 位。本级地方财政科技支出占公共财政支出比重为 2.20%，排在全省一类县（市、区）第 23 位，排在九江市第 7 位（表 3-15）。

表 3-15　彭泽县（一类）科技创新能力评价指标得分与位次

指标名称	得分（分）2021 年	全省一类县（市、区）排名		本市排名	
		2020 年	2021 年	2020 年	2021 年
科技创新能力	64.94	20	29	3	8
创新环境	3.43	18	25	3	9
创新基础	3.22	22	29	4	12
规模以上企业数（家）	3.32	22	26	7	7
规模以上工业企业建立研发机构的比例（%）	3.23	8	13	2	7
当年新增省级及以上研发平台/创新载体（个）	3.08	18	29	2	9
科技意识	3.75	16	12	4	4
人均科普经费投入（元）	4.23	5	7	3	3
每十万人科普专职人员（人）	3.16	—	13	—	7
创新投入	3.42	12	19	3	4
人力投入	3.45	9	18	3	6
规模以上工业企业中万人 R&D 人员全时当量（人·年）	3.62	8	16	3	7
规模以上工业企业 R&D 人员占从业人员比重（%）	3.28	9	20	3	4
财力投入	3.39	20	19	6	5
规模以上工业企业 R&D 经费支出	3.65	15	14	5	5
规模以上工业企业 R&D 经费支出占营业收入比重（%）	3.17	24	24	8	6
创新成效	3.33	27	23	6	5
技术创新	3.28	29	27	9	7
万人有效发明专利拥有量增量（件）	3.63	15	17	4	4
每万家企业法人高新技术企业数（家）	3.01	30	31	9	9
每万家企业法人科技型中小企业数（家）	3.17	29	23	9	6
产业化水平	3.38	22	20	2	3
规模以上工业企业新产品销售收入占营业收入比重（%）	3.13	29	21	9	3
高新技术产业增加值占规模以上工业增加值比重（%）	3.61	9	12	2	2
技术合同成交额	3.06	20	28	3	6
农业产业化省级以上龙头企业数（家）	3.98	12	12	3	3
经济社会发展	3.30	32	31	9	10

续表

指标名称	得分（分）	全省一类县（市、区）排名		本市排名	
	2021年	2020年	2021年	2020年	2021年
经济增长	3.29	19	24	6	10
GDP较上一年增长率（%）	3.44	15	18	7	9
本级地方财政科技支出占公共财政支出比重（%）	3.14	24	23	7	7
社会生活	3.32	29	29	10	10
居民人均可支配收入（元）	3.42	31	31	11	10
万人社会消费品零售额（万元）	3.21	27	28	10	10

如表3-15所示，彭泽县科技创新能力排在全省一类县（市、区）第29位，较上一年下降了9位，排在九江市第8位，较上一年下降了5位。在一级指标中，经济社会发展排在全省一类县（市、区）第31位，较上一年上升了1位，排在九江市第10位，较上一年下降了1位；创新投入排在全省一类县（市、区）第19位，较上一年下降了7位，排在九江市第4位，较上一年下降了1位；创新成效排在全省一类县（市、区）第23位，较上一年上升了4位，排在九江市第5位，较上一年上升了1位；创新环境排在全省一类县（市、区）第25位，较上一年下降了7位，排在九江市第9位，较上一年下降了6位。

综上所述，彭泽县人均科普经费投入、规模以上工业企业R&D经费支出、高新技术产业增加值占规模以上工业增加值比重排名靠前，但规模以上企业数、当年新增省级及以上研发平台/创新载体、每万家企业法人高新技术企业数、技术合同成交额、居民人均可支配收入、万人社会消费品零售额排名靠后。建议该县加速培育高新技术企业和科技型中小企业，推动产业转型升级，鼓励企业自主研发，加快科技成果转移转化，助推经济高质量发展。

七、永修县

永修县，位于江西省北部，九江市南部，九江市下辖县。2021年，该县常住人口为31.01万人，地区GDP为291.18亿元。居民人均可支配收入为

31 427元，排在全省二类县（市、区）第5位，排在九江市第5位。GDP较上一年增长9.40%，排在全省二类县（市、区）第4位，排在九江市第1位。规模以上工业企业建立研发机构的比例为28.10%，排在全省二类县（市、区）第24位，排在九江市第10位。每十万人科普专职人员为15.48人，排在全省二类县（市、区）第14位，排在九江市第6位。规模以上工业企业中万人R&D人员全时当量为33.11人·年，排在全省二类县（市、区）第6位，排在九江市第4位。规模以上工业企业R&D经费支出为32 462.5万元、较上一年上升4.50%，排在全省二类县（市、区）第28位，排在九江市第9位。每万家企业法人高新技术企业数为85.97家，排在全省二类县（市、区）第2位，排在九江市第2位。规模以上工业企业新产品销售收入占营业收入比重为12.15%，排在全省二类县（市、区）第25位，排在九江市第6位。农业产业化省级以上龙头企业数为17家，排在全省二类县（市、区）第3位，排在九江市第1位。本级地方财政科技支出占公共财政支出比重为1.74%，排在全省二类县（市、区）第27位，排在九江市第10位（表3-16）。

表3-16 永修县（二类）科技创新能力评价指标得分与位次

指标名称	得分（分）	全省二类县（市、区）排名		本市排名	
	2021年	2020年	2021年	2020年	2021年
科技创新能力	67.06	11	8	8	3
创新环境	3.65	12	3	9	3
创新基础	3.45	13	14	9	7
规模以上企业数（家）	3.90	3	3	4	2
规模以上工业企业建立研发机构的比例（%）	3.08	17	24	10	10
当年新增省级及以上研发平台/创新载体（个）	3.35	15	7	9	4
科技意识	3.96	15	2	7	2
人均科普经费投入（元）	4.53	5	1	4	2
每十万人科普专职人员（人）	3.25	—	14	—	6
创新投入	3.31	17	24	8	8
人力投入	3.61	7	12	4	4
规模以上工业企业中万人R&D人员全时当量（人·年）	4.16	4	6	5	4

续表

指标名称	得分（分）	全省二类县（市、区）排名		本市排名	
	2021年	2020年	2021年	2020年	2021年
规模以上工业企业R&D人员占从业人员比重（%）	3.06	13	19	6	5
财力投入	3.06	29	31	10	10
规模以上工业企业R&D经费支出	3.10	25	28	8	9
规模以上工业企业R&D经费支出占营业收入比重（%）	3.03	27	31	9	10
创新成效	3.54	12	8	1	1
技术创新	3.66	7	2	3	2
万人有效发明专利拥有量增量（件）	3.79	5	7	2	2
每万家企业法人高新技术企业数（家）	3.78	4	2	3	2
每万家企业法人科技型中小企业数（家）	3.38	14	11	5	4
产业化水平	3.41	24	15	5	2
规模以上工业企业新产品销售收入占营业收入比重（%）	2.87	29	25	7	6
高新技术产业增加值占规模以上工业增加值比重（%）	3.59	22	11	6	3
技术合同成交额	3.11	19	19	9	4
农业产业化省级以上龙头企业数（家）	4.55	3	3	1	1
经济社会发展	3.61	9	6	7	6
经济增长	3.55	12	15	5	4
GDP较上一年增长率（%）	4.24	5	4	3	1
本级地方财政科技支出占公共财政支出比重（%）	2.86	26	27	10	10
社会生活	3.70	3	2	5	5
居民人均可支配收入（元）	3.70	5	5	5	5
万人社会消费品零售额（万元）	3.71	4	3	6	5

如表3-16所示，永修县科技创新能力排在全省二类县（市、区）第8位，较上一年上升了3位，排在九江市第3位，较上一年上升了5位。在一级指标中，经济社会发展排在全省二类县（市、区）第6位，较上一年上升了3位，排在九江市第6位，较上一年上升了1位；创新投入排在全省二类县（市、区）第24位，较上一年下降了7位，排在九江市第8位，与上一年位次相同；创新成效排在全省二类县（市、区）第8位，较上一年上升了4位，

排在九江市第 1 位，与上一年位次相同；创新环境排在全省二类县（市、区）第 3 位，较上一年上升了 9 位，排在九江市第 3 位，较上一年上升了 6 位。

综上所述，永修县人均科普经费投入居全省二类县（市、区）首位，规模以上企业数、当年新增省级及以上研发平台 / 创新载体、规模以上工业企业中万人 R&D 人员全时当量、每万家企业法人高新技术企业数、农业产业化省级以上龙头企业数、GDP 较上一年增长率等排名靠前。但规模以上工业企业 R&D 经费支出、规模以上工业企业 R&D 经费支出占营业收入比重、规模以上工业企业新产品销售收入占营业收入比重、本级地方财政科技支出占公共财政支出比重排名靠后。建议该县加大科研投入，鼓励有条件的企业开展科研活动，提高产品竞争力。

八、德安县

德安县，位于江西省北部，九江市南部，九江市下辖县。2021 年，该县常住人口为 16.56 万人，地区 GDP 为 173.40 亿元。居民人均可支配收入为 32 670 元，排在全省二类县（市、区）第 2 位，排在九江市第 4 位。GDP 较上一年增长 9.30%，排在全省二类县（市、区）第 7 位，排在九江市第 2 位。规模以上工业企业建立研发机构的比例为 44.03%，排在全省二类县（市、区）第 9 位，排在九江市第 2 位。人均科普经费投入为 1.05 元，排在全省二类县（市、区）第 9 位，排在九江市第 11 位。规模以上工业企业中万人 R&D 人员全时当量为 49.10 人·年，排在全省二类县（市、区）第 1 位，排在九江市第 3 位。规模以上工业企业 R&D 经费支出为 21 385.6 万元、较上一年增长 15.06%，排在全省二类县（市、区）第 23 位，排在九江市第 8 位。每万家企业法人高新技术企业数为 70.87 家，排在全省二类县（市、区）第 8 位，排在九江市第 3 位。规模以上工业企业新产品销售收入占营业收入比重为 6.44%，排在全省二类县（市、区）第 30 位，排在九江市第 10 位。农业产业化省级以上龙头企业数为 7 家，排在全省二类县（市、区）第 23 位，排在九江市第 5 位。本级地方财政科技支出占公共财政支出比重为 2.59%，排在全省二类县（市、区）第 13 位，排在九江市第 4 位（表 3-17）。

表 3-17　德安县（二类）科技创新能力评价指标得分与位次

指标名称	得分（分）	全省二类县（市、区）排名		本市排名	
	2021 年	2020 年	2021 年	2020 年	2021 年
科技创新能力	66.97	10	9	5	4
创新环境	3.57	6	8	7	4
创新基础	3.52	10	13	8	5
规模以上企业数（家）	3.35	16	15	8	6
规模以上工业企业建立研发机构的比例（%）	4.06	10	9	5	2
当年新增省级及以上研发平台/创新载体（个）	3.08	15	13	9	9
科技意识	3.65	4	8	3	6
人均科普经费投入（元）	3.42	1	9	2	11
每十万人科普专职人员（人）	3.93	—	6	—	2
创新投入	3.54	16	12	7	3
人力投入	4.04	8	4	6	3
规模以上工业企业中万人 R&D 人员全时当量（人·年）	5.16	2	1	4	3
规模以上工业企业 R&D 人员占从业人员比重（%）	2.93	20	20	10	9
财力投入	3.13	27	30	9	8
规模以上工业企业 R&D 经费支出	3.27	18	23	7	8
规模以上工业企业 R&D 经费支出占营业收入比重（%）	3.01	32	32	10	11
创新成效	3.30	15	21	3	6
技术创新	3.57	4	7	2	3
万人有效发明专利拥有量增量（件）	3.78	3	8	1	3
每万家企业法人高新技术企业数（家）	3.42	7	8	4	3
每万家企业法人科技型中小企业数（家）	3.49	7	7	3	3
产业化水平	3.03	27	27	7	6
规模以上工业企业新产品销售收入占营业收入比重（%）	2.45	31	30	10	10
高新技术产业增加值占规模以上工业增加值比重（%）	3.26	20	21	5	7
技术合同成交额	3.25	9	15	1	1
农业产业化省级以上龙头企业数（家）	3.12	23	23	5	5
经济社会发展	3.75	5	5	3	5

续表

指标名称	得分（分）	全省二类县（市、区）排名		本市排名	
	2021 年	2020 年	2021 年	2020 年	2021 年
经济增长	3.75	9	9	4	3
GDP 较上一年增长率（%）	4.11	5	7	3	2
本级地方财政科技支出占公共财政支出比重（%）	3.39	16	13	5	4
社会生活	3.74	2	1	4	4
居民人均可支配收入（元）	3.85	2	2	4	4
万人社会消费品零售额（万元）	3.61	6	6	8	8

如表 3-17 所示，德安县科技创新能力排在全省二类县（市、区）第 9 位，排在九江市第 4 位，均较上一年上升了 1 位。在一级指标中，经济社会发展排在全省二类县（市、区）第 5 位，与上一年位次相同，排在九江市第 5 位，较上一年下降了 2 位；创新投入排在全省二类县（市、区）第 12 位，排在九江市第 3 位，均较上一年上升了 4 位；创新成效排在全省二类县（市、区）第 21 位，较上一年下降了 6 位，排在九江市第 6 位，较上一年下降了 3 位；创新环境排在全省二类县（市、区）第 8 位，较上一年下降了 2 位，排在九江市第 4 位，较上一年上升了 3 位。

综上所述，德安县规模以上工业企业中万人 R&D 人员全时当量居全省二类县（市、区）首位，每十万人科普专职人员、万人有效发明专利拥有量增量、每万家企业法人高新技术企业数、GDP 较上一年增长率、居民人均可支配收入等排名靠前。但规模以上工业企业 R&D 经费支出占营业收入比重、规模以上工业企业新产品销售收入占营业收入比重排名靠后。建议该县鼓励有条件的企业进行自主研发，加大科技创新投入，推动高技术产业增长。

九、共青城市

共青城市，位于江西省北部、九江市南部，九江市下辖县级市。2021 年，该市常住人口为 19.48 万人，地区 GDP 为 202.72 亿元。居民人均可支配收入为 36 494 元，排在全省一类县（市、区）第 17 位，排在九江市第 3 位。

GDP 较上一年增长 9.10%，排在全省一类县（市、区）第 13 位，排在九江市第 5 位。规模以上工业企业建立研发机构的比例为 26.54%，排在全省一类县（市、区）第 21 位，排在九江市第 12 位。人均科普经费投入为 1.52元，排在全省一类县（市、区）第 6 位，排在九江市第 1 位。规模以上工业企业中万人 R&D 人员全时当量为 28.04 人·年，排在全省一类县（市、区）第 14 位，排在九江市第 6 位。规模以上工业企业 R&D 经费支出为 28 629.9万元、较上一年上升 72.24%，排在全省一类县（市、区）第 11 位，排在九江市第 3 位。每万家企业法人高新技术企业数为 56.77 家，排在全省一类县（市、区）第 21 位，排在九江市第 6 位。规模以上工业企业新产品销售收入占营业收入比重为 13.15%，排在全省一类县（市、区）第 25 位，排在九江市第 5 位。农业产业化省级以上龙头企业数为 7 家，排在全省一类县（市、区）第 22 位，排在九江市第 5 位。本级地方财政科技支出占公共财政支出比重为4.67%，排在全省一类县（市、区）第 3 位，排在九江市第 2 位（表 3-18）。

表 3-18　共青城市（一类）科技创新能力评价指标得分与位次

指标名称	得分（分）	全省一类县（市、区）排名		本市排名	
	2021 年	2020 年	2021 年	2020 年	2021 年
科技创新能力	65.92	27	28	7	7
创新环境	3.75	11	17	1	1
创新基础	3.31	25	25	7	9
规模以上企业数（家）	3.62	16	20	2	5
规模以上工业企业建立研发机构的比例（%）	2.98	23	21	13	12
当年新增省级及以上研发平台/创新载体（个）	3.35	18	24	2	4
科技意识	4.40	6	7	1	1
人均科普经费投入（元）	4.73	2	6	1	1
每十万人科普专职人员（人）	4.01	—	6	—	1
创新投入	3.38	32	22	11	6
人力投入	3.19	26	23	10	8
规模以上工业企业中万人 R&D 人员全时当量（人·年）	3.84	18	14	8	6

续表

指标名称	得分（分）	全省一类县（市、区）排名		本市排名	
	2021年	2020年	2021年	2020年	2021年
规模以上工业企业R&D人员占从业人员比重（%）	2.54	33	32	12	12
财力投入	3.53	33	17	11	4
规模以上工业企业R&D经费支出	3.93	32	11	13	3
规模以上工业企业R&D经费支出占营业收入比重（%）	3.20	31	19	11	4
创新成效	3.07	25	31	4	10
技术创新	3.18	13	33	1	9
万人有效发明专利拥有量增量（件）	3.21	22	32	7	13
每万家企业法人高新技术企业数（家）	3.25	6	21	1	6
每万家企业法人科技型中小企业数（家）	3.06	26	29	7	9
产业化水平	2.96	30	29	8	8
规模以上工业企业新产品销售收入占营业收入比重（%）	2.94	30	25	12	5
高新技术产业增加值占规模以上工业增加值比重（%）	2.70	22	26	9	12
技术合同成交额	3.14	18	22	2	2
农业产业化省级以上龙头企业数（家）	3.12	22	22	5	5
经济社会发展	4.22	1	9	1	2
经济增长	4.26	1	5	1	2
GDP较上一年增长率（%）	3.84	3	13	1	5
本级地方财政科技支出占公共财政支出比重（%）	4.67	3	3	2	2
社会生活	4.16	16	16	3	3
居民人均可支配收入（元）	4.33	16	17	3	3
万人社会消费品零售额（万元）	3.96	13	16	2	3

如表3-18所示，共青城市科技创新能力排在全省一类县（市、区）第28位，较上一年下降了1位，排在九江市第7位，与上一年位次相同。在一级指标中，经济社会发展排在全省一类县（市、区）第9位，较上一年下降了8位，排在九江市第2位，较上一年下降了1位；创新投入排在全省一类县（市、区）第22位，较上一年上升了10位，排在九江市第6位，较上一

年上升了 5 位；创新成效排在全省一类县（市、区）第 31 位，排在九江市第 10 位，均较上一年下降了 6 位；创新环境排在全省一类县（市、区）第 17 位，较上一年下降了 6 位，排在九江市第 1 位，与上一年位次相同。

综上所述，共青城市人均科普经费投入、每十万人科普专职人员、本级地方财政科技支出占公共财政支出比重排在全省一类县（市、区）前列，但规模以上工业企业 R&D 人员占从业人员比重、万人有效发明专利拥有量增量、每万家企业法人科技型中小企业数、高新技术产业增加值占规模以上工业增加值比重等排名靠后。建议该市加大科技投入，积极引进和培育人才，鼓励企业自主研发，提升产品竞争力，加快培育科技型中小企业，促进经济高质量发展。

十、庐山市

庐山市，原名星子县，2017 年 5 月撤星子县改为庐山市，位于江西省北部，九江市南部，九江市下辖县级市。2021 年，该市常住人口为 22.92 万人，地区 GDP 为 166.21 亿元。居民人均可支配收入为 28 996 元，排在全省三类县（市、区）第 8 位，排在九江市第 11 位。GDP 较上一年增长 9%，排在全省三类县（市、区）第 12 位，排在九江市第 6 位。规模以上工业企业建立研发机构的比例为 38.24%，排在全省三类县（市、区）第 15 位，排在九江市第 5 位。人均科普经费投入为 1.25 元，排在全省三类县（市、区）第 2 位，排在九江市第 5 位。规模以上工业企业中万人 R&D 人员全时当量为 13.39 人·年，排在全省三类县（市、区）第 21 位，排在九江市第 10 位。规模以上工业企业 R&D 经费支出为 5488.9 万元、较上一年下降 1.58%，排在全省三类县（市、区）第 29 位，排在九江市第 13 位。每万家企业法人高新技术企业数为 28.11 家，排在全省三类县（市、区）第 29 位，排在九江市第 11 位。规模以上工业企业新产品销售收入占营业收入比重为 2.98%，排在全省三类县（市、区）第 31 位，排在九江市第 12 位。本级地方财政科技支出占公共财政支出比重为 2.24%，排在全省三类县（市、区）第 20 位，排在九江市第 6 位（表 3-19）。

表 3-19　庐山市（三类）科技创新能力评价指标得分与位次

指标名称	得分 （分）	全省三类县 （市、区）排名		本市排名	
	2021 年	2020 年	2021 年	2020 年	2021 年
科技创新能力	57.49	32	31	12	12
创新环境	3.39	19	14	11	11
创新基础	3.34	14	18	10	8
规模以上企业数（家）	2.96	13	11	13	12
规模以上工业企业建立研发机构的比例（%）	3.70	14	15	6	5
当年新增省级及以上研发平台/创新载体（个）	3.35	13	6	9	4
科技意识	3.48	26	16	11	7
人均科普经费投入（元）	3.98	26	2	10	5
每十万人科普专职人员（人）	2.87	——	25	——	10
创新投入	2.77	32	29	12	12
人力投入	2.84	26	26	12	12
规模以上工业企业中万人 R&D 人员全时当量（人·年）	2.93	17	21	11	10
规模以上工业企业 R&D 人员占从业人员比重（%）	2.75	30	28	11	11
财力投入	2.72	32	29	13	13
规模以上工业企业 R&D 经费支出	2.57	28	29	11	13
规模以上工业企业 R&D 经费支出占营业收入比重（%）	2.84	32	29	13	13
创新成效	2.83	28	32	9	13
技术创新	3.14	12	30	4	11
万人有效发明专利拥有量增量（件）	3.51	23	19	8	8
每万家企业法人高新技术企业数（家）	2.92	5	29	2	11
每万家企业法人科技型中小企业数（家）	2.97	26	30	10	11
产业化水平	2.52	32	32	12	13
规模以上工业企业新产品销售收入占营业收入比重（%）	2.19	27	31	6	12
高新技术产业增加值占规模以上工业增加值比重（%）	2.54	30	31	12	13
技术合同成交额	2.68	18	30	10	10
农业产业化省级以上龙头企业数（家）	2.70	26	26	10	10
经济社会发展	3.51	11	10	10	7

指标名称	得分（分）	全省三类县（市、区）排名		本市排名	
	2021年	2020年	2021年	2020年	2021年
经济增长	3.44	22	14	10	6
GDP 较上一年增长率（%）	3.71	21	12	10	6
本级地方财政科技支出占公共财政支出比重（%）	3.17	23	20	9	6
社会生活	3.61	3	3	6	6
居民人均可支配收入（元）	3.39	8	8	10	11
万人社会消费品零售额（万元）	3.88	2	2	3	4

如表 3-19 所示，庐山市科技创新能力排在全省三类县（市、区）第 31 位，较上一年上升了 1 位，排在九江市第 12 位，与上一年位次相同。在一级指标中，经济社会发展排在全省三类县（市、区）第 10 位，较上一年上升了 1 位，排在九江市第 7 位，较上一年上升了 3 位；创新投入排在全省三类县（市、区）第 29 位，较上一年上升了 3 位，排在九江市第 12 位，与上一年位次相同；创新成效排在全省三类县（市、区）第 32 位，排在九江市第 13 位，均较上一年下降了 4 位；创新环境排在全省三类县（市、区）第 14 位，较上一年上升了 5 位，排在九江市第 11 位，与上一年位次相同。

综上所述，庐山市在当年新增省级及以上研发平台/创新载体、人均科普经费投入、万人社会消费品零售额等方面具有一定优势，但规模以上工业企业 R&D 经费支出、规模以上工业企业 R&D 经费支出占营业收入比重、每万家企业法人高新技术企业数、每万家企业法人科技型中小企业数、规模以上工业企业新产品销售收入占营业收入比重等排名靠后。建议该市加大科技投入，鼓励有条件的企业开展研发活动，同时加快培育高新技术和科技型中小企业，推进经济高质量发展。

十一、柴桑区

柴桑区，原名九江县，位于江西省北部，九江市西部，九江市下辖县。2021 年，该区常住人口为 31.85 万人，地区 GDP 为 204.38 亿元。居民人均可支配收入为 29 941 元，排在全省一类县（市、区）第 28 位，排在九江市第 8 位。GDP 较上一年增长 8.70%，排在全省一类县（市、区）第 21 位，排在九江市第 11 位。规模以上工业企业建立研发机构的比例为 43.64%，排在全省一类县（市、区）第 7 位，排在九江市第 3 位。人均科普经费投入为 1.11 元，排在全省一类县（市、区）第 16 位，排在九江市第 10 位。规模以上工业企业中万人 R&D 人员全时当量为 67.72 人·年，排在全省一类县（市、区）第 2 位，排在九江市第 1 位。规模以上工业企业 R&D 经费支出为 75 008.1 万元、较上一年增长 13.11%，排在全省一类县（市、区）第 5 位，排在九江市第 1 位。每万家企业法人高新技术企业数为 70.11 家，排在全省一类县（市、区）第 15 位，排在九江市第 4 位。规模以上工业企业新产品销售收入占营业收入比重为 16.35%，排在全省一类县（市、区）第 20 位，排在九江市第 2 位。农业产业化省级以上龙头企业数为 6 家，排在全省一类县（市、区）第 24 位，排在九江市第 9 位。本级地方财政科技支出占公共财政支出比重为 2.61%，排在全省一类县（市、区）第 16 位，排在九江市第 3 位（表 3-20）。

表 3-20　柴桑区（一类）科技创新能力评价指标得分与位次

指标名称	得分（分）	全省一类县（市、区）排名		本市排名	
	2021 年	2020 年	2021 年	2020 年	2021 年
科技创新能力	74.67	9	9	1	1
创新环境	3.54	19	21	4	6
创新基础	3.59	19	18	2	3
规模以上企业数（家）	3.82	17	17	3	3
规模以上工业企业建立研发机构的比例（%）	4.03	10	7	3	3
当年新增省级及以上研发平台/创新载体（个）	2.81	28	33	5	11
科技意识	3.46	22	15	8	8
人均科普经费投入（元）	3.59	6	16	4	10
每十万人科普专职人员（人）	3.30	—	12	—	5
创新投入	4.66	5	4	2	1

续表

指标名称	得分（分）	全省一类县（市、区）排名		本市排名	
	2021 年	2020 年	2021 年	2020 年	2021 年
人力投入	5.51	6	3	2	1
规模以上工业企业中万人 R&D 人员全时当量（人·年）	6.32	4	2	2	1
规模以上工业企业 R&D 人员占从业人员比重（%）	4.71	8	6	2	1
财力投入	3.96	5	8	2	1
规模以上工业企业 R&D 经费支出	4.72	4	5	1	1
规模以上工业企业 R&D 经费支出占营业收入比重（%）	3.35	17	13	3	3
创新成效	3.47	23	20	2	2
技术创新	3.44	15	20	5	5
万人有效发明专利拥有量增量（件）	3.41	30	30	9	10
每万家企业法人高新技术企业数（家）	3.41	12	15	5	4
每万家企业法人科技型中小企业数（家）	3.51	12	13	2	2
产业化水平	3.49	24	18	4	1
规模以上工业企业新产品销售收入占营业收入比重（%）	3.18	19	20	2	2
高新技术产业增加值占规模以上工业增加值比重（%）	4.58	16	4	4	1
技术合同成交额	2.92	22	31	5	8
农业产业化省级以上龙头企业数（家）	2.98	24	24	9	9
经济社会发展	3.31	21	30	6	9
经济增长	3.35	12	22	3	9
GDP 较上一年增长率（%）	3.31	4	21	2	11
本级地方财政科技支出占公共财政支出比重（%）	3.40	18	16	4	3
社会生活	3.25	30	30	11	11
居民人均可支配收入（元）	3.51	28	28	8	8
万人社会消费品零售额（万元）	2.93	32	33	13	13

如表 3-20 所示，柴桑区科技创新能力排在全省一类县（市、区）第 9 位，排在九江市第 1 位，都与上一年位次相同。在一级指标中，经济社会发展排在全省一类县（市、区）第 30 位，较上一年下降了 9 位，排在九江市第 9 位，

较上一年下降了 3 位；创新投入排在全省一类县（市、区）第 4 位，排在九江市第 1 位，都较上一年上升了 1 位；创新成效排在全省一类县（市、区）第 20 位，较上一年上升了 3 位，排在九江市第 2 位，与上一年位次相同；创新环境排在全省一类县（市、区）第 21 位，排在九江市第 6 位，都较上一年下降了 2 位。

综上所述，柴桑区规模以上工业企业建立研发机构的比例、规模以上工业企业中万人 R&D 人员全时当量、规模以上工业企业 R&D 人员占从业人员比重、规模以上工业企业 R&D 经费支出、高新技术产业增加值占规模以上工业增加值比重排在全省一类县（市、区）前列，但当年新增省级及以上研发平台 / 创新载体、万人有效发明专利拥有量增量、技术合同成交额、万人社会消费品零售额排名相对偏后。建议该区优化创新环境，积极建设科技创新平台，鼓励企业自主创新，加快科技成果转移转化，助推区域经济高质量发展。

十二、浔阳区

浔阳区，位于江西省北部，九江市市辖区。2021 年，该区常住人口为 44.10 万人，地区 GDP 为 398.74 亿元。居民人均可支配收入为 47 050 元，排在全省一类县（市、区）第 7 位，排在九江市第 1 位。GDP 较上一年增长 8.30%，排在全省一类县（市、区）第 31 位，排在九江市第 13 位。规模以上企业数为 174 家，排在全省一类县（市、区）第 29 位，排在九江市第 9 位。当年新增省级及以上研发平台 / 创新载体 3 个，排在全省一类县（市、区）第 22 位，排在九江市第 2 位。每十万人科普专职人员为 26.53 人，排在全省一类县（市、区）第 8 位，排在九江市第 3 位。规模以上工业企业中万人 R&D 人员全时当量为 12.88 人·年，排在全省一类县（市、区）第 27 位，排在九江市第 12 位。规模以上工业企业 R&D 经费支出为 65 855.9 万元、较上一年增长 38.25%，排在全省一类县（市、区）第 13 位，排在九江市第 4 位。每万家企业法人高新技术企业数为 170.21 家，排在全省一类县（市、区）第 5 位，排在九江市第 1 位。万人社会消费品零售额为 73 601.28 万元，排在全省一类县（市、区）第 4 位，排在九江市第 1 位（表 3-21）。

表 3-21　浔阳区（一类）科技创新能力评价指标得分与位次

指标名称	得分（分）	全省一类县（市、区）排名		本市排名	
	2021 年	2020 年	2021 年	2020 年	2021 年
科技创新能力	66.05	26	27	6	6
创新环境	3.51	15	23	2	7
创新基础	3.30	23	26	5	10
规模以上企业数（家）	3.26	27	29	10	9
规模以上工业企业建立研发机构的比例（%）	3.06	12	18	4	11
当年新增省级及以上研发平台 / 创新载体（个）	3.62	18	22	2	2
科技意识	3.83	10	10	2	3
人均科普经费投入（元）	3.92	6	8	4	7
每十万人科普专职人员（人）	3.72	—	8	—	3
创新投入	3.29	17	25	4	9
人力投入	2.94	18	28	7	10
规模以上工业企业中万人 R&D 人员全时当量（人·年）	2.89	23	27	10	12
规模以上工业企业 R&D 人员占从业人员比重（%）	2.99	14	24	4	7
财力投入	3.57	11	13	3	3
规模以上工业企业 R&D 经费支出	3.75	8	13	3	4
规模以上工业企业 R&D 经费支出占营业收入比重（%）	3.43	13	9	2	1
创新成效	3.37	33	21	11	3
技术创新	4.04	26	7	7	1
万人有效发明专利拥有量增量（件）	3.55	20	22	6	6
每万家企业法人高新技术企业数（家）	4.58	32	5	11	1
每万家企业法人科技型中小企业数（家）	3.99	9	7	1	1
产业化水平	2.69	33	34	13	12
规模以上工业企业新产品销售收入占营业收入比重（%）	2.75	22	26	5	7
高新技术产业增加值占规模以上工业增加值比重（%）	2.82	25	25	13	11
技术合同成交额	2.65	29	34	11	11
农业产业化省级以上龙头企业数（家）	2.41	30	30	13	13
经济社会发展	4.02	18	12	4	3

续表

指标名称	得分（分）	全省一类县（市、区）排名		本市排名	
	2021年	2020年	2021年	2020年	2021年
经济增长	2.70	33	32	12	13
GDP 较上一年增长率（%）	2.77	29	31	11	13
本级地方财政科技支出占公共财政支出比重（%）	2.62	33	29	13	12
社会生活	6.00	8	4	1	1
居民人均可支配收入（元）	5.66	7	7	1	1
万人社会消费品零售额（万元）	6.42	8	4	1	1

如表 3-21 所示，浔阳区科技创新能力排在全省一类县（市、区）第 27 位，较上一年下降了 1 位，排在九江市第 6 位，与上一年位次相同。在一级指标中，经济社会发展排在全省一类县（市、区）第 12 位，较上一年上升了 6 位，排在九江市第 3 位，较上一年上升了 1 位；创新投入排在全省一类县（市、区）第 25 位，较上一年下降了 8 位，排在九江市第 9 位，较上一年下降了 5 位；创新成效排在全省一类县（市、区）第 21 位，较上一年上升了 12 位，排在九江市第 3 位，较上一年上升了 8 位；创新环境排在全省一类县（市、区）第 23 位，较上一年下降了 8 位，排在九江市第 7 位，较上一年下降了 5 位。

综上所述，浔阳区人均科普经费投入、每十万人科普专职人员、每万家企业法人高新技术企业数、每万家企业法人科技型中小企业数、居民人均可支配收入、万人社会消费品零售额排在全省一类县（市、区）前列，但规模以上企业数、规模以上工业企业中万人 R&D 人员全时当量、技术合同成交额、农业产业化省级以上龙头企业数、GDP 较上一年增长率等排名靠后。建议该区夯实创新基础，积极引进和培育人才，鼓励企业自主创新，提升产品竞争力。

十三、濂溪区

濂溪区，原庐山区，为避免与庐山市重名，2016 年 4 月 8 日更名为濂溪区。其位于江西省北部，为九江市市辖区。2021年，该区常住人口为42.60万人，地区GDP为344.21亿元。居民人均可支配收入为40 677元，排在全省一类县（市、区）第13位，排在九江市第2位。GDP较上一年增长9%，排在全省一类县（市、区）第14位，排在九江市第6位。规模以上工业企业建立研发机构的比例为37.85%，排在全省一类县（市、区）第10位，排在九江市第6位。人均科普经费投入为1.03元，排在全省一类县（市、区）第19位，排在九江市第12位。当年新增省级及以上研发平台/创新载体共4个，其中国家级1个，省级3个，排在全省一类县（市、区）第8位，排在九江市第1位。规模以上工业企业R&D经费支出为44 434.6万元、较上一年增长12.11%，排在全省一类县（市、区）第24位，排在九江市第7位。每万家企业法人高新技术企业数为16.36家，排在全省一类县（市、区）第35位，排在九江市第12位。规模以上工业企业新产品销售收入占营业收入比重为9.29%，排在全省一类县（市、区）第29位，排在九江市第9位。技术合同成交额为27 620.25万元、与GDP之比为0.80%，排在全省一类县（市、区）第27位，排在九江市第5位。本级地方财政科技支出占公共财政支出比重为2.18%，排在全省一类县（市、区）第24位，排在九江市第8位（表3-22）。

表3-22 濂溪区（一类）科技创新能力评价指标得分与位次

指标名称	得分（分）	全省一类县（市、区）排名		本市排名	
	2021年	2020年	2021年	2020年	2021年
科技创新能力	63.25	29	30	9	9
创新环境	3.57	20	20	5	5
创新基础	3.92	18	12	1	1
规模以上企业数（家）	3.74	18	19	5	4
规模以上工业企业建立研发机构的比例（%）	3.68	15	10	8	6
当年新增省级及以上研发平台/创新载体（个）	4.43	10	8	1	1
科技意识	3.03	23	30	9	13
人均科普经费投入（元）	3.36	6	19	4	12
每十万人科普专职人员（人）	2.62	—	35	—	12

续表

指标名称	得分（分）	全省一类县（市、区）排名		本市排名	
	2021 年	2020 年	2021 年	2020 年	2021 年
创新投入	3.31	18	24	5	7
人力投入	3.43	16	19	5	7
规模以上工业企业中万人 R&D 人员全时当量（人·年）	3.50	16	18	7	8
规模以上工业企业 R&D 人员占从业人员比重（%）	3.35	20	18	5	3
财力投入	3.21	17	25	4	7
规模以上工业企业 R&D 经费支出	3.28	12	24	4	7
规模以上工业企业 R&D 经费支出占营业收入比重（%）	3.16	20	25	4	7
创新成效	2.94	34	34	12	11
技术创新	2.98	35	34	11	12
万人有效发明专利拥有量增量（件）	3.32	14	31	3	12
每万家企业法人高新技术企业数（家）	2.78	35	35	12	12
每万家企业法人科技型中小企业数（家）	2.83	34	34	11	12
产业化水平	2.89	31	30	10	10
规模以上工业企业新产品销售收入占营业收入比重（%）	2.66	28	29	8	9
高新技术产业增加值占规模以上工业增加值比重（%）	2.99	23	22	10	10
技术合同成交额	3.08	23	27	6	5
农业产业化省级以上龙头企业数（家）	2.70	27	27	10	10
经济社会发展	3.90	20	14	5	4
经济增长	3.42	22	20	9	7
GDP 较上一年增长率（%）	3.71	23	14	9	6
本级地方财政科技支出占公共财政支出比重（%）	3.13	23	24	6	8
社会生活	4.62	15	12	2	2
居民人均可支配收入（元）	4.86	13	13	2	2
万人社会消费品零售额（万元）	4.33	15	13	4	2

如表 3-22 所示，濂溪区科技创新能力排在全省一类县（市、区）第 30 位，较上一年下降了 1 位，排在九江市第 9 位，与上一年位次相同。在一级指标中，经济社会发展排在全省一类县（市、区）第 14 位，较上一年上升

了6位，排在九江市第4位，较上一年上升了1位；创新投入排在全省一类县（市、区）第24位，较上一年下降了6位，排在九江市第7位，较上一年下降了2位；创新成效排在全省一类县（市、区）第34位，与上一年位次相同，排在九江市第11位，较上一年上升了1位；创新环境排在全省一类县（市、区）第20位，排在九江市第5位，均与上一年位次相同。

综上所述，濂溪区每十万人科普专职人员、每万家企业法人高新技术企业数、每万家企业法人科技型中小企业数、规模以上工业企业新产品销售收入占营业收入比重、技术合同成交额、农业产业化省级以上龙头企业数排名靠后。建议该区加大科普宣传力度，提高企业创新意识，同时加速培育高新技术企业和科技型中小企业，助推经济高质量发展。

第三节　景德镇市

一、乐平市

乐平市，位于江西省东北部，是景德镇市下辖县级市。2021年，该市常住人口为75.42万人，地区GDP为406.33亿元。居民人均可支配收入为32 121元，排在全省一类县（市、区）第23位，排在景德镇市第3位。GDP较上一年增长8.50%，排在全省一类县（市、区）第29位，排在景德镇市第4位。规模以上工业企业建立研发机构的比例为28.39%，排在全省一类县（市、区）第16位，排在景德镇市第2位。人均科普经费投入为1.67元，排在全省一类县（市、区）第5位，排在景德镇市第1位。规模以上工业企业中万人R&D人员全时当量为9.76人·年，排在全省一类县（市、区）第31位，排在景德镇市第4位。每十万人科普专职人员为43.36人，排在全省一类县（市、区）第5位，排在景德镇市第3位。每万家企业法人科技型中小企业数为57.56家，排在全省一类县（市、区）第27位，排在景德镇市第3位。农业产业化省级以上龙头企业数为19家，排在全省一类县（市、区）第6位，排在景德镇市第1位（表3-23）。

表 3-23　乐平市（一类）科技创新能力评价指标得分与位次

指标名称	得分（分）	全省一类县（市、区）排名		本市排名	
	2021 年	2020 年	2021 年	2020 年	2021 年
科技创新能力	62.52	34	32	4	4
创新环境	3.81	24	15	1	3
创新基础	3.13	34	32	4	3
规模以上企业数（家）	3.44	24	21	1	1
规模以上工业企业建立研发机构的比例（%）	3.10	32	16	4	2
当年新增省级及以上研发平台/创新载体（个）	2.81	33	33	3	4
科技意识	4.83	3	4	1	3
人均科普经费投入（元）	5.15	4	5	1	1
每十万人科普专职人员（人）	4.43	—	5	—	3
创新投入	2.91	31	29	4	3
人力投入	2.94	27	29	4	4
规模以上工业企业中万人 R&D 人员全时当量（人·年）	2.70	29	31	4	4
规模以上工业企业 R&D 人员占从业人员比重（%）	3.18	21	22	3	3
财力投入	2.89	31	31	4	2
规模以上工业企业 R&D 经费支出	2.72	33	30	4	2
规模以上工业企业 R&D 经费支出占营业收入比重（%）	3.03	28	29	3	2
创新成效	3.27	24	28	4	4
技术创新	3.23	33	30	4	4
万人有效发明专利拥有量增量（件）	3.45	27	26	3	4
每万家企业法人高新技术企业数（家）	3.12	26	26	3	3
每万家企业法人科技型中小企业数（家）	3.10	33	27	4	3
产业化水平	3.30	17	25	2	4
规模以上工业企业新产品销售收入占营业收入比重（%）	2.72	24	27	3	3
高新技术产业增加值占规模以上工业增加值比重（%）	3.24	12	19	1	2
技术合同成交额	3.09	16	25	3	4
农业产业化省级以上龙头企业数（家）	4.84	6	6	1	1
经济社会发展	3.27	33	33	3	3

续表

指标名称	得分（分）	全省一类县（市、区）排名		本市排名	
	2021年	2020年	2021年	2020年	2021年
经济增长	3.07	25	27	1	2
GDP 较上一年增长率（%）	3.04	24	29	3	4
本级地方财政科技支出占公共财政支出比重（%）	3.10	25	25	1	1
社会生活	3.56	24	24	3	3
居民人均可支配收入（元）	3.78	23	23	3	3
万人社会消费品零售额（万元）	3.28	22	25	3	3

如表 3-23 所示，乐平市科技创新能力排在全省一类县（市、区）第 32 位，较上一年上升了 2 位，排在景德镇市第 4 位，与上一年位次相同。在一级指标中，经济社会发展排在全省一类县（市、区）第 33 位，排在景德镇市第 3 位，均与上一年位次相同；创新投入排在全省一类县（市、区）第 29 位，较上一年上升了 2 位，排在景德镇市第 3 位，较上一年上升了 1 位；创新成效排在全省一类县（市、区）第 28 位，较上一年下降了 4 位，排在景德镇市第 4 位，与上一年位次相同；创新环境排在全省一类县（市、区）第 15 位，较上一年上升了 9 位，排在景德镇市第 3 位，较上一年下降了 2 位。

综上所述，乐平市人均科普经费投入、每十万人科普专职人员、农业产业化省级以上龙头企业数在全省一类县（市、区）排名靠前，但当年新增省级及以上研发平台/创新载体、规模以上工业企业中万人R&D人员全时当量、规模以上工业企业 R&D 经费支出、每万家企业法人科技型中小企业数、规模以上工业企业新产品销售收入占营业收入比重等排名靠后。建议该市夯实创新基础，加大科技投入，鼓励企业自主研发，同时加强科技成果转移转化能力，有效发挥科技创新促进经济发展的作用。

二、浮梁县

浮梁县，位于江西省东北部，隶属景德镇市。2021 年，该县常住人口为 28.04 万人，地区 GDP 为 164.17 亿元。居民人均可支配收入为 27 837 元，排在全省三类县（市、区）第 9 位，排在景德镇市第 4 位。GDP 较上一年增长 9.20%，排在全省三类县（市、区）第 8 位，排在景德镇市第 1 位。规模以上企业数为 199 家，排在全省三类县（市、区）第 3 位，排在景德镇市第 1 位。每十万人科普专职人员为 91.31 人，排在全省三类县（市、区）第 2 位，排在景德镇市第 2 位。规模以上工业企业中万人 R&D 人员全时当量为 34.10 人·年，排在全省三类县（市、区）第 4 位，排在景德镇市第 1 位。规模以上工业企业 R&D 人员占从业人员比重为 6.73%，排在全省三类县（市、区）第 11 位，排在景德镇市第 2 位。万人有效发明专利拥有量增量为 2.08 件，排在全省三类县（市、区）第 1 位，排在景德镇市第 3 位。每万家企业法人科技型中小企业数为 149.87 家，排在全省三类县（市、区）第 3 位，排在景德镇市第 2 位。规模以上工业企业新产品销售收入占营业收入比重为 17.81%，排在全省三类县（市、区）第 21 位，排在景德镇市第 2 位。本级地方财政科技支出占公共财政支出比重为 1.28%，排在全省三类县（市、区）第 30 位，排在景德镇市第 2 位（表 3-24）。

表 3-24 浮梁县（三类）科技创新能力评价指标得分与位次

指标名称	得分（分）	全省三类县（市、区）排名		本市排名	
	2021 年	2020 年	2021 年	2020 年	2021 年
科技创新能力	68.42	4	11	2	2
创新环境	4.14	16	1	3	1
创新基础	3.63	20	5	1	1
规模以上企业数（家）	3.44	6	3	2	1
规模以上工业企业建立研发机构的比例（%）	3.59	29	18	3	1
当年新增省级及以上研发平台/创新载体（个）	3.89	1	1	1	2
科技意识	4.92	10	2	3	2
人均科普经费投入（元）	3.65	1	7	2	2
每十万人科普专职人员（人）	6.47	—	2	—	2
创新投入	3.13	10	20	2	2
人力投入	3.90	9	7	2	2

续表

指标名称	得分（分）	全省三类县（市、区）排名		本市排名	
	2021 年	2020 年	2021 年	2020 年	2021 年
规模以上工业企业中万人 R&D 人员全时当量（人·年）	4.22	8	4	3	1
规模以上工业企业 R&D 人员占从业人员比重（%）	3.58	11	11	2	2
财力投入	2.51	9	31	1	4
规模以上工业企业 R&D 经费支出	2.24	6	31	2	4
规模以上工业企业 R&D 经费支出占营业收入比重（%）	2.73	14	31	1	4
创新成效	3.75	1	8	1	3
技术创新	3.96	1	2	1	2
万人有效发明专利拥有量增量（件）	3.98	1	1	1	3
每万家企业法人高新技术企业数（家）	3.88	9	6	2	2
每万家企业法人科技型中小企业数（家）	4.01	5	3	2	2
产业化水平	3.55	17	15	4	2
规模以上工业企业新产品销售收入占营业收入比重（%）	3.29	11	21	2	2
高新技术产业增加值占规模以上工业增加值比重（%）	3.88	26	12	3	1
技术合同成交额	3.15	7	19	4	3
农业产业化省级以上龙头企业数（家）	4.12	3	3	2	2
经济社会发展	3.19	23	20	4	4
经济增长	3.27	24	21	2	1
GDP 较上一年增长率（%）	3.98	13	8	1	1
本级地方财政科技支出占公共财政支出比重（%）	2.57	29	30	2	2
社会生活	3.06	13	13	4	4
居民人均可支配收入（元）	3.24	9	9	4	4
万人社会消费品零售额（万元）	2.82	24	25	4	4

如表 3-24 所示，浮梁县科技创新能力排在全省三类县（市、区）第 11 位，较上一年下降了 7 位，排在景德镇市第 2 位，与上一年位次相同。在一级指标中，经济社会发展排在全省三类县（市、区）第 20 位，较上一年上升了 3 位，排在景德镇市第 4 位，与上一年位次相同；创新投入排在全省三类

县（市、区）第 20 位，较上一年下降了 10 位，排在景德镇市第 2 位，与上一年位次相同；创新成效排在全省三类县（市、区）第 8 位，较上一年下降了 7 位，排在景德镇市第 3 位，较上一年下降了 2 位；创新环境排在全省三类县（市、区）第 1 位，较上一年上升了 15 位，排在景德镇市第 1 位，较上一年上升了 2 位。

综上所述，浮梁县当年新增省级及以上研发平台 / 创新载体、万人有效发明专利拥有量增量居全省三类县（市、区）首位，在规模以上企业数、每十万人科普专职人员、规模以上工业企业中万人 R&D 人员全时当量、每万家企业法人科技型中小企业数、农业产业化省级以上龙头企业数等方面具有一定优势。但规模以上工业企业 R&D 经费支出、规模以上工业企业 R&D 经费支出占营业收入比重、本级地方财政科技支出占公共财政支出比重排名靠后。建议该县加大科技投入，鼓励企业自主研发，强化科技成果转移转化能力。

三、昌江区

昌江区，景德镇市市辖区。2021 年，该区常住人口为 20.13 万人，地区 GDP 为 275.50 亿元。居民人均可支配收入为 43 271 元，排在全省一类县（市、区）第 10 位，排在景德镇市第 2 位。GDP 较上一年增长 8.70%，排在全省一类县（市、区）第 21 位，排在景德镇市第 2 位。规模以上企业数为 187 家，排在全省一类县（市、区）第 24 位，排在景德镇市第 3 位。人均科普经费投入为 1.05 元，排在全省一类县（市、区）第 18 位，排在景德镇市第 3 位。规模以上工业企业中万人 R&D 人员全时当量为 23.60 人·年，排在全省一类县（市、区）第 17 位，排在景德镇市第 3 位。万人有效发明专利拥有量增量为 3.30 件，排在全省一类县（市、区）第 3 位，排在景德镇市第 2 位。每万家企业法人高新技术企业数为 169.92 家，排在全省一类县（市、区）第 6 位，排在景德镇市第 1 位。每万家企业法人科技型中小企业数为 150.81 家，排在全省一类县（市、区）第 6 位，排在景德镇市第 1 位。规模以上工业企业新产品销售收入占营业收入比重为 7.68%，排在全省一类县

（市、区）第31位，排在景德镇市第4位。本级地方财政科技支出占公共财政支出比重为1.12%，排在全省一类县（市、区）第34位，排在景德镇市第3位（表3-25）。

表 3-25　昌江区（一类）科技创新能力评价指标得分与位次

指标名称	得分（分）	全省一类县（市、区）排名		本市排名	
	2021 年	2020 年	2021 年	2020 年	2021 年
科技创新能力	67.77	23	22	3	3
创新环境	3.91	30	11	2	2
创新基础	3.16	31	31	2	2
规模以上企业数（家）	3.35	30	24	3	3
规模以上工业企业建立研发机构的比例（%）	2.11	24	30	2	4
当年新增省级及以上研发平台/创新载体（个）	4.16	18	15	2	1
科技意识	5.04	14	3	2	1
人均科普经费投入（元）	3.42	6	18	2	3
每十万人科普专职人员（人）	7.02	—	1	—	1
创新投入	2.89	25	30	3	4
人力投入	3.03	22	27	3	3
规模以上工业企业中万人 R&D 人员全时当量（人·年）	3.56	17	17	2	3
规模以上工业企业 R&D 人员占从业人员比重（%）	2.49	30	33	4	4
财力投入	2.77	23	32	2	3
规模以上工业企业 R&D 经费支出	2.56	25	32	3	3
规模以上工业企业 R&D 经费支出占营业收入比重（%）	2.94	21	32	2	3
创新成效	3.82	18	12	2	1
技术创新	4.33	14	3	2	1
万人有效发明专利拥有量增量（件）	4.34	35	3	4	2
每万家企业法人高新技术企业数（家）	4.58	7	6	1	1
每万家企业法人科技型中小企业数（家）	4.02	6	6	2	1
产业化水平	3.31	18	23	3	3
规模以上工业企业新产品销售收入占营业收入比重（%）	2.54	32	31	4	4
高新技术产业增加值占规模以上工业增加值比重（%）	3.23	17	20	2	3

续表

指标名称	得分（分）	全省一类县（市、区）排名		本市排名	
	2021 年	2020 年	2021 年	2020 年	2021 年
技术合同成交额	4.50	4	6	1	1
农业产业化省级以上龙头企业数（家）	2.41	30	30	3	3
经济社会发展	3.93	11	13	1	1
经济增长	2.89	31	31	3	3
GDP 较上一年增长率（%）	3.31	24	21	3	2
本级地方财政科技支出占公共财政支出比重（%）	2.47	32	34	3	3
社会生活	5.50	6	7	1	1
居民人均可支配收入（元）	5.19	9	10	2	2
万人社会消费品零售额（万元）	5.89	4	5	1	1

如表 3-25 所示，昌江区科技创新能力排在全省一类县（市、区）第 22 位，较上一年上升了 1 位，排在景德镇市第 3 位，与上一年位次相同。在一级指标中，经济社会发展排在全省一类县（市、区）第 13 位，较上一年下降了 2 位，排在景德镇市第 1 位，与上一年位次相同；创新投入排在全省一类县（市、区）第 30 位，较上一年下降了 5 位，排在景德镇市第 4 位，较上一年下降了 1 位；创新成效排在全省一类县（市、区）第 12 位，较上一年上升了 6 位，排在景德镇市第 1 位，较上一年上升了 1 位；创新环境排在全省一类县（市、区）第 11 位，较上一年上升了 19 位，排在景德镇市第 2 位，与上一年位次相同。

综上所述，昌江区每十万人科普专职人员居全省一类县（市、区）首位，万人有效发明专利拥有量增量、每万家企业法人高新技术企业数、每万家企业法人科技型中小企业数、技术合同成交额、万人社会消费品零售额排名较前。但规模以上工业企业建立研发机构的比例、规模以上工业企业 R&D 人员占从业人员比重、规模以上工业企业 R&D 经费支出、规模以上工业企业新产品销售收入占营业收入比重、本级地方财政科技支出占公共财政支出比重等排名靠后。建议该区加大科技创新投入，鼓励企业自主创新，提升产品竞争力，加速科技成果转移转化，促进经济高质量发展。

四、珠山区

珠山区，位于江西省东北部，景德镇市中心城区。2021年，该区常住人口为38.47万人，地区GDP为256.31亿元。居民人均可支配收入为47 838元，排在全省一类县（市、区）第6位，排在景德镇市第1位。GDP较上一年增长8.70%，排在全省一类县（市、区）第21位，排在景德镇市第2位。规模以上工业企业建立研发机构的比例为23.53%，排在全省一类县（市、区）第23位，排在景德镇市第3位。人均科普经费投入为0.44元，排在全省一类县（市、区）第33位，排在景德镇市第4位。规模以上工业企业中万人R&D人员全时当量为33.06人·年，排在全省一类县（市、区）第10位，排在景德镇市第2位。规模以上工业企业R&D经费支出为84 576万元、较上一年增长14.76%，排在全省一类县（市、区）第6位，排在景德镇市第1位。万人有效发明专利拥有量增量为3.98件，排在全省一类县（市、区）第2位，排在景德镇市第1位。每万家企业法人科技型中小企业数为40.54家，排在全省一类县（市、区）第32位，排在景德镇市第4位。规模以上工业企业新产品销售收入占营业收入比重为81.82%，排在全省一类县（市、区）第1位，排在景德镇市第1位。万人社会消费品零售额为52 305.92万元，排在全省一类县（市、区）第9位，排在景德镇市第2位（表3-26）。

表 3-26 珠山区（一类）科技创新能力评价指标得分与位次

指标名称	得分（分）	全省一类县（市、区）排名		本市排名	
	2021年	2020年	2021年	2020年	2021年
科技创新能力	77.13	13	7	1	1
创新环境	2.62	35	35	4	4
创新基础	2.89	33	34	3	4
规模以上企业数（家）	2.81	35	35	4	4
规模以上工业企业建立研发机构的比例（%）	2.80	19	23	1	3
当年新增省级及以上研发平台/创新载体（个）	3.08	33	29	3	3
科技意识	2.22	28	33	4	4
人均科普经费投入（元）	1.72	22	33	4	4

续表

指标名称	得分（分）	全省一类县（市、区）排名		本市排名	
	2021年	2020年	2021年	2020年	2021年
每十万人科普专职人员（人）	2.82	—	26	—	4
创新投入	5.10	7	3	1	1
人力投入	5.36	3	4	1	1
规模以上工业企业中万人R&D人员全时当量（人·年）	4.16	7	10	1	2
规模以上工业企业R&D人员占从业人员比重（%）	6.57	2	1	1	1
财力投入	4.88	30	3	3	1
规模以上工业企业R&D经费支出	4.51	6	6	1	1
规模以上工业企业R&D经费支出占营业收入比重（%）	5.19	35	3	4	1
创新成效	3.80	19	13	3	2
技术创新	3.46	30	19	3	3
万人有效发明专利拥有量增量（件）	4.54	9	2	2	1
每万家企业法人高新技术企业数（家）	2.82	33	33	4	4
每万家企业法人科技型中小企业数（家）	2.93	28	32	3	4
产业化水平	4.14	7	7	1	1
规模以上工业企业新产品销售收入占营业收入比重（%）	8.04	1	1	1	1
高新技术产业增加值占规模以上工业增加值比重（%）	2.52	35	31	4	4
技术合同成交额	3.44	12	18	2	2
农业产业化省级以上龙头企业数（家）	2.27	33	33	4	4
经济社会发展	3.74	13	18	2	2
经济增长	2.59	32	34	4	4
GDP较上一年增长率（%）	3.31	22	21	2	2
本级地方财政科技支出占公共财政支出比重（%）	1.87	35	35	4	4
社会生活	5.46	7	9	2	2
居民人均可支配收入（元）	5.76	6	6	1	1
万人社会消费品零售额（万元）	5.10	7	9	2	2

　　如表3-26所示，珠山区科技创新能力排在全省一类县（市、区）第7位，较上一年上升了6位，排在景德镇市第1位，与上一年位次相同。在一级指

标中，经济社会发展排在全省一类县（市、区）第 18 位，较上一年下降了 5 位，排在景德镇市第 2 位，与上一年位次相同；创新投入排在全省一类县（市、区）第 3 位，较上一年上升了 4 位，排在景德镇市第 1 位，与上一年位次相同；创新成效排在全省一类县（市、区）第 13 位，较上一年上升了 6 位，排在景德镇市第 2 位，较上一年上升了 1 位；创新环境排在全省一类县（市、区）第 35 位，排在景德镇市第 4 位，均与上一年位次相同。

综上所述，珠山区规模以上工业企业 R&D 人员占从业人员比重、规模以上工业企业新产品销售收入占营业收入比重居全省一类县（市、区）首位，规模以上工业企业 R&D 经费支出、规模以上工业企业 R&D 经费支出占营业收入比重、万人有效发明专利拥有量增量、居民人均可支配收入排名较前，但规模以上企业数、人均科普经费投入、每万家企业法人高新技术企业数、每万家企业法人科技型中小企业数、农业产业化省级以上龙头企业数等排名靠后。建议该区夯实创新基础，优化创新环境，鼓励企业自主研发，加速科技成果转移转化，促进经济高质量发展。

第四节　萍　乡　市

一、安源区

安源区，位于江西省西部，萍乡市市辖区。2021 年，该区常住人口为 55.37 万人，地区 GDP 为 260.94 亿元。居民人均可支配收入为 41 050 元，排在全省一类县（市、区）第 12 位，排在萍乡市第 1 位。GDP 较上一年增长 8%，排在全省一类县（市、区）第 33 位，排在萍乡市第 5 位。规模以上企业数为 178 家，排在全省一类县（市、区）第 28 位，排在萍乡市第 2 位。当年新增省级及以上研发平台 / 创新载体共 6 个，排在全省一类县（市、区）第 8 位，排在萍乡市第 1 位。每十万人科普专职人员为 8.49 人，排在全省一类县（市、区）第 22 位，排在萍乡市第 3 位。规模以上工业企业中万人 R&D 人员全时当量为 19.23 人·年，排在全省一类县（市、区）第 22 位，排在萍乡市第 4 位。

万人有效发明专利拥有量增量为 1.93 件，排在全省一类县（市、区）第 10 位，排在萍乡市第 1 位。规模以上工业企业新产品销售收入占营业收入比重为 13.85%，排在全省一类县（市、区）第 23 位，排在萍乡市第 4 位。技术合同成交额为 47 273.92 万元、占 GDP 的比重为 1.81%，排在全省一类县（市、区）第 12 位，排在萍乡市第 5 位。万人社会消费品零售额为 42 953.03 万元，排在全省一类县（市、区）第 11 位，排在萍乡市第 1 位（表 3-27）。

表 3-27　安源区（一类）科技创新能力评价指标得分与位次

指标名称	得分（分）	全省一类县（市、区）排名		本市排名	
	2021 年	2020 年	2021 年	2020 年	2021 年
科技创新能力	62.61	21	31	3	4
创新环境	3.30	29	30	2	2
创新基础	3.41	24	23	2	2
规模以上企业数（家）	3.29	24	28	2	2
规模以上工业企业建立研发机构的比例（%）	2.66	13	26	2	4
当年新增省级及以上研发平台/创新载体（个）	4.43	15	8	1	1
科技意识	3.13	29	26	3	4
人均科普经费投入（元）	3.28	29	22	5	5
每十万人科普专职人员（人）	2.96	—	22	—	3
创新投入	3.08	16	28	4	5
人力投入	3.20	12	22	2	4
规模以上工业企业中万人 R&D 人员全时当量（人·年）	3.29	14	22	3	4
规模以上工业企业 R&D 人员占从业人员比重（%）	3.11	11	23	3	4
财力投入	2.98	19	29	5	4
规模以上工业企业 R&D 经费支出	2.94	20	27	3	3
规模以上工业企业 R&D 经费支出占营业收入比重（%）	3.01	14	31	5	5
创新成效	3.30	20	24	4	5
技术创新	3.35	32	24	3	3
万人有效发明专利拥有量增量（件）	3.94	11	10	1	1
每万家企业法人高新技术企业数（家）	3.11	29	27	3	3

续表

指标名称	得分（分）	全省一类县（市、区）排名		本市排名	
	2021年	2020年	2021年	2020年	2021年
每万家企业法人科技型中小企业数（家）	2.95	31	31	4	4
产业化水平	3.25	13	26	4	5
规模以上工业企业新产品销售收入占营业收入比重（%）	3.00	17	23	3	4
高新技术产业增加值占规模以上工业增加值比重（%）	2.69	14	27	5	5
技术合同成交额	3.92	7	12	5	5
农业产业化省级以上龙头企业数（家）	3.41	17	17	4	4
经济社会发展	3.63	22	24	2	1
经济增长	2.90	27	30	5	5
GDP 较上一年增长率（%）	2.37	28	33	5	5
本级地方财政科技支出占公共财政支出比重（%）	3.43	21	15	3	3
社会生活	4.73	10	11	1	1
居民人均可支配收入（元）	4.91	11	12	1	1
万人社会消费品零售额（万元）	4.52	10	11	1	1

如表 3-27 所示，安源区科技创新能力排在全省一类县（市、区）第 31 位，较上一年下降了 10 位，排在萍乡市第 4 位，较上一年下降了 1 位。在一级指标中，经济社会发展排在全省一类县（市、区）第 24 位，较上一年下降了 2 位，排在萍乡市第 1 位，较上一年上升了 1 位；创新投入排在全省一类县（市、区）第 28 位，较上一年下降了 12 位，排在萍乡市第 5 位，较上一年下降了 1 位；创新成效排在全省一类县（市、区）第 24 位，较上一年下降了 4 位，排在萍乡市第 5 位，较上一年下降了 1 位；创新环境排在全省一类县（市、区）第 30 位，较上一年下降了 1 位，排在萍乡市第 2 位，与上一年位次相同。

综上所述，安源区规模以上企业数、规模以上工业企业 R&D 经费支出、规模以上工业企业 R&D 经费支出占营业收入比重、每万家企业法人科技型中小企业数、高新技术产业增加值占规模以上工业增加值比重、GDP 较上一年增长等排名靠后。建议该区优化创新环境，激励企业加大研发投入，积极培育高新技术企业及科技型中小企业，营造科技创新创业的良好氛围。

二、湘东区

湘东区，位于江西省西部，萍乡市市辖区。2021年，该区常住人口为30.46万人，地区GDP为146.37亿元。居民人均可支配收入为35 225元，排在全省一类县（市、区）第19位，排在萍乡市第2位。GDP较上一年增长8.60%，排在全省一类县（市、区）第27位，排在萍乡市第3位。规模以上企业数为157家，排在全省一类县（市、区）第32位，排在萍乡市第3位。当年新增省级及以上研发平台/创新载体2个，排在全省一类县（市、区）第24位，排在萍乡市第3位。人均科普经费投入为1.02元，排在全省一类县（市、区）第20位，排在萍乡市第4位。规模以上工业企业中万人R&D人员全时当量为42.91人·年，排在全省一类县（市、区）第7位，排在萍乡市第1位。万人有效发明专利拥有量增量为1.13件，排在全省一类县（市、区）第14位，排在萍乡市第3位。每万家企业法人科技型中小企业数为86.34家，排在全省一类县（市、区）第16位，排在萍乡市第2位。规模以上工业企业新产品销售收入占营业收入比重为33.83%，排在全省一类县（市、区）第5位，排在萍乡市第1位。技术合同成交额为83 976.22万元、与GDP之比为5.74%，排在全省一类县（市、区）第2位，排在萍乡市第1位。万人社会消费品零售额为8932.22万元，排在全省一类县（市、区）第35位，排在萍乡市第5位（表3-28）。

表3-28 湘东区（一类）科技创新能力评价指标得分与位次

指标名称	得分（分）	全省一类县（市、区）排名		本市排名	
	2021年	2020年	2021年	2020年	2021年
科技创新能力	75.91	3	8	1	1
创新环境	3.19	23	31	1	4
创新基础	3.26	9	27	1	3
规模以上企业数（家）	3.15	31	32	3	3

续表

指标名称	得分（分）	全省一类县（市、区）排名		本市排名	
	2021 年	2020 年	2021 年	2020 年	2021 年
规模以上工业企业建立研发机构的比例（%）	3.30	2	12	1	2
当年新增省级及以上研发平台 / 创新载体（个）	3.35	28	24	3	3
科技意识	3.08	32	28	5	5
人均科普经费投入（元）	3.34	27	20	4	4
每十万人科普专职人员（人）	2.78	—	29	—	5
创新投入	4.36	2	6	1	1
人力投入	5.32	1	5	1	1
规模以上工业企业中万人 R&D 人员全时当量（人·年）	4.77	5	7	1	1
规模以上工业企业 R&D 人员占从业人员比重（%）	5.87	1	3	1	1
财力投入	3.57	16	14	3	1
规模以上工业企业 R&D 经费支出	3.51	23	19	4	2
规模以上工业企业 R&D 经费支出占营业收入比重（%）	3.63	3	6	2	1
创新成效	4.10	3	6	1	1
技术创新	3.46	16	18	2	2
万人有效发明专利拥有量增量（件）	3.70	19	14	4	3
每万家企业法人高新技术企业数（家）	3.29	16	20	2	2
每万家企业法人科技型中小企业数（家）	3.38	16	16	2	2
产业化水平	4.74	1	2	1	1
规模以上工业企业新产品销售收入占营业收入比重（%）	4.48	2	5	1	1
高新技术产业增加值占规模以上工业增加值比重（%）	3.69	7	11	1	4
技术合同成交额	6.59	1	2	1	1
农业产业化省级以上龙头企业数（家）	3.55	16	16	3	3
经济社会发展	3.49	15	28	1	2
经济增长	3.57	11	19	1	1
GDP 较上一年增长率（%）	3.17	14	27	1	3
本级地方财政科技支出占公共财政支出比重（%）	3.96	7	9	1	1
社会生活	3.39	27	27	2	2
居民人均可支配收入（元）	4.17	19	19	2	2
万人社会消费品零售额（万元）	2.42	35	35	5	5

如表 3-28 所示，湘东区科技创新能力排在全省一类县（市、区）第 8 位，较上一年下降了 5 位，排在萍乡市第 1 位，与上一年位次相同。在一级指标中，经济社会发展排在全省一类县（市、区）第 28 位，较上一年下降了 13 位，排在萍乡市第 2 位，较上一年下降了 1 位；创新投入排在全省一类县（市、区）第 6 位，较上一年下降了 4 位，排在萍乡市第 1 位，与上一年位次相同；创新成效排在全省一类县（市、区）第 6 位，较上一年下降了 3 位，排在萍乡市第 1 位，与上一年位次相同；创新环境排在全省一类县（市、区）第 31 位，较上一年下降了 8 位，排在萍乡市第 4 位，较上一年下降了 3 位。

综上所述，湘东区规模以上工业企业中万人 R&D 人员全时当量、规模以上工业企业 R&D 人员占从业人员比重、规模以上工业企业 R&D 经费支出占营业收入比重、规模以上工业企业新产品销售收入占营业收入比重、技术合同成交额排名靠前，具有一定优势。但规模以上企业数、每十万人科普专职人员、GDP 较上一年增长率、万人社会消费品零售额排名靠后。建议该区夯实创新基础，积极建设创新平台，加大科普宣传力度，提高民众及企业创新意识，进一步提升区域科技竞争力。

三、芦溪县

芦溪县，位于江西省西部萍乡市东部，萍乡市下辖县。2021 年，该县常住人口为 26.04 万人，地区 GDP 为 132.20 亿元。居民人均可支配收入为 31 206 元，排在全省三类县（市、区）第 4 位，排在萍乡市第 3 位。GDP 较上一年增长 8.60%，排在全省三类县（市、区）第 21 位，排在萍乡市第 3 位。规模以上企业数为 144 家，排在全省三类县（市、区）第 9 位，排在萍乡市第 4 位。人均科普经费投入为 1.11 元，排在全省三类县（市、区）第 8 位，排在萍乡市第 1 位。规模以上工业企业中万人 R&D 人员全时当量为 26.16 人·年，排在全省三类县（市、区）第 10 位，排在萍乡市第 3 位。万人有效发明专利拥有量增量为 0.92 件，排在全省三类县（市、区）第 12 位，排在萍乡市第 4 位。每万家企业法人科技型中小企业数为 118.98 家，排在全省三类县（市、区）第 7 位，排在萍乡市第 1 位。规模以上工业企业新产品销售收入占营业收入比重为29.79%，排在全省三类县（市、区）第5位，排在萍乡市第2位。技术合同成交额为41 345.63万元、与GDP之比为3.13%，排在全省三类县（市、区）第3位，排在萍乡市第3位。农业产业化省级以上龙头企业数为15家，排在全省三类县（市、区）第1位，排在萍乡市第1位（表3-29）。

表3-29 芦溪县（三类）科技创新能力评价指标得分与位次

指标名称	得分（分）	全省三类县（市、区）排名		本市排名	
	2021年	2020年	2021年	2020年	2021年
科技创新能力	67.43	6	14	2	2
创新环境	3.28	25	22	3	3
创新基础	2.82	21	29	3	4
规模以上企业数（家）	3.06	9	9	4	4
规模以上工业企业建立研发机构的比例（%）	2.59	22	30	3	5
当年新增省级及以上研发平台/创新载体（个）	2.81	2	21	2	5
科技意识	3.97	28	6	4	1
人均科普经费投入（元）	3.59	28	8	3	1
每十万人科普专职人员（人）	4.44	—	8	—	1
创新投入	3.18	12	19	5	3
人力投入	3.55	6	12	3	3
规模以上工业企业中万人R&D人员全时当量（人·年）	3.72	4	10	4	3
规模以上工业企业R&D人员占从业人员比重（%）	3.37	10	13	4	3
财力投入	2.89	17	26	4	5
规模以上工业企业R&D经费支出	2.72	14	25	5	5
规模以上工业企业R&D经费支出占营业收入比重（%）	3.02	17	27	3	4
创新成效	4.00	3	1	2	2
技术创新	3.80	7	5	1	1
万人有效发明专利拥有量增量（件）	3.64	13	12	5	4
每万家企业法人高新技术企业数（家）	4.03	6	5	1	1
每万家企业法人科技型中小企业数（家）	3.70	6	7	1	1

续表

指标名称	得分（分）	全省三类县（市、区）排名		本市排名	
	2021年	2020年	2021年	2020年	2021年
产业化水平	4.21	2	4	2	2
规模以上工业企业新产品销售收入占营业收入比重（%）	4.18	17	5	2	2
高新技术产业增加值占规模以上工业增加值比重（%）	3.90	13	11	3	2
技术合同成交额	4.52	3	3	3	3
农业产业化省级以上龙头企业数（家）	4.27	1	1	1	1
经济社会发展	3.35	8	13	3	3
经济增长	3.38	9	17	2	2
GDP较上一年增长率（%）	3.17	11	21	2	3
本级地方财政科技支出占公共财政支出比重（%）	3.59	10	8	2	2
社会生活	3.31	9	9	3	3
居民人均可支配收入（元）	3.67	4	4	3	3
万人社会消费品零售额（万元）	2.87	22	23	2	2

如表 3-29 所示，芦溪县科技创新能力排在全省三类县（市、区）第 14位，较上一年下降了 8 位，排在萍乡市第 2 位，与上一年位次相同。在一级指标中，经济社会发展排在全省三类县（市、区）第 13 位，较上一年下降了 5 位，排在萍乡市第 3 位，与上一年位次相同；创新投入排在全省三类县（市、区）第 19 位，较上一年下降了 7 位，排在萍乡市第 3 位，较上一年上升了 2 位；创新成效排在全省三类县（市、区）第 1 位，较上一年上升了 2位，排在萍乡市第 2 位，与上一年位次相同；创新环境排在全省三类县（市、区）第 22 位，较上一年上升了 3 位，排在萍乡市第 3 位，与上一年位次相同。

综上所述，芦溪县规模以上企业数、人均科普经费投入、每十万人科普专职人员、每万家企业法人高新技术企业数、每万家企业法人科技型中小企业数、规模以上工业企业新产品销售收入占营业收入比重、技术合同成交额、农业产业化省级以上龙头企业数、居民人均可支配收入居全省三类县（市、区）前列。但规模以上工业企业建立研发机构的比例、当年新增省级及以上研发平台／创新载体、规模以上工业企业 R&D 经费支出占营业收入比重、万人社会消费品零售额排名靠后。建议该县鼓励有条件的企业建立研发平台，加大创新投入，积极引进和培育创新人才，助力经济高质量发展。

四、上栗县

上栗县，位于江西省西部萍乡市北部，萍乡市下辖县。2021 年，该县常住人口为 47.02 万人，地区 GDP 为 195.03 亿元。居民人均可支配收入为 30 167 元，排在全省二类县（市、区）第 9 位，排在萍乡市第 4 位。GDP 较上一年增长 8.80%，排在全省二类县（市、区）第 17 位，排在萍乡市第 2 位。规模以上企业数为 197 家，排在全省二类县（市、区）第 14 位，排在萍乡市第 1 位。人均科普经费投入为 1.11 元，排在全省二类县（市、区）第 3 位，排在萍乡市第 1 位。每十万人科普专职人员为 7.23 人，排在全省二类县（市、区）第 25 位，排在萍乡市第 4 位。规模以上工业企业中万人 R&D 人员全时当量为 37.50 人·年，排在全省二类县（市、区）第 3 位，排在萍乡市第 2 位。当年新增省级及以上研发平台／创新载体 3 个，排在全省二类县（市、区）第 1 位，排在萍乡市第 2 位。每万家企业法人科技型中小企业数为 45.21 家，排在全省二类县（市、区）第 27 位，排在萍乡市第 3 位。规模以上工业企业新产品销售收入占营业收入比重为 4.44%，排在全省二类县（市、区）第 32 位，排在萍乡市第 5 位。技术合同成交额为 42 191 万元、与 GDP 之比为 2.16%，排在全省二类县（市、区）第 4 位，排在萍乡市第 4 位。万人社会消费品零售额为 11 736.65 万元，排在全省二类县（市、区）第 32 位，排在萍乡市第 4 位（表 3-30）。

表 3-30　上栗县（二类）科技创新能力评价指标得分与位次

指标名称	得分（分）	全省二类县（市、区）排名		本市排名	
	2021 年	2020 年	2021 年	2020 年	2021 年
科技创新能力	65.76	12	17	5	3
创新环境	3.42	28	13	4	1
创新基础	3.52	27	12	4	1
规模以上企业数（家）	3.42	9	14	1	1

续表

指标名称	得分（分）2021 年	全省二类县（市、区）排名 2020 年	全省二类县（市、区）排名 2021 年	本市排名 2020 年	本市排名 2021 年
规模以上工业企业建立研发机构的比例（%）	3.53	31	17	5	1
当年新增省级及以上研发平台 / 创新载体（个）	3.62	4	1	3	2
科技意识	3.28	24	16	2	3
人均科普经费投入（元）	3.59	22	3	2	1
每十万人科普专职人员（人）	2.90	—	25	—	4
创新投入	3.56	6	10	3	2
人力投入	3.65	6	11	4	2
规模以上工业企业中万人 R&D 人员全时当量（人·年）	4.43	3	3	2	2
规模以上工业企业 R&D 人员占从业人员比重（%）	2.86	15	22	5	5
财力投入	3.49	10	17	2	2
规模以上工业企业 R&D 经费支出	3.78	7	10	1	1
规模以上工业企业 R&D 经费支出占营业收入比重（%）	3.26	15	22	4	2
创新成效	3.34	13	18	5	4
技术创新	3.13	22	29	4	5
万人有效发明专利拥有量增量（件）	3.58	10	16	3	5
每万家企业法人高新技术企业数（家）	2.80	28	31	4	5
每万家企业法人科技型中小企业数（家）	2.98	20	27	3	3
产业化水平	3.55	11	9	5	4
规模以上工业企业新产品销售收入占营业收入比重（%）	2.30	30	32	5	5
高新技术产业增加值占规模以上工业增加值比重（%）	4.18	12	1	4	1
技术合同成交额	4.03	4	4	4	4
农业产业化省级以上龙头企业数（家）	3.41	13	13	4	4
经济社会发展	3.20	23	21	4	4
经济增长	3.26	26	21	4	4
GDP 较上一年增长率（%）	3.44	26	17	4	2
本级地方财政科技支出占公共财政支出比重（%）	3.09	17	23	4	4
社会生活	3.11	18	18	4	4

指标名称	得分（分）	全省二类县（市、区）排名		本市排名	
	2021年	2020年	2021年	2020年	2021年
居民人均可支配收入（元）	3.54	9	9	4	4
万人社会消费品零售额（万元）	2.60	32	32	4	4

如表 3-30 所示，上栗县科技创新能力排在全省二类县（市、区）第 17位，较上一年下降了 5 位，排在萍乡市第 3 位，较上一年上升了 2 位。在一级指标中，经济社会发展排在全省二类县（市、区）第 21 位，较上一年上升了 2 位，排在萍乡市第 4 位，与上一年位次相同；创新投入排在全省二类县（市、区）第 10 位，较上一年下降了 4 位，排在萍乡市第 2 位，较上一年上升 1 位；创新成效排在全省二类县（市、区）第 18 位，较上一年下降了 5 位，排在萍乡市第 4 位，较上一年上升了 1 位；创新环境排在全省二类县（市、区）第 13 位，较上一年上升了 15 位，排在萍乡市第 1 位，较上一年上升了 3 位。

综上所述，上栗县当年新增省级及以上研发平台/创新载体、高新技术产业增加值占规模以上工业增加值比重居全省二类县（市、区）首位，人均科普经费投入、规模以上工业企业中万人 R&D 人员全时当量、技术合同成交额、居民人均可支配收入排名靠前。但每十万人科普专职人员、规模以上工业企业新产品销售收入占营业收入比重、每万家企业法人高新技术企业数、每万家企业法人科技型中小企业数、万人社会消费品零售额排名靠后。建议该县加速培育高新技术企业和科技型中小企业，鼓励企业自主研发，提升产品竞争力。

五、莲花县

莲花县，位于江西省西部萍乡市南部，萍乡市下辖县。2021 年，该县常住人口为 21.71 万人，地区 GDP 为 73.02 亿元。居民人均可支配收入为21 226 元，排在全省三类县（市、区）第 29 位，排在萍乡市第 5 位。GDP较上一年增长 8.90%，排在全省三类县（市、区）第 15 位，排在萍乡市第 1

位。规模以上企业数为 76 家，排在全省三类县（市、区）第 26 位，排在萍乡市第 5 位。当年新增省级及以上研发平台 / 创新载体 1 个，排在全省三类县（市、区）第 13 位，排在萍乡市第 4 位。人均科普经费投入为 1.06 元，排在全省三类县（市、区）第 12 位，排在萍乡市第 3 位。规模以上工业企业中万人 R&D 人员全时当量为 11.06 人·年，排在全省三类县（市、区）第 25 位，排在萍乡市第 5 位。万人有效发明专利拥有量增量为 1.48 件，排在全省三类县（市、区）2 位，排在萍乡市第 2 位。规模以上工业企业新产品销售收入占营业收入比重为 14.55%，排在全省三类县（市、区）第 23 位，排在萍乡市第 3 位。技术合同成交额为 27 556.48 万元、与 GDP 之比为 3.77%，排在全省三类县（市、区）第 1 位，排在萍乡市第 2 位。万人社会消费品零售额为 12 675.82 万元，排在全省三类县（市、区）第 31 位，排在萍乡市第 3 位（表 3-31）。

表 3-31　莲花县（三类）科技创新能力评价指标得分与位次

指标名称	得分（分）	全省三类县（市、区）排名		本市排名	
	2021 年	2020 年	2021 年	2020 年	2021 年
科技创新能力	62.41	12	22	4	5
创新环境	3.10	32	25	5	5
创新基础	2.82	30	30	5	5
规模以上企业数（家）	2.59	27	26	5	5
规模以上工业企业建立研发机构的比例（%）	2.82	28	28	4	3
当年新增省级及以上研发平台 / 创新载体（个）	3.08	6	13	3	4
科技意识	3.51	27	13	1	2
人均科普经费投入（元）	3.45	27	12	1	3
每十万人科普专职人员（人）	3.59	—	12	—	2
创新投入	3.09	5	22	2	4
人力投入	3.21	12	17	5	4
规模以上工业企业中万人 R&D 人员全时当量（人·年）	2.78	24	25	5	5
规模以上工业企业 R&D 人员占从业人员比重（%）	3.63	5	9	2	2
财力投入	2.99	1	24	1	3

指标名称	得分（分）	全省三类县（市、区）排名		本市排名	
	2021年	2020年	2021年	2020年	2021年
规模以上工业企业R&D经费支出	2.74	9	24	2	4
规模以上工业企业R&D经费支出占营业收入比重（%）	3.20	2	20	1	3
创新成效	3.56	14	14	3	3
技术创新	3.22	30	27	5	4
万人有效发明专利拥有量增量（件）	3.81	6	2	2	2
每万家企业法人高新技术企业数（家）	2.88	30	30	5	4
每万家企业法人科技型中小企业数（家）	2.93	31	31	5	5
产业化水平	3.89	4	9	3	3
规模以上工业企业新产品销售收入占营业收入比重（%）	3.05	24	23	4	3
高新技术产业增加值占规模以上工业增加值比重（%）	3.81	12	14	2	3
技术合同成交额	4.64	2	1	2	2
农业产业化省级以上龙头企业数（家）	3.98	4	4	2	2
经济社会发展	3.00	25	27	5	5
经济增长	3.32	20	20	3	3
GDP较上一年增长率（%）	3.57	15	15	3	1
本级地方财政科技支出占公共财政支出比重（%）	3.06	22	25	5	5
社会生活	2.52	30	30	5	5
居民人均可支配收入（元）	2.41	29	29	5	5
万人社会消费品零售额（万元）	2.65	31	31	3	3

如表3-31所示，莲花县科技创新能力排在全省三类县（市、区）第22位，较上一年下降了10位，排在萍乡市第5位，较上一年下降了1位。在一级指标中，经济社会发展排在全省三类县（市、区）第27位，较上一年下降了2位，排在萍乡市第5位，与上一年位次相同；创新投入排在全省三类县（市、区）第22位，较上一年下降了17位，排在萍乡市第4位，较上一年下降了2位；创新成效排在全省三类县（市、区）第14位，排在萍乡市第3位，均与上一年位次相同；创新环境排在全省三类县（市、区）第25位，较上一

年上升了7位，排在萍乡市第5位，与上一年位次相同。

综上所述，莲花县技术合同成交额居全省三类县（市、区）首位，规模以上工业企业R&D人员占从业人员比重、万人有效发明专利拥有量增量、农业产业化省级以上龙头企业数排名靠前。但规模以上工业企业建立研发机构的比例、规模以上工业企业中万人R&D人员全时当量、规模以上工业企业R&D经费支出、每万家企业法人高新技术企业数、每万家企业法人科技型中小企业数、居民人均可支配收入等排名靠后。建议该县夯实创新基础，鼓励有条件的企业建立研发平台，加速培育高新技术企业和科技型中小企业，促进经济高质量发展。

第五节　新　余　市

一、分宜县

分宜县，位于江西省西中部，新余市下辖县。2021年，该县常住人口为27.44万人，地区GDP为215.93亿元。居民人均可支配收入为30 691元，排在全省二类县（市、区）第7位，排在新余市第2位。GDP较上一年增长9.90%，排在全省二类县（市、区）第1位，排在新余市第1位。规模以上工业企业建立研发机构的比例为16.67%，排在全省二类县（市、区）第32位，排在新余市第1位。规模以上工业企业R&D人员占从业人员比重为6.88%，排在全省二类县（市、区）第12位，排在新余市第1位。当年新增省级及以上研发平台/创新载体3个，排在全省二类县（市、区）第1位，排在新余市第2位。规模以上工业企业新产品销售收入占营业收入比重为14.24%，排在全省二类县（市、区）第22位，排在新余市第2位。技术合同成交额为71 174.5万元、与GDP之比为3.30%，排在全省二类县（市、区）第1位，排在新余市第1位。本级地方财政科技支出占公共财政支出比重为2.65%，排在全省二类县（市、区）第11位，排在新余市第2位（表3-32）。

表 3-32　分宜县（二类）科技创新能力评价指标得分与位次

指标名称	得分（分）	全省二类县（市、区）排名		本市排名	
	2021 年	2020 年	2021 年	2020 年	2021 年
科技创新能力	65.78	4	16	1	2
创新环境	3.14	27	26	2	2
创新基础	2.97	33	29	2	2
规模以上企业数（家）	3.00	28	26	2	2
规模以上工业企业建立研发机构的比例（%）	2.38	29	32	1	1
当年新增省级及以上研发平台/创新载体（个）	3.62	15	1	2	2
科技意识	3.39	23	13	1	2
人均科普经费投入（元）	3.45	21	8	1	2
每十万人科普专职人员（人）	3.32	—	11	—	2
创新投入	3.34	1	21	1	1
人力投入	3.58	2	14	1	1
规模以上工业企业中万人 R&D 人员全时当量（人·年）	3.53	5	12	1	1
规模以上工业企业 R&D 人员占从业人员比重（%）	3.64	2	12	1	1
财力投入	3.14	1	29	1	1
规模以上工业企业 R&D 经费支出	3.06	6	29	1	1
规模以上工业企业 R&D 经费支出占营业收入比重（%）	3.20	2	26	1	1
创新成效	3.50	16	9	2	2
技术创新	3.06	32	32	2	2
万人有效发明专利拥有量增量（件）	3.38	23	32	2	2
每万家企业法人高新技术企业数（家）	2.77	32	32	2	2
每万家企业法人科技型中小企业数（家）	3.03	29	26	2	2
产业化水平	3.94	5	1	2	2
规模以上工业企业新产品销售收入占营业收入比重（%）	3.03	23	22	2	2
高新技术产业增加值占规模以上工业增加值比重（%）	3.33	8	19	1	1
技术合同成交额	5.09	6	1	2	1
农业产业化省级以上龙头企业数（家）	4.41	4	4	2	2
经济社会发展	3.98	3	3	1	2

续表

指标名称	得分（分）	全省二类县（市、区）排名		本市排名	
	2021 年	2020 年	2021 年	2020 年	2021 年
经济增长	4.17	5	3	1	1
GDP 较上一年增长率（%）	4.91	1	1	1	1
本级地方财政科技支出占公共财政支出比重（%）	3.42	11	11	2	2
社会生活	3.70	1	3	2	2
居民人均可支配收入（元）	3.60	6	7	2	2
万人社会消费品零售额（万元）	3.83	1	1	2	2

如表 3-32 所示，分宜县科技创新能力排在全省二类县（市、区）第 16 位，较上一年下降了 12 位，排在新余市第 2 位，较上一年下降了 1 位。在一级指标中，经济社会发展排在全省二类县（市、区）第 3 位，与上一年位次相同，排在新余市第 2 位，较上一年下降了 1 位；创新投入排在全省二类县（市、区）第 21 位，较上一年下降了 20 位，排在新余市第 1 位，与上一年位次相同；创新成效排在全省二类县（市、区）第 9 位，较上一年上升了 7 位，排在新余市第 2 位，与上一年位次相同；创新环境排在全省二类县（市、区）第 26 位，较上一年上升了 1 位，排在新余市第 2 位，与上一年位次相同。

综上所述，分宜县当年新增省级及以上研发平台/创新载体、技术合同成交额、GDP 较上一年增长率、万人社会消费品零售额居全省二类县（市、区）首位，人均科普经费投入、农业产业化省级以上龙头企业数、居民人均可支配收入排名靠前。但规模以上工业企业建立研发机构的比例、规模以上工业企业 R&D 经费支出、规模以上工业企业 R&D 经费支出占营业收入比重、每万家企业法人高新技术企业数等排名靠后。建议该县夯实创新基础，鼓励有条件的企业建立研发平台、自主创新，加速培育高新技术企业和科技型中小企业，提高科技对经济增长的贡献率。

二、渝水区

渝水区，位于江西省中部偏西、新余市东部，新余市市辖区。2021 年，该区常住人口为 92.77 万人，地区 GDP 为 938.67 亿元。居民人均可支配收入为 40 320 元，排在全省一类县（市、区）第 14 位，排在新余市第 1 位。GDP 较上一年增长 8.50%，排在全省一类县（市、区）第 29 位，排在新余市第 2 位。规模以上企业数为 545 家，排在全省一类县（市、区）第 5 位，排在新余市第 1 位。规模以上工业企业 R&D 人员占从业人员比重为 4.08%，排在全省一类县（市、区）第 31 位，排在新余市第 2 位。万人有效发明专利拥有量增量为 0.64 件，排在全省一类县（市、区）第 21 位，排在新余市第 1 位。每万家企业法人高新技术企业数为 89.70 家，排在全省一类县（市、区）第 12 位，排在新余市第 1 位。规模以上工业企业新产品销售收入占营业收入比重为 18.57%，排在全省一类县（市、区）第 18 位，排在新余市第 1 位。技术合同成交额为 87 537.02 万元、与 GDP 之比为 0.93%，排在全省一类县（市、区）第 11 位，排在新余市第 2 位。本级地方财政科技支出占公共财政支出比重为 4.44%，排在全省一类县（市、区）第 4 位，排在新余市第 1 位（表 3-33）。

表 3-33 渝水区（一类）科技创新能力评价指标得分与位次

指标名称	得分（分）	全省一类县（市、区）排名		本市排名	
	2021 年	2020 年	2021 年	2020 年	2021 年
科技创新能力	68.19	19	21	1	1
创新环境	3.90	14	12	2	1
创新基础	4.12	13	11	2	1
规模以上企业数（家）	5.82	5	5	2	1
规模以上工业企业建立研发机构的比例（%）	2.17	33	29	1	2
当年新增省级及以上研发平台/创新载体（个）	4.43	8	8	2	1
科技意识	3.57	26	13	1	1
人均科普经费投入（元）	3.75	28	12	1	1
每十万人科普专职人员（人）	3.36	—	11	—	1
创新投入	2.89	23	31	1	2
人力投入	2.84	19	30	1	2

续表

指标名称	得分（分）2021 年	全省一类县（市、区）排名		本市排名	
	2021 年	2020 年	2021 年	2020 年	2021 年
规模以上工业企业中万人 R&D 人员全时当量（人·年）	3.11	20	25	1	2
规模以上工业企业 R&D 人员占从业人员比重（%）	2.57	19	31	1	2
财力投入	2.92	26	30	1	2
规模以上工业企业 R&D 经费支出	2.80	26	29	1	2
规模以上工业企业 R&D 经费支出占营业收入比重（%）	3.03	26	30	1	2
创新成效	3.86	16	11	2	1
技术创新	3.58	23	14	2	1
万人有效发明专利拥有量增量（件）	3.56	23	21	2	1
每万家企业法人高新技术企业数（家）	3.64	17	12	2	1
每万家企业法人科技型中小企业数（家）	3.52	20	12	2	1
产业化水平	4.14	10	6	2	1
规模以上工业企业新产品销售收入占营业收入比重（%）	3.35	15	18	2	1
高新技术产业增加值占规模以上工业增加值比重（%）	3.21	34	21	1	2
技术合同成交额	4.11	11	11	2	1
农业产业化省级以上龙头企业数（家）	7.41	2	2	2	1
经济社会发展	4.04	23	11	1	1
经济增长	3.79	26	13	1	2
GDP 较上一年增长率（%）	3.04	31	29	1	2
本级地方财政科技支出占公共财政支出比重（%）	4.53	13	4	2	1
社会生活	4.43	14	15	2	1
居民人均可支配收入（元）	4.82	14	14	2	1
万人社会消费品零售额（万元）	3.97	12	15	2	1

如表 3-33 所示，渝水区科技创新能力排在全省一类县（市、区）第 21 位，较上一年下降了 2 位，排在新余市第 1 位，与上一年位次相同。在一级指标中，经济社会发展排在全省一类县（市、区）第 11 位，较上一年上升了 12 位，排在新余市第 1 位，与上一年位次相同；创新投入排在全省一类

县（市、区）第 31 位，较上一年下降了 8 位，排在新余市第 2 位，较上一年下降了 1 位；创新成效排在全省一类县（市、区）第 11 位，较上一年上升了 5 位，排在新余市第 1 位，较上一年上升了 1 位；创新环境排在全省一类县（市、区）第 12 位，较上一年上升了 2 位，排在新余市第 1 位，较上一年上升了 1 位。

综上所述，渝水区规模以上企业数、当年新增省级及以上研发平台 / 创新载体、农业产业化省级以上龙头企业数、本级地方财政科技支出占公共财政支出比重居全省一类县（市、区）前列，但规模以上工业企业建立研发机构的比例、规模以上工业企业 R&D 人员占从业人员比重、规模以上工业企业 R&D 经费支出、GDP 较上一年增长率等排名靠后。建议该区夯实创新基础，鼓励有条件的企业建立研发机构，同时激励企业加大创新投入，积极引进和培育人才，助推经济高质量发展。

第六节　鹰　潭　市

一、贵溪市

贵溪市，位于江西省东北部，鹰潭市下辖县级市。2021 年，该市常住人口为 54.03 万人，地区 GDP 为 592.32 亿元。居民人均可支配收入为 30 366 元，排在全省一类县（市、区）第 25 位，排在鹰潭市第 2 位。GDP 较上一年增长 9.50%，排在全省一类县（市、区）第 5 位，排在鹰潭市第 1 位。规模以上企业数为 264 家，排在全省一类县（市、区）第 16 位，排在鹰潭市第 1 位。规模以上工业企业 R&D 人员占从业人员比重为 12.94%，排在全省一类县（市、区）第 2 位，排在鹰潭市第 1 位。当年新增省级及以上研发平台 / 创新载体 6 个，排在全省一类县（市、区）第 8 位，排在鹰潭市第 1 位。每万家企业法人高新技术企业数为 100.88 家，排在全省一类县（市、区）第 10 位，排在鹰潭市第 2 位。规模以上工业企业新产品销售收入占营业收入比重为 28.06%，排在全省一类县（市、区）第 9 位，排在鹰潭市第 2 位。技术合同成交额为 39 928 万元、与 GDP 之比为 0.67%，排在全省一类县（市、区）第 21 位，排在鹰潭市第 2 位。农业产业化省级以上龙头企业数为 13 家，排在全省一类县（市、区）第 12 位，排在鹰潭市第 1 位（表 3-34）。

表 3-34　贵溪市（一类）科技创新能力评价指标得分与位次

指标名称	得分（分）	全省一类县（市、区）排名		本市排名	
	2021 年	2020 年	2021 年	2020 年	2021 年
科技创新能力	72.26	15	13	3	2
创新环境	3.41	33	26	2	2
创新基础	3.49	32	21	2	2
规模以上企业数（家）	3.88	19	16	1	1
规模以上工业企业建立研发机构的比例（%）	2.28	31	28	3	3
当年新增省级及以上研发平台／创新载体（个）	4.43	18	8	2	1
科技意识	3.29	24	20	2	3
人均科普经费投入（元）	3.81	24	10	1	1
每十万人科普专职人员（人）	2.65	—	33	—	3
创新投入	4.24	11	7	3	1
人力投入	5.68	7	4	1	1
规模以上工业企业中万人 R&D 人员全时当量（人·年）	5.40	12	4	2	1
规模以上工业企业 R&D 人员占从业人员比重（%）	5.95	3	2	1	1
财力投入	3.06	24	27	3	3
规模以上工业企业 R&D 经费支出	3.24	21	25	3	3
规模以上工业企业 R&D 经费支出占营业收入比重（%）	2.91	27	33	3	3
创新成效	3.49	10	18	2	3
技术创新	3.62	9	12	2	2
万人有效发明专利拥有量增量（件）	3.61	8	18	2	1
每万家企业法人高新技术企业数（家）	3.77	10	10	2	2
每万家企业法人科技型中小企业数（家）	3.46	10	14	2	2
产业化水平	3.37	14	21	2	3
规模以上工业企业新产品销售收入占营业收入比重（%）	4.05	6	9	1	2
高新技术产业增加值占规模以上工业增加值比重（%）	2.65	30	28	3	3

指标名称	得分（分）	全省一类县（市、区）排名		本市排名	
	2021年	2020年	2021年	2020年	2021年
技术合同成交额	3.21	14	21	2	2
农业产业化省级以上龙头企业数（家）	3.98	12	12	1	1
经济社会发展	3.71	28	21	3	3
经济增长	3.86	17	10	2	2
GDP 较上一年增长率（%）	4.38	15	5	2	1
本级地方财政科技支出占公共财政支出比重（%）	3.34	17	18	2	2
社会生活	3.48	26	26	3	3
居民人均可支配收入（元）	3.56	25	25	2	2
万人社会消费品零售额（万元）	3.39	21	23	3	3

如表 3-34 所示，贵溪市科技创新能力排在全省一类县（市、区）第 13 位，较上一年上升了 2 位，排在鹰潭市第 2 位，较上一年上升了 1 位。在一级指标中，经济社会发展排在全省一类县（市、区）第 21 位，较上一年上升了 7 位，排在鹰潭市第 3 位，与上一年位次相同；创新投入排在全省一类县（市、区）第 7 位，较上一年上升了 4 位，排在鹰潭市第 1 位，较上一年上升了 2 位；创新成效排在全省一类县（市、区）第 18 位，较上一年下降了 8 位，排在鹰潭市第 3 位，较上一年下降了 1 位；创新环境排在全省一类县（市、区）第 26 位，较上一年上升了 7 位，排在鹰潭市第 2 位，与上一年位次相同。

综上所述，贵溪市当年新增省级及以上研发平台/创新载体、规模以上工业企业中万人 R&D 人员全时当量、规模以上工业企业 R&D 人员占从业人员比重、规模以上工业企业新产品销售收入占营业收入比重、GDP 较上一年增长率居全省一类县（市、区）前列。但规模以上工业企业建立研发机构的比例、每十万人科普专职人员、规模以上工业企业 R&D 经费支出占营业收入比重、高新技术产业增加值占规模以上工业增加值比重等排名靠后。建议该市优化创新环境，夯实创新基础，鼓励企业自主研发、做大做强，提高科技成果转移转化能力，进一步提升区域科技竞争力。

二、余江区

余江区，原名余江县，位于江西省东北部，隶属于鹰潭市。2021年，该区常住人口为32.58万人，地区GDP为191.62亿元。居民人均可支配收入为29 746元，排在全省二类县（市、区）第11位，排在鹰潭市第3位。GDP较上一年增长9.50%，排在全省二类县（市、区）第3位，排在鹰潭市第1位。人均科普经费投入为1.01元，排在全省二类县（市、区）第14位，排在鹰潭市第3位。规模以上工业企业R&D人员占从业人员比重为7.71%，排在全省二类县（市、区）第8位，排在鹰潭市第3位。万人有效发明专利拥有量增量为0.70件，排在全省二类县（市、区）第17位，排在鹰潭市第2位。每万家企业法人高新技术企业数为41.41家，排在全省二类县（市、区）第21位，排在鹰潭市第3位。规模以上工业企业新产品销售收入占营业收入比重为37%，排在全省二类县（市、区）第1位，排在鹰潭市第1位。技术合同成交额为40 377万元、与GDP之比为2.11%，排在全省二类县（市、区）第6位，排在鹰潭市第1位。本级地方财政科技支出占公共财政支出比重为10.92%，排在全省二类县（市、区）第1位，排在鹰潭市第1位（表3-35）。

表3-35　余江区（二类）科技创新能力评价指标得分与位次

指标名称	得分（分）	全省二类县（市、区）排名		本市排名	
	2021年	2020年	2021年	2020年	2021年
科技创新能力	69.73	2	3	2	3
创新环境	3.03	29	31	3	3
创新基础	2.85	23	32	3	3
规模以上企业数（家）	3.17	19	23	3	3
规模以上工业企业建立研发机构的比例（%）	2.57	25	29	2	2
当年新增省级及以上研发平台/创新载体（个）	2.81	4	24	3	3
科技意识	3.30	27	15	3	2
人均科普经费投入（元）	3.31	24	14	2	3
每十万人科普专职人员（人）	3.29	—	13	—	2

续表

指标名称	得分（分）	全省二类县（市、区）排名		本市排名	
	2021 年	2020 年	2021 年	2020 年	2021 年
创新投入	3.55	3	11	2	3
人力投入	3.77	5	7	3	3
规模以上工业企业中万人R&D人员全时当量（人·年）	3.59	6	11	3	3
规模以上工业企业 R&D 人员占从业人员比重（%）	3.95	7	8	3	3
财力投入	3.36	5	22	1	2
规模以上工业企业 R&D 经费支出	3.42	3	19	1	2
规模以上工业企业 R&D 经费支出占营业收入比重（%）	3.31	5	20	1	1
创新成效	3.57	10	7	3	2
技术创新	3.25	16	22	3	3
万人有效发明专利拥有量增量（件）	3.58	13	17	3	2
每万家企业法人高新技术企业数（家）	3.07	16	21	3	3
每万家企业法人科技型中小企业数（家）	3.06	17	25	3	3
产业化水平	3.89	7	3	1	1
规模以上工业企业新产品销售收入占营业收入比重（%）	4.72	3	1	2	1
高新技术产业增加值占规模以上工业增加值比重（%）	3.42	30	14	2	2
技术合同成交额	3.97	3	6	1	1
农业产业化省级以上龙头企业数（家）	3.27	20	20	2	2
经济社会发展	5.31	1	1	1	1
经济增长	6.46	1	1	1	1
GDP 较上一年增长率（%）	4.38	1	3	1	1
本级地方财政科技支出占公共财政支出比重（%）	8.55	1	1	1	1
社会生活	3.57	6	5	2	2
居民人均可支配收入（元）	3.48	11	11	3	3
万人社会消费品零售额（万元）	3.68	3	4	2	2

如表 3-35 所示，余江区科技创新能力排在全省二类县（市、区）第 3 位，排在鹰潭市第 3 位，均较上一年下降了 1 位。在一级指标中，经济社会发展排在全省二类县（市、区）第 1 位，排在鹰潭市第 1 位，都与上一年位次相

同；创新投入排在全省二类县（市、区）第 11 位，较上一年下降了 8 位，排在鹰潭市第 3 位，较上一年下降了 1 位；创新成效排在全省二类县（市、区）第 7 位，较上一年上升了 3 位，排在鹰潭市第 2 位，较上一年上升了 1 位；创新环境排在全省二类县（市、区）第 31 位，较上一年下降了 2 位，排在鹰潭市第 3 位，与上一年位次相同。

综上所述，余江区规模以上工业企业新产品销售收入占营业收入比重、本级地方财政科技支出占公共财政支出比重居全省二类县（市、区）首位，规模以上工业企业 R&D 人员占从业人员比重、技术合同成交额、GDP 较上一年增长率、万人社会消费品零售额排名靠前。但规模以上工业企业建立研发机构的比例、当年新增省级及以上研发平台/创新载体、每万家企业法人高新技术企业数、每万家企业法人科技型中小企业数排名靠后。建议该区夯实创新基础，鼓励有条件的企业建立研发平台、加大研发投入，同时加速培育高新技术和科技型中小企业，助推经济高质量发展。

三、月湖区

月湖区，位于江西省东部偏北、鹰潭市中部，鹰潭市市辖区。2021 年，该区常住人口为 28.88 万人，地区 GDP 为 359.97 亿元。居民人均可支配收入为 44 749 元，排在全省一类县（市、区）第 8 位，排在鹰潭市第 1 位。GDP 较上一年增长 9%，排在全省一类县（市、区）第 14 位，排在鹰潭市第 3 位。规模以上企业数为 250 家，排在全省一类县（市、区）第 18 位，排在鹰潭市第 2 位。规模以上工业企业 R&D 人员占从业人员比重为 10.25%，排在全省一类县（市、区）第 5 位，排在鹰潭市第 2 位。每十万人科普专职人员为 77.22 人，排在全省一类县（市、区）第 2 位，排在鹰潭市第 1 位。每万家企业法人高新技术企业数为 733.79 家，排在全省一类县（市、区）第 1 位，排在鹰潭市第 1 位。规模以上工业企业新产品销售收入占营业收入比重为 23.30%，排在全省一类县（市、区）第 12 位，排在鹰潭市第 3 位。技术合同成交额为 22 706.6 万元、与 GDP 之比为 0.63%，排在全省一类县（市、区）第 32 位，排在鹰潭市第 3 位。万人社会消费品零售额为 61 217.44 万元，排在全省一类县（市、区）第7位，排在鹰潭市第1位（表3-36）。

表 3-36　月湖区（一类）科技创新能力评价指标得分与位次

指标名称	得分（分）	全省一类县（市、区）排名		本市排名	
	2021 年	2020 年	2021 年	2020 年	2021 年
科技创新能力	91.88	2	2	1	1
创新环境	4.09	10	8	1	1
创新基础	3.83	16	16	1	1
规模以上企业数（家）	3.79	20	18	2	2
规模以上工业企业建立研发机构的比例（%）	4.05	16	5	1	1
当年新增省级及以上研发平台/创新载体（个）	3.62	6	22	1	2
科技意识	4.48	11	6	1	1
人均科普经费投入（元）	3.34	25	20	2	2
每十万人科普专职人员（人）	5.87	—	2	—	1
创新投入	4.03	8	10	1	2
人力投入	4.55	8	7	2	2
规模以上工业企业中万人 R&D 人员全时当量（人·年）	4.18	10	9	1	2
规模以上工业企业 R&D 人员占从业人员比重（%）	4.92	4	5	2	2
财力投入	3.60	9	11	2	1
规模以上工业企业 R&D 经费支出	3.99	10	10	2	2
规模以上工业企业 R&D 经费支出占营业收入比重（%）	3.27	8	15	2	2
创新成效	6.08	1	1	1	1
技术创新	8.61	1	1	1	1
万人有效发明专利拥有量增量（件）	3.42	6	28	1	3
每万家企业法人高新技术企业数（家）	11.18	1	1	1	1
每万家企业法人科技型中小企业数（家）	11.67	1	1	1	1
产业化水平	3.56	16	16	3	2
规模以上工业企业新产品销售收入占营业收入比重（%）	3.70	7	12	3	3
高新技术产业增加值占规模以上工业增加值比重（%）	4.23	4	7	1	1
技术合同成交额	2.91	33	32	3	3

续表

指标名称	得分（分）	全省一类县（市、区）排名		本市排名	
	2021 年	2020 年	2021 年	2020 年	2021 年
农业产业化省级以上龙头企业数（家）	3.27	19	19	2	2
经济社会发展	4.22	9	8	2	2
经济增长	3.37	28	21	3	3
GDP 较上一年增长率（%）	3.71	27	14	3	3
本级地方财政科技支出占公共财政支出比重（%）	3.04	26	26	3	3
社会生活	5.50	5	8	1	1
居民人均可支配收入（元）	5.37	8	8	1	1
万人社会消费品零售额（万元）	5.65	5	7	1	1

如表 3-36 所示，月湖区科技创新能力排在全省一类县（市、区）第 2 位，排在鹰潭市第 1 位，均与上一年位次相同。在一级指标中，经济社会发展排在全省一类县（市、区）第 8 位，较上一年上升了 1 位，排在鹰潭市第 2 位，与上一年位次相同；创新投入排在全省一类县（市、区）第 10 位，较上一年下降了 2 位，排在鹰潭市第 2 位，较上一年下降了 1 位；创新成效排在全省一类县（市、区）第 1 位，排在鹰潭市第 1 位，与上一年位次相同；创新环境排在全省一类县（市、区）第 8 位，较上一年上升了 2 位，排在鹰潭市第 1 位，与上一年位次相同。

综上所述，月湖区每万家企业法人高新技术企业数、每万家企业法人科技型中小企业数居全省一类县（市、区）首位，规模以上工业企业建立研发机构的比例、高新技术产业增加值占规模以上工业增加值比重、居民人均可支配收入等排名靠前。但万人有效发明专利拥有量增量、技术合同成交额、本级地方财政科技支出占公共财政支出比重排名靠后。建议该区加大科普宣传力度，增强企业及民众创新意识，加强产学研深度合作，提高科技成果转化效率，助推经济高质量发展。

第七节 赣 州 市

一、章贡区

章贡区，位于江西省南部、赣州市中偏西北部，赣州市市辖区。2021 年，该区常住人口为 112.92 万人，地区 GDP 为 606.86 亿元。居民人均可支配收入为 43 460 元，排在全省一类县（市、区）第 9 位，排在赣州市第 1 位。GDP 较上一年增长 9.90%，排在全省一类县（市、区）第 4 位，排在赣州市第 1 位。规模以上企业数为 594 家，排在全省一类县（市、区）第 4 位，排在赣州市第 2 位。每十万人科普专职人员为 25.59 人，排在全省一类县（市、区）第 9 位，排在赣州市第 7 位。规模以上工业企业 R&D 经费支出为 112 084.9 万元，较上一年增幅 8.05%，排在全省一类县（市、区）第 17 位，排在赣州市第 8 位。每万家企业法人科技型中小企业数为 137.30 家，排在全省一类县（市、区）第 8 位，排在赣州市第 2 位。技术合同成交额为 62 120.51 万元、与 GDP 之比为 1.02%，排在全省一类县（市、区）第 16 位，排在赣州市第 12 位。万人社会消费品零售额为 61 548.02 万元，排在全省一类县（市、区）第 6 位，排在赣州市第 1 位。本级地方财政科技支出占公共财政支出比重为 3.32%，排在全省一类县（市、区）第 11 位，排在赣州市第 4 位（表 3-37）。

表 3-37 章贡区（一类）科技创新能力评价指标得分与位次

指标名称	得分（分）	全省一类县（市、区）排名		本市排名	
	2021 年	2020 年	2021 年	2020 年	2021 年
科技创新能力	69.75	6	18	1	6
创新环境	4.32	4	6	1	1
创新基础	4.89	3	2	1	1
规模以上企业数（家）	6.15	4	4	2	2

续表

指标名称	得分（分）	全省一类县（市、区）排名		本市排名	
	2021 年	2020 年	2021 年	2020 年	2021 年
规模以上工业企业建立研发机构的比例（%）	3.10	11	15	9	13
当年新增省级及以上研发平台/创新载体（个）	5.51	4	2	1	1
科技意识	3.46	2	14	1	7
人均科普经费投入（元）	3.28	6	22	3	3
每十万人科普专职人员（人）	3.68	—	9	—	7
创新投入	3.23	20	26	8	10
人力投入	3.06	21	25	5	9
规模以上工业企业中万人 R&D 人员全时当量（人·年）	3.37	19	20	3	3
规模以上工业企业 R&D 人员占从业人员比重（%）	2.76	24	30	8	14
财力投入	3.36	12	21	10	12
规模以上工业企业 R&D 经费支出	3.58	14	17	5	8
规模以上工业企业 R&D 经费支出占营业收入比重（%）	3.19	12	21	13	15
创新成效	3.30	5	25	1	15
技术创新	3.19	6	31	3	15
万人有效发明专利拥有量增量（件）	2.12	4	33	1	18
每万家企业法人高新技术企业数（家）	3.65	23	11	11	7
每万家企业法人科技型中小企业数（家）	3.88	11	8	9	2
产业化水平	3.41	6	19	1	14
规模以上工业企业新产品销售收入占营业收入比重（%）	3.77	13	11	6	5
高新技术产业增加值占规模以上工业增加值比重（%）	2.56	1	30	1	18
技术合同成交额	3.75	15	16	1	12
农业产业化省级以上龙头企业数（家）	3.84	14	14	1	1
经济社会发展	4.79	5	3	1	1
经济增长	4.37	7	4	3	1

续表

指标名称	得分（分）	全省一类县（市、区）排名		本市排名	
	2021年	2020年	2021年	2020年	2021年
GDP较上一年增长率（%）	4.91	7	4	2	1
本级地方财政科技支出占公共财政支出比重（%）	3.84	12	11	4	4
社会生活	5.42	11	10	1	1
居民人均可支配收入（元）	5.21	10	9	1	1
万人社会消费品零售额（万元）	5.67	14	6	1	1

如表3-37所示，章贡区科技创新能力排在全省一类县（市、区）第18位，较上一年下降了12位，排在赣州市第6位，较上一年下降了5位。在一级指标中，经济社会发展排在全省一类县（市、区）第3位，较上一年上升了2位，排在赣州市第1位，与上一年位次相同；创新投入排在全省一类县（市、区）第26位，较上一年下降了6位，排在赣州市第10位，较上一年下降了2位；创新成效排在全省一类县（市、区）第25位，较上一年下降了20位，排在赣州市第15位，较上一年下降了14位；创新环境排在全省一类县（市、区）第6位，较上一年下降了2位，排在赣州市第1位，与上一年位次相同。

综上所述，章贡区当年新增省级及以上研发平台/创新载体、规模以上企业数、GDP较上一年增长率在全省一类县（市、区）排名靠前，但万人有效发明专利拥有量增量、规模以上工业企业R&D人员占从业人员比重、高新技术产业增加值占规模以上工业增加值比重排名靠后。建议该区积极引进和培育人才，鼓励企业加大创新投入，加快科技成果转移转化，助力产业转型升级。

二、南康区

南康区，位于江西省南部、赣州市西部，赣州市市辖区。2021年，该区常住人口为89.05万人，地区GDP为409.77亿元。居民人均可支配收入为25 957元，排在全省一类县（市、区）第33位，排在赣州市第4位。GDP

较上一年增长 9.40%，排在全省一类县（市、区）第 7 位，排在赣州市第 2 位。规模以上企业数为 662 家，排在全省一类县（市、区）第 2 位，排在赣州市第 1 位。人均科普经费投入为 1.0 元，排在全省一类县（市、区）第 22 位，排在赣州市第 3 位。规模以上工业企业 R&D 人员占从业人员比重为 3.25%，排在全省一类县（市、区）第 34 位，排在赣州市第 17 位。规模以上工业企业 R&D 经费支出占营业收入比重为 0.68%、较上一年下降 0.24%，排在全省一类县（市、区）第 27 位，排在赣州市第 16 位。万人有效发明专利拥有量增量为 0.40 件，排在全省一类县（市、区）第 25 位，排在赣州市第 11 位。技术合同成交额为 37 477.32 万元、与 GDP 之比为 0.91%，排在全省一类县（市、区）第 19 位，排在赣州市第 17 位。万人社会消费品零售额为 22 819.88 万元，排在全省一类县（市、区）第 26 位，排在赣州市第 3 位（表 3-38）。

表 3-38　南康区（一类）科技创新能力评价指标得分与位次

指标名称	得分（分）	全省一类县（市、区）排名		本市排名	
	2021 年	2020 年	2021 年	2020 年	2021 年
科技创新能力	59.27	30	33	12	16
创新环境	3.53	9	22	2	8
创新基础	3.88	8	14	2	4
规模以上企业数（家）	6.62	2	2	1	1
规模以上工业企业建立研发机构的比例（%）	2.05	29	32	18	18
当年新增省级及以上研发平台/创新载体（个）	2.81	28	33	5	11
科技意识	3.01	19	31	13	18
人均科普经费投入（元）	3.28	6	22	3	3
每十万人科普专职人员（人）	2.68	—	31	—	18
创新投入	2.78	24	32	11	16
人力投入	2.50	29	34	11	16
规模以上工业企业中万人 R&D 人员全时当量（人·年）	2.74	26	29	8	8
规模以上工业企业 R&D 人员占从业人员比重（%）	2.25	29	34	14	17
财力投入	3.02	10	28	8	16

续表

指标名称	得分（分）	全省一类县（市、区）排名		本市排名	
	2021年	2020年	2021年	2020年	2021年
规模以上工业企业 R&D 经费支出	2.93	9	28	3	15
规模以上工业企业 R&D 经费支出占营业收入比重（%）	3.10	11	27	10	16
创新成效	3.01	32	33	17	18
技术创新	3.18	19	32	10	16
万人有效发明专利拥有量增量（件）	3.49	24	25	8	11
每万家企业法人高新技术企业数（家）	3.07	27	30	15	15
每万家企业法人科技型中小企业数（家）	2.97	5	30	3	16
产业化水平	2.83	34	33	18	18
规模以上工业企业新产品销售收入占营业收入比重（%）	2.47	27	32	17	18
高新技术产业增加值占规模以上工业增加值比重（%）	2.58	28	29	18	17
技术合同成交额	3.29	35	19	18	17
农业产业化省级以上龙头企业数（家）	2.98	24	24	8	8
经济社会发展	3.49	26	29	4	5
经济增长	3.73	13	16	5	6
GDP 较上一年增长率（%）	4.24	4	7	1	2
本级地方财政科技支出占公共财政支出比重（%）	3.23	22	20	11	12
社会生活	3.13	33	33	2	2
居民人均可支配收入（元）	3.01	33	33	4	4
万人社会消费品零售额（万元）	3.28	28	26	3	3

如表 3-38 所示，南康区科技创新能力排在全省一类县（市、区）第 33 位，较上一年下降 3 位，排在赣州市第 16 位，较上一年下降了 4 位。在一级指标中，经济社会发展排在全省一类县（市、区）第 29 位，较上一年下降了 3 位，排在赣州市第 5 位，较上一年下降了 1 位；创新投入排在全省一类县（市、区）第 32 位，较上一年下降了 8 位，排在赣州市第 16 位，较上一年下降了 5 位；创新成效排在全省一类县（市、区）第 33 位，排在赣州市第 18 位，都比上一年下降了 1 位；创新环境排在全省一类县（市、区）第 22 位，

较上一年下降了 13 位，排在赣州市第 8 位，较上一年下降了 6 位。

综上所述，南康区规模以上企业数、GDP 较上一年增长率在全省一类县（市、区）排名靠前，但当年新增省级及以上研发平台 / 创新载体、每十万人科普专职人员、规模以上工业企业 R&D 人员占从业人员比重、每万家企业法人高新技术企业数、规模以上工业企业新产品销售收入占营业收入比重等排名靠后。建议该区优化科技创新环境，进一步加大科技创新投入，加速产业转型升级，培育高新技术产业，加强人才引进和培养，助推区域经济高质量发展。

三、赣县区

赣县区，原赣县，2017 年 10 月撤销赣县设立赣县区。其位于江西省南部、赣州市中部，赣州市市辖区。2021 年，该区常住人口为 57.67 万人，地区 GDP 为 232.19 亿元。居民人均可支配收入为 24 879 元，排在全省一类县（市、区）第 34 位，排在赣州市第 5 位。GDP 较上一年增长 9.20%，排在全省一类县（市、区）第 10 位，排在赣州市第 4 位。规模以上企业数为 172 家，排在全省一类县（市、区）第 30 位，排在赣州市第 6 位。每十万人科普专职人员为 22.02 人，排在全省一类县（市、区）第 10 位，排在赣州市第 8 位。规模以上工业企业中万人 R&D 人员全时当量为 10.28 人·年，排在全省一类县（市、区）第 30 位，排在赣州市第 10 位。规模以上工业企业 R&D 经费支出为 33 015.60 万元、较上一年增幅 54.95%，排在全省一类县（市、区）第 12 位，排在赣州市第 5 位。万人有效发明专利拥有量增量为 0.92 件，排在全省一类县（市、区）第 16 位，排在赣州市第 8 位。规模以上工业企业新产品销售收入占营业收入比重为 14.64%，排在全省一类县（市、区）第 22 位，排在赣州市第 12 位。技术合同成交额为 49 725.67 万元、与 GDP 之比为 2.14%，排在全省一类县（市、区）第 9 位，排在赣州市第 5 位。万人社会消费品零售额为 17 345.73 万元，排在全省一类县（市、区）第 32 位，排在赣州市第 8 位（表 3-39）。

表 3-39　赣县区（一类）科技创新能力评价指标得分与位次

指标名称	得分（分）	全省一类县（市、区）排名		本市排名	
	2021 年	2020 年	2021 年	2020 年	2021 年
科技创新能力	71.13	24	15	6	4
创新环境	3.39	27	27	11	11
创新基础	3.40	29	24	13	10
规模以上企业数（家）	3.25	29	30	5	6
规模以上工业企业建立研发机构的比例（%）	2.89	22	22	13	15
当年新增省级及以上研发平台／创新载体（个）	4.16	18	15	2	2
科技意识	3.39	13	17	5	10
人均科普经费投入（元）	3.28	6	22	3	3
每十万人科普专职人员（人）	3.53	—	10	—	8
创新投入	3.59	27	15	13	6
人力投入	3.61	24	16	6	4
规模以上工业企业中万人 R&D 人员全时当量（人·年）	2.73	31	30	10	10
规模以上工业企业 R&D 人员占从业人员比重（%）	4.48	16	7	4	2
财力投入	3.58	28	12	17	10
规模以上工业企业 R&D 经费支出	3.77	27	12	11	5
规模以上工业企业 R&D 经费支出占营业收入比重（%）	3.43	25	10	18	10
创新成效	3.99	11	9	4	2
技术创新	4.14	5	6	1	1
万人有效发明专利拥有量增量（件）	3.64	26	16	10	8
每万家企业法人高新技术企业数（家）	5.33	3	3	1	1
每万家企业法人科技型中小企业数（家）	3.35	8	18	6	9
产业化水平	3.84	27	13	14	4
规模以上工业企业新产品销售收入占营业收入比重（%）	3.06	21	22	14	12
高新技术产业增加值占规模以上工业增加值比重（%）	4.70	13	2	11	2
技术合同成交额	4.14	34	9	15	5
农业产业化省级以上龙头企业数（家）	2.84	26	26	12	12
经济社会发展	3.65	24	23	3	2

指标名称	得分（分）	全省一类县（市、区）排名		本市排名	
	2021年	2020年	2021年	2020年	2021年
经济增长	4.15	6	6	2	2
GDP较上一年增长率（%）	3.98	9	10	4	4
本级地方财政科技支出占公共财政支出比重（%）	4.33	6	6	3	3
社会生活	2.90	35	35	6	6
居民人均可支配收入（元）	2.87	34	34	7	5
万人社会消费品零售额（万元）	2.94	33	32	7	8

如表3-39所示，赣县区科技创新能力排在全省一类县（市、区）第15位，较上一年上升了9位，排在赣州市第4位，较上一年上升了2位。在一级指标中，经济社会发展排在全省一类县（市、区）第23位，排在赣州市第2位，均较上一年上升了1位；创新投入排在全省一类县（市、区）第15位，较上一年上升了12位，排在赣州市第6位，较上一年上升了7位；创新成效排在全省一类县（市、区）第9位，排在赣州市第2位，均较上一年上升了2位；创新环境排在全省一类县（市、区）第27位，排在赣州市第11位，均与上一年位次相同。

综上所述，赣县区高新技术产业增加值占规模以上工业增加值比重、每万家企业法人高新技术企业数、规模以上工业企业R&D人员占从业人员比重、本级地方财政科技支出占公共财政支出比重排名靠前，但居民人均可支配收入、万人社会消费品零售额、规模以上企业数、规模以上工业企业中万人R&D人员全时当量等排名相对靠后。建议该区优化创新环境，加大研发投入，积极引进和培育科技创新人才，鼓励企业做大做优做强，提升高科技产品竞争力，促进区域经济社会发展。

四、信丰县

信丰县，位于江西省南部、赣州市中部，赣州市下辖县。2021年，该县常住人口为67.44万人，地区GDP为280.20亿元。居民人均可支配收入为

26 413 元，排在全省二类县（市、区）第 20 位，排在赣州市第 2 位。GDP 较上一年增长 9.20%，排在全省二类县（市、区）第 8 位，排在赣州市第 4 位。规模以上企业数为 207 家，排在全省二类县（市、区）第 10 位，排在赣州市第 4 位。当年新增省级及以上研发平台 / 创新载体 3 个，排在全省二类县（市、区）第 1 位，排在赣州市第 3 位。规模以上工业企业中万人 R&D 人员全时当量为 25.83 人·年，排在全省二类县（市、区）第 10 位，排在赣州市第 2 位。规模以上工业企业 R&D 经费支出为 60 169 万元、较上一年增长 31.39%，排在全省二类县（市、区）第 5 位，排在赣州市第 3 位。万人有效发明专利拥有量增量为 0.96 件，排在全省二类县（市、区）第 12 位，排在赣州市第 6 位。每万家企业法人科技型中小企业数为 73.39 家，排在全省二类县（市、区）第 18 位，排在赣州市第 13 位。技术合同成交额为 34 670.60 万元、与 GDP 之比为 1.24%，排在全省二类县（市、区）第 11 位，排在赣州市第 15 位。万人社会消费品零售额为 9218.04 万元，排在全省二类县（市、区）第 33 位，排在赣州市第 18 位（表 3-40）。

表 3-40　信丰县（二类）科技创新能力评价指标得分与位次

指标名称	得分（分）	全省二类县（市、区）排名		本市排名	
	2021 年	2020 年	2021 年	2020 年	2021 年
科技创新能力	70.82	3	2	2	5
创新环境	3.51	11	9	9	9
创新基础	3.72	14	6	9	7
规模以上企业数（家）	3.49	15	10	4	4
规模以上工业企业建立研发机构的比例（%）	4.03	15	11	11	8
当年新增省级及以上研发平台 / 创新载体（个）	3.62	4	1	5	3
科技意识	3.19	6	20	7	13
人均科普经费投入（元）	3.28	5	15	3	3
每十万人科普专职人员（人）	3.08	—	21	—	13
创新投入	3.94	2	2	2	3
人力投入	3.85	4	5	2	3

续表

指标名称	得分（分）	全省二类县（市、区）排名		本市排名	
	2021 年	2020 年	2021 年	2020 年	2021 年
规模以上工业企业中万人 R&D 人员全时当量（人·年）	3.70	10	10	4	2
规模以上工业企业 R&D 人员占从业人员比重（%）	3.99	5	7	2	4
财力投入	4.02	3	2	2	4
规模以上工业企业 R&D 经费支出	3.98	5	5	2	3
规模以上工业企业 R&D 经费支出占营业收入比重（%）	4.05	3	3	3	6
创新成效	3.63	6	5	6	6
技术创新	3.57	5	6	9	7
万人有效发明专利拥有量增量（件）	3.65	7	12	4	6
每万家企业法人高新技术企业数（家）	3.75	2	3	5	4
每万家企业法人科技型中小企业数（家）	3.26	9	18	11	13
产业化水平	3.70	10	8	2	5
规模以上工业企业新产品销售收入占营业收入比重（%）	4.10	4	3	1	1
高新技术产业增加值占规模以上工业增加值比重（%）	3.80	6	6	7	7
技术合同成交额	3.42	32	11	16	15
农业产业化省级以上龙头企业数（家）	3.41	13	13	3	3
经济社会发展	3.30	20	16	10	7
经济增长	3.65	15	12	8	7
GDP 较上一年增长率（%）	3.98	10	8	6	4
本级地方财政科技支出占公共财政支出比重（%）	3.32	22	16	14	8
社会生活	2.78	26	25	11	11
居民人均可支配收入（元）	3.06	20	20	2	2
万人社会消费品零售额（万元）	2.44	33	33	18	18

如表 3-40 所示，信丰县科技创新能力排在全省二类县（市、区）第 2 位，较上一年上升了 1 位，排在赣州市第 5 位，较上一年下降了 3 位。在一级指标中，经济社会发展排在全省二类县（市、区）第 16 位，较上一年上升了 4 位，排在赣州市第 7 位，较上一年上升了 3 位；创新投入排在全省二类县

（市、区）第 2 位，与上一年位次相同，排在赣州市第 3 位，较上一年下降了 1 位；创新成效排在全省二类县（市、区）第 5 位，较上一年上升了 1 位，排在赣州市第 6 位，与上一年位次相同；创新环境排在全省第 9 位，较上一年上升了 2 位，排在赣州市第 9 位，与上一年位次相同。

综上所述，信丰县当年新增省级及以上研发平台 / 创新载体在全省二类县（市、区）排名首位，规模以上工业企业 R&D 经费支出占营业收入比重、每万家企业法人高新技术企业数、规模以上工业企业新产品销售收入占营业收入比重排名靠前。但每十万人科普专职人员、每万家企业法人科技型中小企业数、万人社会消费品零售额排名靠后。建议该县加大科普宣传力度，加速培育科技型中小企业，让科技创新更好服务于经济社会发展。

五、大余县

大余县，位于江西省西南部、赣州市西南端，赣州市下辖县。2021 年，该县常住人口为 26.48 万人，地区 GDP 为 126.33 亿元。居民人均可支配收入为 24 601 元，排在全省三类县（市、区）第 15 位，排在赣州市第 7 位。GDP 较上一年增长 9%，排在全省三类县（市、区）第 12 位，排在赣州市第 7 位。规模以上企业数为 87 家，排在全省三类县（市、区）第 21 位，排在赣州市第 11 位。规模以上工业企业中万人 R&D 人员全时当量为 8.35 人·年，排在全省三类县（市、区）第 29 位，排在赣州市第 13 位。规模以上工业企业 R&D 经费支出为 10 331.30 万元、较上一年增幅 20.26%，排在全省三类县（市、区）第 20 位，排在赣州市第 13 位。万人有效发明专利拥有量增量为 0.74 件，排在全省三类县（市、区）第 14 位，排在赣州市第 9 位。每万家企业法人科技型中小企业数为 94.70 家，排在全省三类县（市、区）第 14 位，排在赣州市第 6 位。技术合同成交额为 22 549 万元、与 GDP 之比为 1.78%，排在全省三类县（市、区）第 15 位，排在赣州市第 14 位。万人社会消费品零售额为 21 624.21 万元，排在全省三类县（市、区）第 12 位，排在赣州市第 4 位（表 3-41）。

表 3-41　大余县（三类）科技创新能力评价指标得分与位次

指标名称	得分（分）2021年	全省三类县（市、区）排名 2020年	全省三类县（市、区）排名 2021年	本市排名 2020年	本市排名 2021年
科技创新能力	60.96	24	26	15	14
创新环境	2.83	13	31	12	18
创新基础	2.66	15	31	11	17
规模以上企业数（家）	2.67	19	21	11	11
规模以上工业企业建立研发机构的比例（%）	2.53	17	31	10	16
当年新增省级及以上研发平台/创新载体（个）	2.81	2	21	2	11
科技意识	3.08	14	27	10	16
人均科普经费投入（元）	3.28	1	15	3	3
每十万人科普专职人员（人）	2.84	—	26	—	16
创新投入	2.96	29	27	16	15
人力投入	2.69	27	30	12	15
规模以上工业企业中万人R&D人员全时当量（人·年）	2.61	30	29	15	13
规模以上工业企业R&D人员占从业人员比重（%）	2.77	24	27	11	13
财力投入	3.17	31	19	18	14
规模以上工业企业R&D经费支出	3.07	32	20	18	13
规模以上工业企业R&D经费支出占营业收入比重（%）	3.25	21	16	15	14
创新成效	3.44	19	21	10	12
技术创新	3.41	16	18	12	11
万人有效发明专利拥有量增量（件）	3.59	14	14	6	9
每万家企业法人高新技术企业数（家）	3.19	16	21	9	12
每万家企业法人科技型中小企业数（家）	3.47	20	14	12	6
产业化水平	3.47	18	18	9	11
规模以上工业企业新产品销售收入占营业收入比重（%）	2.52	29	29	18	17
高新技术产业增加值占规模以上工业增加值比重（%）	4.61	2	7	2	4
技术合同成交额	3.51	32	15	12	14
农业产业化省级以上龙头企业数（家）	2.70	26	26	15	15
经济社会发展	3.64	10	5	6	3

续表

指标名称	得分（分）	全省三类县（市、区）排名		本市排名	
	2021年	2020年	2021年	2020年	2021年
经济增长	4.07	10	6	7	4
GDP 较上一年增长率（%）	3.71	24	12	14	7
本级地方财政科技支出占公共财政支出比重（%）	4.43	5	5	2	2
社会生活	3.00	14	14	3	3
居民人均可支配收入（元）	2.84	15	15	6	7
万人社会消费品零售额（万元）	3.21	14	12	4	4

如表 3-41 所示，大余县科技创新能力排在全省三类县（市、区）第 26 位，较上一年下降了 2 位，排在赣州市第 14 位，较上一年上升了 1 位。在一级指标中，经济社会发展排在全省三类县（市、区）第 5 位，较上一年上升了 5 位，排在赣州市第 3 位，较上一年上升了 3 位；创新投入排在全省三类县（市、区）第 27 位，较上一年上升了 2 位，排在赣州市第 15 位，较上一年上升了 1 位；创新成效排在全省三类县（市、区）第 21 位，排在赣州市第 12 位，均较上一年下降了 2 位；创新环境排在全省三类县（市、区）第 31 位，较上一年下降了 18 位，排在赣州市第 18 位，较上一年下降了 6 位。

综上所述，大余县本级地方财政科技支出占公共财政支出比重、高新技术产业增加值占规模以上工业增加值比重在全省三类县（市、区）排名靠前，但规模以上工业企业建立研发机构的比例、规模以上工业企业新产品销售收入占营业收入比重、规模以上工业企业中万人 R&D 人员全时当量等排名相对靠后。建议该县优化创新环境，夯实创新基础，鼓励有条件的企业建立研发机构、加大创新投入，提升产品竞争力，助推经济高质量发展。

六、上犹县

上犹县，位于江西省西南边陲、赣州市西部，赣州市下辖县。2021 年，该县常住人口为 26.88 万人，地区 GDP 为 104.79 亿元。居民人均可支配收入为 21 552 元，排在全省三类县（市、区）第 28 位，排在赣州市第 14 位。

GDP 较上一年增长 8.40%，排在全省三类县（市、区）第 26 位，排在赣州市第 14 位。规模以上工业企业建立研发机构的比例为 31.51%，排在全省三类县（市、区）第 24 位，排在赣州市第 12 位。规模以上工业企业中万人 R&D 人员全时当量为 12.05 人·年，排在全省三类县（市、区）第 23 位，排在赣州市第 7 位。万人有效发明专利拥有量增量为 0.55 件，排在全省三类县（市、区）第 16 位，排在赣州市第 10 位。每万家企业法人高新技术企业数为 152.43 家，排在全省三类县（市、区）第 3 位，排在赣州市 3 位。技术合同成交额为 28 698 万元、与 GDP 之比为 2.74%，排在全省三类县（市、区）第 6 位，排在赣州市第 6 位。农业产业化省级以上龙头企业数为 8 家，排在全省三类县（市、区）第 10 位，排在赣州市第 5 位。万人社会消费品零售额为 17 031.97 万元，排在全省三类县（市、区）第 21 位，排在赣州市第 9 位（表 3-42）。

表 3-42　上犹县（三类）科技创新能力评价指标得分与位次

指标名称	得分（分）	全省三类县（市、区）排名		本市排名	
	2021 年	2020 年	2021 年	2020 年	2021 年
科技创新能力	67.72	18	13	10	7
创新环境	3.16	22	24	15	15
创新基础	2.91	25	26	14	16
规模以上企业数（家）	2.61	24	24	14	14
规模以上工业企业建立研发机构的比例（%）	3.29	20	24	12	12
当年新增省级及以上研发平台 / 创新载体（个）	2.81	13	21	9	11
科技意识	3.53	21	12	16	4
人均科普经费投入（元）	3.28	1	15	3	3
每十万人科普专职人员（人）	3.83	—	10	—	4
创新投入	3.43	27	14	15	8
人力投入	3.10	28	22	13	8
规模以上工业企业中万人 R&D 人员全时当量（人·年）	2.84	28	23	12	7
规模以上工业企业 R&D 人员占从业人员比重（%）	3.36	26	14	12	7
财力投入	3.69	27	7	16	6

指标名称	得分（分）	全省三类县（市、区）排名		本市排名	
	2021年	2020年	2021年	2020年	2021年
规模以上工业企业 R&D 经费支出	4.06	25	3	13	2
规模以上工业企业 R&D 经费支出占营业收入比重（%）	3.39	24	15	16	12
创新成效	4.00	2	2	2	1
技术创新	3.93	2	3	2	2
万人有效发明专利拥有量增量（件）	3.53	21	16	13	10
每万家企业法人高新技术企业数（家）	4.37	1	3	2	3
每万家企业法人科技型中小企业数（家）	3.89	1	5	1	1
产业化水平	4.07	8	7	4	2
规模以上工业企业新产品销售收入占营业收入比重（%）	3.52	6	17	2	7
高新技术产业增加值占规模以上工业增加值比重（%）	4.89	11	4	8	1
技术合同成交额	4.12	22	6	4	6
农业产业化省级以上龙头企业数（家）	3.27	10	10	5	5
经济社会发展	2.90	24	28	14	15
经济增长	3.06	21	28	14	15
GDP 较上一年增长率（%）	2.91	18	26	11	14
本级地方财政科技支出占公共财政支出比重（%）	3.22	15	18	9	13
社会生活	2.66	28	27	14	12
居民人均可支配收入（元）	2.45	28	28	14	14
万人社会消费品零售额（万元）	2.92	21	21	10	9

　　如表 3-42 所示，上犹县科技创新能力排在全省三类县（市、区）第 13 位，较上一年上升了 5 位，排在赣州市第 7 位，较上一年上升了 3 位。在一级指标中，经济社会发展排在全省三类县（市、区）第 28 位，较上一年下降了 4 位，排在赣州市第 15 位，较上一年下降了 1 位；创新投入排在全省三类县（市、区）第 14 位，较上一年上升了 13 位，排在赣州市第 8 位，较上一年上升了 7 位；创新成效排在全省三类县（市、区）第 2 位，与上一年位次相同，排在赣州市第 1 位，较上一年上升了 1 位；创新环境排在全省三类县

（市、区）第 24 位，较上一年下降了 2 位，排在赣州市第 15 位，与上一年位次相同。

综上所述，上犹县每万家企业法人高新技术企业数、每万家企业法人科技型中小企业数、规模以上工业企业 R&D 经费支出、高新技术产业增加值占规模以上工业增加值比重在全省三类县（市、区）排名靠前，但规模以上工业企业建立研发机构的比例、规模以上工业企业中万人 R&D 人员全时当量、GDP 较上一年增长率、居民人均可支配收入等排名相对靠后。建议该县进一步优化创新环境，引导企业加大研发投入，积极引进和培育创新人才，助推区域经济社会发展。

七、崇义县

崇义县，位于江西省西南边缘，赣州市下辖县。2021 年，该县常住人口为 17.78 万人，地区 GDP 为 101.80 亿元。居民人均可支配收入为 22 265 元，排在全省三类县（市、区）第 20 位，排在赣州市第 12 位。GDP 较上一年增长 8.80%，排在全省三类县（市、区）第 17 位，排在赣州市第 10 位。规模以上工业企业建立研发机构的比例为 12.24%，排在全省三类县（市、区）第 32 位，排在赣州市第 17 位。每十万人科普专职人员为 33.19 人，排在全省三类县（市、区）第 9 位，排在赣州市第 3 位。规模以上工业企业中万人 R&D 人员占从业人员比重为 4.46%，排在全省三类县（市、区）第 29 位，排在赣州市第 15 位。规模以上工业企业 R&D 经费支出为 2377.90 万元、较上一年下降 54.75%，排在全省三类县（市、区）第 32 位，排在赣州市第 18 位。万人有效发明专利拥有量增量为 1.28 件，排在全省三类县（市、区）第 6 位，排在赣州市第 3 位。每万家企业法人高新技术企业数为 86.72 家，排在全省三类县（市、区）第 9 位，排在赣州市第 8 位。技术合同成交额为 24 703 万元、与 GDP 之比为 2.43%，排在全省三类县（市、区）第 9 位，排在赣州市第 8 位。万人社会消费品零售额为 20 467.18 万元，排在全省三类县（市、区）第 15 位，排在赣州市第 5 位（表 3-43）。

表 3-43　崇义县（三类）科技创新能力评价指标得分与位次

指标名称	得分（分）	全省三类县（市、区）排名		本市排名	
	2021 年	2020 年	2021 年	2020 年	2021 年
科技创新能力	58.07	22	30	14	18
创新环境	2.95	27	30	17	17
创新基础	2.52	31	32	17	18
规模以上企业数（家）	2.45	30	31	18	18
规模以上工业企业建立研发机构的比例（%）	2.11	31	32	16	17
当年新增省级及以上研发平台/创新载体（个）	3.08	2	13	2	8
科技意识	3.61	11	11	8	3
人均科普经费投入（元）	3.28	1	15	3	3
每十万人科普专职人员（人）	4.00	—	9	—	3
创新投入	2.53	24	32	12	18
人力投入	2.72	23	28	10	14
规模以上工业企业中万人R&D人员全时当量（人·年）	2.74	19	26	7	9
规模以上工业企业R&D人员占从业人员比重（%）	2.71	20	29	10	15
财力投入	2.38	24	32	13	18
规模以上工业企业R&D经费支出	2.00	19	32	10	18
规模以上工业企业R&D经费支出占营业收入比重（%）	2.68	26	32	17	18
创新成效	3.53	13	17	8	8
技术创新	3.65	8	9	6	4
万人有效发明专利拥有量增量（件）	3.75	3	6	3	3
每万家企业法人高新技术企业数（家）	3.60	18	9	10	8
每万家企业法人科技型中小企业数（家）	3.59	11	10	8	4
产业化水平	3.40	19	21	10	15
规模以上工业企业新产品销售收入占营业收入比重（%）	3.31	16	20	9	10
高新技术产业增加值占规模以上工业增加值比重（%）	3.21	15	23	10	14
技术合同成交额	3.89	26	9	6	8
农业产业化省级以上龙头企业数（家）	2.98	15	15	8	8
经济社会发展	3.08	21	22	11	11

续表

指标名称	得分（分）	全省三类县（市、区）排名		本市排名	
	2021年	2020年	2021年	2020年	2021年
经济增长	3.26	19	22	13	12
GDP较上一年增长率（%）	3.44	15	17	10	10
本级地方财政科技支出占公共财政支出比重（%）	3.08	20	24	15	18
社会生活	2.81	23	21	9	9
居民人均可支配收入（元）	2.54	20	20	12	12
万人社会消费品零售额（万元）	3.13	15	15	5	5

如表 3-43 所示，崇义县科技创新能力排在全省三类县（市、区）第 30 位，较上一年下降了 8 位，排在赣州市第 18 位，较上一年下降了 4 位。在一级指标中，经济社会发展排在全省三类县（市、区）第 22 位，较上一年下降了 1 位，排在赣州市第 11 位，与上一年位次相同；创新投入排在全省三类县（市、区）第 32 位，较上一年下降了 8 位，排在赣州市第 18 位，较上一年下降了 6 位；创新成效排在全省三类县（市、区）第 17 位，较上一年下降了 4 位，排在赣州市第 8 位，与上一年位次相同；创新环境排在全省三类县（市、区）第 30 位，较上一年下降了 3 位，排在赣州市第 17 位，与上一年位次相同。

综上所述，崇义县每万家企业法人高新技术企业数、万人有效发明专利拥有量增量、技术合同成交额在全省三类县（市、区）排名相对靠前，但规模以上工业企业建立研发机构的比例、规模以上企业数、规模以上工业企业 R&D 经费支出、规模以上工业企业 R&D 经费支出占营业收入比重等排名靠后。建议该县夯实创新基础，鼓励有条件的企业建立研发机构，引导企业加大创新投入，提升产业整体技术水平。

八、安远县

安远县，位于江西省南部，赣州市下辖县。2021 年，该县常住人口为 34.66 万人，地区 GDP 为 102.14 亿元。居民人均可支配收入为 20 201 元，排在全省三类县（市、区）第 31 位，排在赣州市第 17 位。GDP 较上一年增长 8.40%，排在全省三类县（市、区）第 26 位，排在赣州市第 14 位。规模以上企业数为 60 家，排在全省三类县（市、区）第 29 位，排在赣州市第 17 位。规模以上工业企业中万人 R&D 人员全时当量为 14.63 人·年，排在全省三类县（市、区）第 19 位，排在赣州市第 5 位。万人有效发明专利拥有量增量为 1.42 件，排在全省三类县（市、区）第 3 位，排在赣州市第 2 位。每万家企业法人高新技术企业数为 73.98 家，排在全省三类县（市、区）第 11 位，排在赣州市第 9 位。技术合同成交额为 35 115 万元、与 GDP 之比为 3.44%，排在全省三类县（市、区）第 2 位，排在赣州市第 1 位。农业产业化省级以上龙头企业数为 10 家，排在全省三类县（市、区）第 5 位，排在赣州市第 2 位。万人社会消费品零售额为 15 085.49 万元，排在全省三类县（市、区）第 27 位，排在赣州市第 12 位。本级地方财政科技支出占公共财政支出比重为 2.16%，排在全省三类县（市、区）第 23 位，排在赣州市第 17 位（表 3-44）。

表 3-44　安远县（三类）科技创新能力评价指标得分与位次

指标名称	得分（分）	全省三类县（市、区）排名		本市排名	
	2021 年	2020 年	2021 年	2020 年	2021 年
科技创新能力	71.68	14	4	7	3
创新环境	3.62	17	7	14	4
创新基础	3.00	32	23	18	14
规模以上企业数（家）	2.48	29	29	17	17
规模以上工业企业建立研发机构的比例（%）	3.67	32	17	17	10
当年新增省级及以上研发平台/创新载体（个）	2.81	13	21	9	11
科技意识	4.56	1	3	2	1
人均科普经费投入（元）	3.28	1	15	3	3
每十万人科普专职人员（人）	6.13	—	3	—	1
创新投入	3.86	9	6	5	4
人力投入	3.53	19	13	7	5
规模以上工业企业中万人 R&D 人员全时当量（人·年）	3.00	18	19	6	5
规模以上工业企业 R&D 人员占从业人员比重（%）	4.07	16	7	7	3

续表

指标名称	得分（分）	全省三类县（市、区）排名		本市排名	
	2021 年	2020 年	2021 年	2020 年	2021 年
财力投入	4.12	3	3	4	3
规模以上工业企业 R&D 经费支出	3.68	12	8	8	6
规模以上工业企业 R&D 经费支出占营业收入比重（%）	4.48	3	1	4	3
创新成效	3.92	15	4	9	3
技术创新	3.51	15	13	11	8
万人有效发明专利拥有量增量（件）	3.79	20	3	11	2
每万家企业法人高新技术企业数（家）	3.45	14	11	8	9
每万家企业法人科技型中小企业数（家）	3.26	17	19	10	12
产业化水平	4.32	7	1	3	1
规模以上工业企业新产品销售收入占营业收入比重（%）	4.07	14	6	8	2
高新技术产业增加值占规模以上工业增加值比重（%）	4.66	6	6	5	3
技术合同成交额	4.59	29	2	8	1
农业产业化省级以上龙头企业数（家）	3.55	5	5	2	2
经济社会发展	2.81	30	30	18	17
经济增长	3.01	26	29	17	17
GDP 较上一年增长率（%）	2.91	28	26	16	14
本级地方财政科技支出占公共财政支出比重（%）	3.12	26	23	18	17
社会生活	2.52	31	31	17	17
居民人均可支配收入（元）	2.28	31	31	17	17
万人社会消费品零售额（万元）	2.80	28	27	12	12

如表 3-44 所示，安远县科技创新能力排在全省三类县（市、区）第 4 位，较上一年上升了 10 位，排在赣州市第 3 位，较上一年上升了 4 位。在一级指标中，经济社会发展排在全省三类县（市、区）第 30 位，与上一年位次相同，排在赣州市第 17 位，较上一年上升了 1 位；创新投入排在全省三类县（市、区）第 6 位，较上一年上升了 3 位，排在赣州市第 4 位，较上一年上升了 1 位；创新成效排在全省三类县（市、区）第 4 位，较上一年上升了

11 位，排在赣州市第 3 位，较上一年上升了 6 位；创新环境排在全省三类县（市、区）第 7 位，排在赣州市第 4 位，均较上一年上升了 10 位。

综上所述，安远县 2021 年度科技创新能力排名进位明显，其中规模以上工业企业 R&D 经费支出占营业收入比重居全省三类县（市、区）首位，每十万人科普专职人员、万人有效发明专利拥有量增量、技术合同成交额等排名靠前，但规模以上企业数、GDP 较上一年增长率、居民人均可支配收入等排名相对靠后。建议该县优化产业布局，加大地方财政科技支出，鼓励企业做大做强做优，助力区域经济高质量发展，提高人民生活水平。

九、龙南市

龙南市，原龙南县，位于江西省最南端，赣州市下辖县级市。2021 年，该县常住人口为 31.96 万人，地区 GDP 为 200.12 亿元。居民人均可支配收入为 26 029 元，排在全省三类县（市、区）第 12 位，排在赣州市第 3 位。GDP 较上一年增长 9.30%，排在全省三类县（市、区）第 6 位，排在赣州市第 3 位。规模以上企业数为 183 家，排在全省三类县（市、区）第 4 位，排在赣州市第 5 位。当年新增省级及以上研发平台 / 创新载体 3 个，排在全省三类县（市、区）第 3 位，排在赣州市第 3 位。规模以上工业企业中万人 R&D 人员全时当量为 46.37 人·年，排在全省三类县（市、区）第 1 位，排在赣州市第 1 位。规模以上工业企业 R&D 经费支出为 63 420.30 万元、较上一年增幅 92.34%，排在全省三类县（市、区）第 1 位，排在赣州市第 1 位。每万家企业法人高新技术企业数为 172.11 家，排在全省三类县（市、区）第 1 位，排在赣州市第 2 位。规模以上工业企业新产品销售收入占营业收入比重为 26.72%，排在全省三类县（市、区）第 9 位，排在赣州市第 3 位。技术合同成交额为 37 563 万元、与 GDP 之比为 1.88%，排在全省三类县（市、区）第 11 位，排在赣州市第 10 位。万人社会消费品零售额为 17 927.66 万元，排在全省三类县（市、区）第 17 位，排在赣州市第 6 位（表 3-45）。

表 3-45 龙南市（三类）科技创新能力评价指标得分与位次

指标名称	得分（分）	全省三类县（市、区）排名		本市排名	
	2021 年	2020 年	2021 年	2020 年	2021 年
科技创新能力	74.44	2	3	4	2
创新环境	3.37	23	16	16	12
创新基础	3.47	28	9	15	8
规模以上企业数（家）	3.33	7	4	6	5
规模以上工业企业建立研发机构的比例（%）	3.50	30	19	15	11
当年新增省级及以上研发平台/创新载体（个）	3.62	13	3	9	3
科技意识	3.22	19	23	12	12
人均科普经费投入（元）	3.28	1	15	3	3
每十万人科普专职人员（人）	3.14	—	19	—	12
创新投入	4.41	7	3	4	2
人力投入	4.17	10	4	4	2
规模以上工业企业中万人 R&D 人员全时当量（人·年）	4.99	1	1	1	1
规模以上工业企业 R&D 人员占从业人员比重（%）	3.35	19	16	9	8
财力投入	4.61	8	1	7	1
规模以上工业企业 R&D 经费支出	5.18	4	1	6	1
规模以上工业企业 R&D 经费支出占营业收入比重（%）	4.15	11	5	8	5
创新成效	3.73	5	10	3	5
技术创新	3.79	3	6	4	3
万人有效发明专利拥有量增量（件）	3.43	2	29	2	15
每万家企业法人高新技术企业数（家）	4.60	2	1	3	2
每万家企业法人科技型中小企业数（家）	3.27	2	18	5	11
产业化水平	3.67	9	11	5	6
规模以上工业企业新产品销售收入占营业收入比重（%）	3.95	7	9	3	3
高新技术产业增加值占规模以上工业增加值比重（%）	3.72	9	16	6	9
技术合同成交额	3.80	20	11	3	10
农业产业化省级以上龙头企业数（家）	2.84	22	22	12	12
经济社会发展	3.47	7	12	5	6

指标名称	得分（分）	全省三类县（市、区）排名		本市排名	
	2021年	2020年	2021年	2020年	2021年
经济增长	3.78	5	8	4	5
GDP较上一年增长率（%）	4.11	3	6	3	3
本级地方财政科技支出占公共财政支出比重（%）	3.45	9	10	5	6
社会生活	3.00	16	15	5	4
居民人均可支配收入（元）	3.02	12	12	3	3
万人社会消费品零售额（万元）	2.98	19	17	8	6

如表3-45所示，龙南市科技创新能力排在全省三类县（市、区）第3位，较上一年下降了1位，排在赣州市第2位，较上一年上升了2位。在一级指标中，经济社会发展排在全省三类县（市、区）第12位，较上一年下降了5位，排在赣州市第6位，较上一年下降了1位；创新投入排在全省三类县（市、区）第3位，较上一年上升了4位，排在赣州市第2位，较上一年上升了2位；创新成效排在全省三类县（市、区）第10位，较上一年下降了5位，排在赣州市第5位，较上一年下降了2位；创新环境排在全省三类县（市、区）第16位，较上一年上升了7位，排在赣州市第12位，较上一年上升了4位。

综上所述，龙南市规模以上工业企业R&D经费支出、规模以上工业企业中万人R&D人员全时当量、每万家企业法人高新技术企业数居全省三类县（市、区）首位，规模以上企业数、当年新增省级及以上研发平台/创新载体、规模以上工业企业R&D经费支出占营业收入比重排名靠前。但万人有效发明专利拥有量增量、每万家企业法人科技型中小企业数、农业产业化省级以上龙头企业数、每十万人科普专职人员排名相对靠后。建议该市加大科普宣传力度，提高民众及企业科技创新意识，加速培育科技型中小企业，提升区域科技竞争力。

十、全南县

全南县，位于江西省最南端，赣州市下辖县。2021年，该县常住人口为

16.95 万人，地区 GDP 为 97.53 亿元。居民人均可支配收入为 21 102 元，排在全省三类县（市、区）第 30 位，排在赣州市第 16 位。GDP 较上一年增长 8.60%，排在全省三类县（市、区）第 21 位，排在赣州市第 12 位。规模以上工业企业建立研发机构的比例为 46.58%，排在全省三类县（市、区）第 10 位，排在赣州市第 7 位。当年新增省级及以上研发平台/创新载体 2 个，排在全省三类县（市、区）第 6 位，排在赣州市第 6 位。规模以上工业企业中万人 R&D 人员全时当量为 17.53 人·年，排在全省三类县（市、区）第 15 位，排在赣州市第 4 位。规模以上工业企业 R&D 经费支出为 7622.40 万元、较上一年下降 20.62%，排在全省三类县（市、区）第 27 位，排在赣州市第 16 位。万人有效发明专利拥有量增量为 0.28 件，排在全省三类县（市、区）第 27 位，排在赣州市第 13 位。每万家企业法人科技型中小企业数为 130.76 家，排在全省三类县（市、区）第 6 位，排在赣州市第 3 位。技术合同成交额为 23 135 万元、与 GDP 之比为 2.37%，排在全省三类县（市、区）第 10 位，排在赣州市第 9 位。万人社会消费品零售额为 28 770.54 万元，排在全省三类县（市、区）第 6 位，排在赣州市第 2 位（表 3-46）。

表 3-46　全南县（三类）科技创新能力评价指标得分与位次

指标名称	得分（分）	全省三类县（市、区）排名		本市排名	
	2021 年	2020 年	2021 年	2020 年	2021 年
科技创新能力	64.56	9	20	5	11
创新环境	3.44	3	12	4	10
创新基础	3.40	4	14	5	9
规模以上企业数（家）	2.63	26	22	16	13
规模以上工业企业建立研发机构的比例（%）	4.21	4	10	2	7
当年新增省级及以上研发平台/创新载体（个）	3.35	13	6	9	6
科技意识	3.49	4	15	4	5
人均科普经费投入（元）	3.28	1	15	3	3
每十万人科普专职人员（人）	3.75	—	11	—	5
创新投入	2.98	11	25	6	14

续表

指标名称	得分（分）	全省三类县（市、区）排名		本市排名	
	2021年	2020年	2021年	2020年	2021年
人力投入	3.11	8	20	3	7
规模以上工业企业中万人R&D人员全时当量（人·年）	3.19	11	15	2	4
规模以上工业企业R&D人员占从业人员比重（%）	3.03	9	20	3	10
财力投入	2.87	15	28	12	17
规模以上工业企业R&D经费支出	2.66	26	27	14	16
规模以上工业企业R&D经费支出占营业收入比重（%）	3.04	10	25	7	17
创新成效	3.77	10	7	7	4
技术创新	3.64	11	10	8	5
万人有效发明专利拥有量增量（件）	3.45	12	27	5	13
每万家企业法人高新技术企业数（家）	3.66	12	8	7	6
每万家企业法人科技型中小企业数（家）	3.82	7	6	4	3
产业化水平	3.90	10	8	6	3
规模以上工业企业新产品销售收入占营业收入比重（%）	3.95	9	10	4	4
高新技术产业增加值占规模以上工业增加值比重（%）	4.60	5	8	4	5
技术合同成交额	3.83	27	10	7	9
农业产业化省级以上龙头企业数（家）	2.55	29	29	16	16
经济社会发展	3.10	13	21	8	10
经济增长	3.19	12	24	10	13
GDP较上一年增长率（%）	3.17	5	21	7	12
本级地方财政科技支出占公共财政支出比重（%）	3.20	16	19	12	14
社会生活	2.96	15	16	4	5
居民人均可支配收入（元）	2.40	30	30	16	16
万人社会消费品零售额（万元）	3.65	6	6	2	2

如表3-46所示，全南县科技创新能力排在全省三类县（市、区）第20位，较上一年下降了11位，排在赣州市第11位，较上一年下降了6位。在一级指标中，经济社会发展排在全省三类县（市、区）第21位，较上一年下

降了 8 位，排在赣州市第 10 位，较上一年下降了 2 位；创新投入排在全省三类县（市、区）第 25 位，较上一年下降了 14 位，排在赣州市第 14 位，较上一年下降了 8 位；创新成效排在全省三类县（市、区）第 7 位，排在赣州市第 4 位，均较上一年上升了 3 位；创新环境排在全省三类县（市、区）第 12 位，较上一年下降了 9 位，排在赣州市第 10 位，较上一年下降了 6 位。

综上所述，全南县当年新增省级及以上研发平台 / 创新载体、每万家企业法人科技型中小企业数、万人社会消费品零售额排名靠前，但规模以上工业企业 R&D 经费支出、规模以上工业企业 R&D 经费支出占营业收入比重、农业产业化省级以上龙头企业数、居民人均可支配收入等排名靠后。建议该县加大科技投入，积极引进和培育科研人才，引导有条件的企业自主创新，提升产业技术水平，助力区域经济发展。

十一、定南县

定南县，位于江西省最南端，赣州市下辖县。2021 年，该县常住人口为 21.04 万人，地区 GDP 为 97.76 亿元。居民人均可支配收入为 23 338 元，排在全省三类县（市、区）第 17 位，排在赣州市第 9 位。GDP 较上一年增长 8.50%，排在全省三类县（市、区）第 24 位，排在赣州市第 13 位。规模以上企业数为 88 家，排在全省三类县（市、区）第 20 位，排在赣州市第 10 位。每十万人科普专职人员为 7.60 人，排在全省三类县（市、区）第 23 位，排在赣州市第 15 位。规模以上工业企业中万人 R&D 人员全时当量为 9.13 人·年，排在全省三类县（市、区）第 28 位，排在赣州市第 11 位。每万家企业法人科技型中小企业数为 102.38 家，排在全省三类县（市、区）第 12 位，排在赣州市第 5 位。技术合同成交额为 26 420 万元、与 GDP 之比为 2.70%，排在全省三类县（市、区）第 8 位，排在赣州市第 7 位。万人社会消费品零售额为 17 653.38 万元，排在全省三类县（市、区）第 19 位，排在赣州市第 7 位。本级地方财政科技支出占公共财政支出比重为 2.37%，排在全省三类县（市、区）第 17 位，排在赣州市第 11 位（表 3-47）。

表 3-47 定南县（三类）科技创新能力评价指标得分与位次

指标名称	得分（分）	全省三类县（市、区）排名		本市排名	
	2021 年	2020 年	2021 年	2020 年	2021 年
科技创新能力	62.24	17	23	8	13
创新环境	3.00	28	29	18	16
创新基础	2.92	29	24	16	15
规模以上企业数（家）	2.67	20	20	12	10
规模以上工业企业建立研发机构的比例（%）	3.04	27	26	14	14
当年新增省级及以上研发平台／创新载体（个）	3.08	13	13	9	8
科技意识	3.12	23	26	18	15
人均科普经费投入（元）	3.28	1	15	3	3
每十万人科普专职人员（人）	2.92	—	23	—	15
创新投入	3.08	15	23	10	12
人力投入	2.78	21	27	8	12
规模以上工业企业中万人 R&D 人员全时当量（人·年）	2.66	23	28	9	11
规模以上工业企业 R&D 人员占从业人员比重（%）	2.89	14	26	6	11
财力投入	3.33	11	16	9	13
规模以上工业企业 R&D 经费支出	3.24	27	19	15	12
规模以上工业企业 R&D 经费支出占营业收入比重（%）	3.40	7	14	5	11
创新成效	3.59	7	12	5	7
技术创新	3.64	6	11	5	6
万人有效发明专利拥有量增量（件）	3.67	31	10	17	4
每万家企业法人高新技术企业数（家）	3.68	7	7	4	5
每万家企业法人科技型中小企业数（家）	3.54	4	12	2	5
产业化水平	3.55	12	16	7	9
规模以上工业企业新产品销售收入占营业收入比重（%）	3.26	13	22	7	11
高新技术产业增加值占规模以上工业增加值比重（%）	3.78	4	15	3	8
技术合同成交额	4.06	25	8	5	7
农业产业化省级以上龙头企业数（家）	2.55	29	29	16	16
经济社会发展	3.01	16	26	9	13

续表

指标名称	得分（分）	全省三类县（市、区）排名		本市排名	
	2021 年	2020 年	2021 年	2020 年	2021 年
经济增长	3.14	11	26	9	14
GDP 较上一年增长率（%）	3.04	5	24	7	13
本级地方财政科技支出占公共财政支出比重（%）	3.25	14	17	8	11
社会生活	2.81	22	22	8	10
居民人均可支配收入（元）	2.68	17	17	9	9
万人社会消费品零售额（万元）	2.96	20	19	9	7

如表 3-47 所示，定南县科技创新能力排在全省三类县（市、区）第 23位，较上一年下降了 6 位，排在赣州市第 13 位，较上一年下降了 5 位。在一级指标中，经济社会发展排在全省三类县（市、区）第 26 位，较上一年下降了 10 位，排在赣州市第 13 位，较上一年下降了 4 位；创新投入排在全省三类县（市、区）第 23 位，较上一年下降了 8 位，排在赣州市第 12 位，较上一年下降了 2 位；创新成效排在全省三类县（市、区）第 12 位，较上一年下降了 5 位，排在赣州市第 7 位，较上一年下降了 2 位；创新环境排在全省三类县（市、区）第 29 位，较上一年下降了 1 位，排在赣州市第 16 位，较上一年上升了 2 位。

综上所述，定南县每万家企业法人高新技术企业数、技术合同成交额在全省三类县（市、区）排名相对靠前，但规模以上工业企业中万人 R&D 人员全时当量、规模以上工业企业建立研发机构的比例、每十万人科普专职人员、农业产业化省级以上龙头企业数等排名相对靠后。建议该县夯实创新基础，提高民众及企业科技创新意识，鼓励企业加大科技创新投入，提升产业整体技术水平，推进经济高质量发展。

十二、兴国县

兴国县，位于江西省中南部、赣州市北部，赣州市下辖县。2021 年，该县常住人口 71.52 万人，地区 GDP 为 225.85 亿元。居民人均可支配收入为

22 265 元,排在全省二类县(市、区)第 28 位,排在赣州市第 11 位。GDP 较上一年增长 8.30%,排在全省二类县(市、区)第 26 位,排在赣州市第 16 位。规模以上企业数为 116 家,排在全省二类县(市、区)第 29 位,排在赣州市第 8 位。每十万人科普专职人员为 12.86 人,排在全省二类县(市、区)第 20 位,排在赣州市第 11 位。规模以上工业企业 R&D 人员占从业人员比重为 3.62%,排在全省二类县(市、区)第 30 位,排在赣州市第 16 位。规模以上工业企业 R&D 经费支出为 14 470.40 万元、较上一年下降 40.30%,排在全省二类县(市、区)第 33 位,排在赣州市第 17 位。万人有效发明专利拥有量增量为 0.97 件,排在全省二类县(市、区)第 11 位,排在赣州市第 5 位。每万家企业法人高新技术企业数为 31.42 家,排在全省二类县(市、区)第 28 位,排在赣州市第 17 位。技术合同成交额为 30 196.80 万元、与 GDP 之比为 1.34%,排在全省二类县(市、区)第 12 位,排在赣州市第 16 位。万人社会消费品零售额为 14 839.58 万元,排在全省二类县(市、区)第 26 位,排在赣州市第 14 位(表 3-48)。

表 3-48　兴国县(二类)科技创新能力评价指标得分与位次

指标名称	得分(分)	全省二类县(市、区)排名		本市排名	
	2021 年	2020 年	2021 年	2020 年	2021 年
科技创新能力	59.02	28	30	17	17
创新环境	3.20	5	21	5	14
创新基础	3.19	15	23	10	13
规模以上企业数(家)	2.87	26	29	7	8
规模以上工业企业建立研发机构的比例(%)	3.84	8	14	8	9
当年新增省级及以上研发平台/创新载体(个)	2.81	15	24	9	11
科技意识	3.22	2	19	3	11
人均科普经费投入(元)	3.28	5	15	3	3
每十万人科普专职人员(人)	3.14	—	20	—	11
创新投入	3.05	25	30	14	13
人力投入	2.34	29	31	17	17

续表

指标名称	得分（分）	全省二类县（市、区）排名		本市排名	
	2021 年	2020 年	2021 年	2020 年	2021 年
规模以上工业企业中万人 R&D 人员全时当量（人·年）	2.30	31	32	17	18
规模以上工业企业 R&D 人员占从业人员比重（%）	2.39	24	30	17	16
财力投入	3.63	16	10	11	8
规模以上工业企业 R&D 经费支出	2.39	28	33	12	17
规模以上工业企业 R&D 经费支出占营业收入比重（%）	4.65	6	2	6	2
创新成效	3.07	31	30	18	17
技术创新	3.17	27	27	17	18
万人有效发明专利拥有量增量（件）	3.66	25	11	15	5
每万家企业法人高新技术企业数（家）	2.96	26	28	18	17
每万家企业法人科技型中小企业数（家）	2.84	26	32	17	18
产业化水平	2.96	32	29	16	16
规模以上工业企业新产品销售收入占营业收入比重（%）	2.54	27	29	15	16
高新技术产业增加值占规模以上工业增加值比重（%）	2.88	24	30	17	15
技术合同成交额	3.40	31	12	14	16
农业产业化省级以上龙头企业数（家）	2.98	27	27	8	8
经济社会发展	2.88	27	27	15	16
经济增长	3.03	28	25	15	16
GDP 较上一年增长率（%）	2.77	28	26	16	16
本级地方财政科技支出占公共财政支出比重（%）	3.28	12	18	7	9
社会生活	2.65	27	28	12	14
居民人均可支配收入（元）	2.54	28	28	11	11
万人社会消费品零售额（万元）	2.79	26	26	13	14

如表 3-48 所示，兴国县科技创新能力排在全省二类县（市、区）第 30 位，较上一年下降 2 位，排在赣州市第 17 位，与上一年位次相同。在一级指标中，经济社会发展排在全省二类县（市、区）第 27 位，与上一年位次相同，排在赣州市第 16 位，较上一年下降 1 位；创新投入排在全省二类县

（市、区）第 30 位，较上一年下降 5 位，排在赣州市第 13 位，较上一年上升 1 位；创新成效排在全省二类县（市、区）第 30 位，排在赣州市第 17 位，均较上一年上升 1 位；创新环境排在全省第 21 位，较上一年下降 16 位，排在赣州市第 14 位，较上一年下降 9 位。

综上所述，兴国县规模以上工业企业 R&D 经费支出占营业收入比重排名靠前，但规模以上工业企业中万人 R&D 人员全时当量、规模以上工业企业 R&D 人员占从业人员比重、规模以上工业企业 R&D 经费支出、高新技术产业增加值占规模以上工业增加值比重、每万家企业法人科技型中小企业数等排名靠后。建议该县进一步加大科技创新投入，激励企业做大做强，鼓励自主研发，加强科技成果转移转化能力，助推经济高质量发展。

十三、宁都县

宁都县，位于江西省东南部，赣州市下辖县。2021 年，该县常住人口为 70.14 万人，地区 GDP 为 245.61 亿元。居民人均可支配收入为 21 193 元，排在全省二类县（市、区）第 30 位，排在赣州市第 15 位。GDP 较上一年增长 8.70%，排在全省二类县（市、区）第 18 位，排在赣州市第 11 位。规模以上企业数为 107 家，排在全省二类县（市、区）第 30 位，排在赣州市第 9 位。每十万人科普专职人员为 26.80 人，排在全省二类县（市、区）第 7 位，排在赣州市第 6 位。规模以上工业企业中万人 R&D 人员全时当量为 7.88 人·年，排在全省二类县（市、区）第 26 位，排在赣州市第 14 位。万人有效发明专利拥有量增量为 0.92 件，排在全省二类县（市、区）第 13 位，排在赣州市第 7 位。每万家企业法人科技型中小企业数为 35.83 家，排在全省二类县（市、区）第 30 位，排在赣州市第 17 位。技术合同成交额为 41 270 万元、与 GDP 之比为 1.68%，排在全省二类县（市、区）第 8 位，排在赣州市第 11 位。农业产业化省级以上龙头企业数为 9 家，排在全省二类县（市、区）第 13 位，排在赣州市第 3 位。万人社会消费品零售额为 15 556.96 万元，排在全省二类县（市、区）第 24 位，排在赣州市第 11 位（表 3-49）。

表 3-49 宁都县（二类）科技创新能力评价指标得分与位次

指标名称	得分（分）	全省二类县（市、区）排名		本市排名	
	2021 年	2020 年	2021 年	2020 年	2021 年
科技创新能力	66.76	14	10	9	8
创新环境	3.77	8	2	7	2
创新基础	3.97	6	1	6	2
规模以上企业数（家）	2.80	29	30	8	9
规模以上工业企业建立研发机构的比例（%）	6.12	1	1	3	1
当年新增省级及以上研发平台/创新载体（个）	2.81	15	24	9	11
科技意识	3.48	17	10	13	6
人均科普经费投入（元）	3.28	5	15	3	3
每十万人科普专职人员（人）	3.73	——	7	——	6
创新投入	3.60	5	7	3	5
人力投入	2.72	25	28	14	13
规模以上工业企业中万人 R&D 人员全时当量（人·年）	2.58	24	26	11	14
规模以上工业企业 R&D 人员占从业人员比重（%）	2.87	23	21	16	12
财力投入	4.31	2	1	1	2
规模以上工业企业 R&D 经费支出	3.58	17	14	7	7
规模以上工业企业 R&D 经费支出占营业收入比重（%）	4.91	1	1	1	1
创新成效	3.30	28	20	15	14
技术创新	3.17	30	26	18	17
万人有效发明专利拥有量增量（件）	3.64	33	13	18	7
每万家企业法人高新技术企业数（家）	2.94	24	30	17	18
每万家企业法人科技型中小企业数（家）	2.89	32	30	17	17
产业化水平	3.44	25	13	12	13
规模以上工业企业新产品销售收入占营业收入比重（%）	3.00	18	24	12	14
高新技术产业增加值占规模以上工业增加值比重（%）	3.50	14	13	13	11
技术合同成交额	3.76	30	8	13	11
农业产业化省级以上龙头企业数（家）	3.41	13	13	3	3
经济社会发展	3.01	25	24	13	14

续表

指标名称	得分（分）	全省二类县（市、区）排名		本市排名	
	2021年	2020年	2021年	2020年	2021年
经济增长	3.28	22	20	12	11
GDP 较上一年增长率（%）	3.31	19	18	9	11
本级地方财政科技支出占公共财政支出比重（%）	3.25	15	19	10	10
社会生活	2.60	29	29	16	16
居民人均可支配收入（元）	2.41	30	30	15	15
万人社会消费品零售额（万元）	2.83	25	24	11	11

如表3-49所示，宁都县科技创新能力排在全省二类县（市、区）第10位，较上一年上升了4位，排在赣州市第8位，较上一年上升了1位。在一级指标中，经济社会发展排在全省二类县（市、区）第24位，较上一年上升了1位，排在赣州市第14位，较上一年下降了1位；创新投入排在全省二类县（市、区）第7位，排在赣州市第5位，均较上一年下降了2位；创新成效排在全省二类县（市、区）第20位，较上一年上升了8位，排在赣州市第14位，较上一年上升了1位；创新环境排在全省二类县（市、区）第2位，较上一年上升了6位，排在赣州市第2位，较上一年上升了5位。

综上所述，宁都县规模以上工业企业建立研发机构的比例、规模以上工业企业R&D经费支出占营业收入比重在全省二类县（市、区）排名第一，但规模以上企业数、每万家企业法人高新技术企业数、每万家企业法人科技型中小企业数、居民人均可支配收入等排名靠后。建议该县加快培育高新技术企业和科技型中小企业，同时支持有条件的企业进行自主研发，积极引进和培育人才，提高成果转移转化效率，提高区域综合竞争力。

十四、于都县

于都县，位于江西省南部、赣州市东部，赣州市下辖县。2021年，该县常住人口为90.63万人，地区GDP为318.06亿元。居民人均可支配收入为24 736元，排在全省二类县（市、区）第22位，排在赣州市第6位。GDP

较上一年增长 9.10%，排在全省二类县（市、区）第 11 位，排在赣州市第 6
位。规模以上企业数为 212 家，排在全省二类县（市、区）第 9 位，排在赣
州市第 3 位。人均科普经费投入为 1.08 元，排在全省二类县（市、区）第 6
位，排在赣州市第 1 位。规模以上工业企业中万人 R&D 人员全时当量为 5.94
人·年，排在全省二类县（市、区）第 29 位，排在赣州市第 17 位。规模以
上工业企业 R&D 经费支出为 26 881.10 万元、较上一年增幅 7.84%，排在全
省二类县（市、区）第 30 位，排在赣州市第 14 位。万人有效发明专利拥有
量增量为 0.35 件，排在全省二类县（市、区）第 23 位，排在赣州市第 12 位。
每万家企业法人高新技术企业数为 39.36 家，排在全省二类县（市、区）第
23 位，排在赣州市第 16 位。技术合同成交额为 30 155.60 万元、与 GDP 之
比为 0.95%，排在全省二类县（市、区）第 17 位，排在赣州市第 18 位。万
人社会消费品零售额为 14 320.49 万元，排在全省二类县（市、区）第 28 位，
排在赣州市第 16 位（表 3-50）。

表 3-50　于都县（二类）科技创新能力评价指标得分与位次

指标名称	得分（分）	全省二类县（市、区）排名		本市排名	
	2021 年	2020 年	2021 年	2020 年	2021 年
科技创新能力	59.76	27	29	16	15
创新环境	3.65	2	4	3	3
创新基础	3.81	2	4	3	6
规模以上企业数（家）	3.53	10	9	3	3
规模以上工业企业建立研发机构的比例（%）	4.26	2	5	4	5
当年新增省级及以上研发平台/创新载体（个）	3.62	4	1	5	3
科技意识	3.41	5	11	6	8
人均科普经费投入（元）	3.50	3	6	1	1
每十万人科普专职人员（人）	3.30	—	12	—	10
创新投入	2.77	31	32	18	17
人力投入	2.32	31	32	18	18
规模以上工业企业中万人 R&D 人员全时当量（人·年）	2.46	27	29	14	17

续表

指标名称	得分（分）	全省二类县（市、区）排名		本市排名	
	2021年	2020年	2021年	2020年	2021年
规模以上工业企业 R&D 人员占从业人员比重（%）	2.18	31	32	18	18
财力投入	3.14	28	28	15	15
规模以上工业企业 R&D 经费支出	2.97	31	30	16	14
规模以上工业企业 R&D 经费支出占营业收入比重（%）	3.28	18	21	14	13
创新成效	3.08	30	29	16	16
技术创新	3.22	21	24	14	14
万人有效发明专利拥有量增量（件）	3.47	16	23	12	12
每万家企业法人高新技术企业数（家）	3.05	20	23	13	16
每万家企业法人科技型中小企业数（家）	3.11	23	23	16	15
产业化水平	2.95	31	31	16	17
规模以上工业企业新产品销售收入占营业收入比重（%）	2.83	28	26	16	15
高新技术产业增加值占规模以上工业增加值比重（%）	2.73	19	32	16	16
技术合同成交额	3.19	33	17	17	18
农业产业化省级以上龙头企业数（家）	3.12	23	23	6	6
经济社会发展	3.28	18	19	7	8
经济增长	3.59	13	14	6	9
GDP 较上一年增长率（%）	3.84	9	11	5	6
本级地方财政科技支出占公共财政支出比重（%）	3.33	18	14	13	7
社会生活	2.81	24	24	10	8
居民人均可支配收入（元）	2.85	22	22	5	6
万人社会消费品零售额（万元）	2.75	29	28	16	16

如表 3-50 所示，于都县科技创新能力排在全省二类县（市、区）第 29 位，较上一年下降了 2 位，排在赣州市第 15 位，较上一年上升了 1 位。在一级指标中，经济社会发展排在全省二类县（市、区）第 19 位，排在赣州市第 8 位，均较上一年下降了 1 位；创新投入排在全省二类县（市、区）第 32 位，

较上一年下降了 1 位，排在赣州市第 17 位，较上一年上升了 1 位；创新成效排在全省二类县（市、区）第 29 位，较上一年上升了 1 位，排在赣州市第 16 位，与上一年位次相同；创新环境排在全省二类县（市、区）第 4 位，较上一年下降了 2 位，排在赣州市第 3 位，与上一年位次相同。

综上所述，于都县当年新增省级及以上研发平台 / 创新载体居在全省二类县（市、区）首位，规模以上工业企业建立研发机构的比例、人均科普经费投入排名靠前。但规模以上工业企业 R&D 人员占从业人员比重、规模以上工业企业 R&D 经费支出、高新技术产业增加值占规模以上工业增加值比重等排名靠后。建议该县加大创新投入力度，支持引导企业开展科技创新活动，加快科技成果转移转化，助推经济高质量发展。

十五、瑞金市

瑞金市，位于江西省东南部，赣州市东部，赣州市下辖县级市。2021年，该市常住人口为 61.39 万人，地区 GDP 为 195.23 亿元。居民人均可支配收入为 24 545 元，排在全省二类县（市、区）第 23 位，排在赣州市第 8 位。GDP 较上一年增长 8.20%，排在全省二类县（市、区）第 27 位，排在赣州市第 17 位。规模以上企业数为 119 家，排在全省二类县（市、区）第 27 位，排在赣州市第 7 位。规模以上工业企业 R&D 人员占从业人员比重为 7.14%，排在全省二类县（市、区）第 10 位，排在赣州市第 5 位。万人有效发明专利拥有量增量为 0.17 件，排在全省二类县（市、区）第 27 位，排在赣州市第 16 位。每万家企业法人科技型中小企业数为 64.79 家，排在全省二类县（市、区）第 22 位，排在赣州市第 14 位。技术合同成交额为 46 615.41 万元、与GDP 之比为 2.39%，排在全省二类县（市、区）第 3 位，排在赣州市第 3 位。农业产业化省级以上龙头企业数为 7 家，排在全省二类县（市、区）第 23位，排在赣州市第 6 位。万人社会消费品零售额为 16 467.36 万元，排在全省二类县（市、区）第 21 位，排在赣州市第 10 位。本级地方财政科技支出占公共财政支出比重为 6.11%，排在全省二类县（市、区）第 3 位，排在赣州市第 1 位（表 3-51）。

表 3-51 瑞金市（二类）科技创新能力评价指标得分与位次

指标名称	得分（分）	全省二类县（市、区）排名		本市排名	
	2021年	2020年	2021年	2020年	2021年
科技创新能力	66.74	16	11	11	9
创新环境	3.59	13	6	10	5
创新基础	3.95	11	2	8	3
规模以上企业数（家）	2.89	30	27	9	7
规模以上工业企业建立研发机构的比例（%）	5.53	5	2	6	3
当年新增省级及以上研发平台/创新载体（个）	3.35	4	7	5	6
科技意识	3.05	20	26	16	17
人均科普经费投入（元）	3.28	5	15	3	3
每十万人科普专职人员（人）	2.77	—	28	—	17
创新投入	3.46	15	15	9	7
人力投入	3.18	28	20	15	6
规模以上工业企业中万人R&D人员全时当量（人·年）	2.63	29	25	16	12
规模以上工业企业R&D人员占从业人员比重（%）	3.74	22	10	13	5
财力投入	3.69	7	8	5	7
规模以上工业企业R&D经费支出	3.79	2	8	1	4
规模以上工业企业R&D经费支出占营业收入比重（%）	3.60	16	8	12	8
创新成效	3.37	23	17	14	13
技术创新	3.23	23	23	15	13
万人有效发明专利拥有量增量（件）	3.42	18	27	14	16
每万家企业法人高新技术企业数（家）	3.09	22	20	14	14
每万家企业法人科技型中小企业数（家）	3.17	21	22	14	14
产业化水平	3.52	23	10	11	10
规模以上工业企业新产品销售收入占营业收入比重（%）	3.05	14	20	10	13
高新技术产业增加值占规模以上工业增加值比重（%）	3.41	15	16	14	12
技术合同成交额	4.22	21	3	2	3
农业产业化省级以上龙头企业数（家）	3.12	23	23	6	6
经济社会发展	3.60	4	7	2	4

续表

指标名称	得分（分）	全省二类县（市、区）排名		本市排名	
	2021 年	2020 年	2021 年	2020 年	2021 年
经济增长	4.10	3	4	1	3
GDP 较上一年增长率（%）	2.64	25	27	11	17
本级地方财政科技支出占公共财政支出比重（%）	5.57	3	3	1	1
社会生活	2.86	22	22	7	7
居民人均可支配收入（元）	2.83	24	23	8	8
万人社会消费品零售额（万元）	2.89	18	21	6	10

如表 3-51，瑞金市科技创新能力排在全省二类县（市、区）第 11 位，较上一年上升了 5 位，排在赣州市第 9 位，较上一年上升了 2 位。在一级指标中，经济社会发展排在全省二类县（市、区）第 7 位，较上一年下降了 3 位，排在赣州市第 4 位，较上一年下降了 2 位；创新投入排在全省二类县（市、区）第 15 位，与上一年位次相同，排在赣州市第 7 位，较上一年上升了 2 位；创新成效排在全省二类县（市、区）第 17 位，较上一年上升了 6 位，排在赣州市第 13 位，较上一年上升了 1 位；创新环境排在全省二类县（市、区）第 6 位，较上一年上升了 7 位，排在赣州市第 5 位，较上一年上升了 5 位。

综上所述，瑞金市规模以上工业企业建立研发机构的比例、技术合同成交额、当年新增省级及以上平台 / 创新载体、本级地方财政科技支出占公共财政支出比重在全省二类县（市、区）排名靠前，但规模以上企业数、每十万人科普专职人员、规模以上工业企业中万人 R&D 人员全时当量、万人有效发明专利拥有量增量等排名相对靠后。建议该市加强科普宣传力度，提高民众及企业创新意识，积极引进和培育人才，提升区域科技竞争力。

十六、会昌县

会昌县，位于江西省东南部、赣州市东南部，赣州市下辖县。2021 年，该县常住人口为 45.15 万人，地区 GDP 为 151.23 亿元。居民人均可支配收入为 22 603 元，排在全省二类县（市、区）第 27 位，排在赣州市第 10 位。

GDP 较上一年增长 8.10%，排在全省二类县（市、区）第 28 位，排在赣州市第 18 位。当年新增省级及以上研发平台 / 创新载体 1 个，排在全省二类县（市、区）第 13 位，排在赣州市第 8 位。人均科普经费投入为 1.04 元，排在全省二类县（市、区）第 11 位，排在赣州市第 2 位。规模以上工业企业中万人 R&D 人员全时当量为 6.69 人·年，排在全省二类县（市、区）第 27 位，排在赣州市第 16 位。规模以上工业企业 R&D 经费支出为 17 887.3 万元、较上一年增幅 38.16%，排在全省二类县（市、区）第 18 位，排在赣州市第 10 位。规模以上工业企业 R&D 经费支出占营业收入比重为 1.41%、同比提高 0.14%，排在全省二类县（市、区）第 6 位，排在赣州市第 7 位。每万家企业法人高新技术企业数为 43.75 家，排在全省二类县（市、区）第 19 位，排在赣州市第 13 位。技术合同成交额为 26 179.30 万元、与 GDP 之比为 1.73%，排在全省二类县（市、区）第 10 位，排在赣州市第 13 位。万人社会消费品零售额为 14 412.04 万元，排在全省二类县（市、区）第 27 位，排在赣州市第 15 位（表 3-52）。

表 3-52　会昌县（二类）科技创新能力评价指标得分与位次

指标名称	得分（分）	全省二类县（市、区）排名		本市排名	
	2021 年	2020 年	2021 年	2020 年	2021 年
科技创新能力	63.84	17	22	13	12
创新环境	3.37	9	17	8	13
创新基础	3.34	8	16	7	12
规模以上企业数（家）	2.65	31	32	10	12
规模以上工业企业建立研发机构的比例（%）	4.25	3	6	5	6
当年新增省级及以上研发平台 / 创新载体（个）	3.08	15	13	9	8
科技意识	3.40	13	12	9	9
人均科普经费投入（元）	3.39	4	11	2	2
每十万人科普专职人员（人）	3.41	—	10	—	9
创新投入	3.32	13	22	7	9
人力投入	2.97	20	25	9	10

续表

指标名称	得分（分）	全省二类县（市、区）排名		本市排名	
	2021年	2020年	2021年	2020年	2021年
规模以上工业企业中万人R&D人员全时当量（人·年）	2.51	26	27	13	16
规模以上工业企业R&D人员占从业人员比重（%）	3.43	11	14	5	6
财力投入	3.61	8	13	6	9
规模以上工业企业R&D经费支出	3.46	8	18	4	10
规模以上工业企业R&D经费支出占营业收入比重（%）	3.73	8	6	9	7
创新成效	3.45	21	10	12	11
技术创新	3.46	24	13	16	9
万人有效发明专利拥有量增量（件）	3.95	30	3	16	1
每万家企业法人高新技术企业数（家）	3.10	23	19	16	13
每万家企业法人科技型中小企业数（家）	3.31	22	13	15	10
产业化水平	3.44	16	12	8	12
规模以上工业企业新产品销售收入占营业收入比重（%）	3.43	8	17	5	8
高新技术产业增加值占规模以上工业增加值比重（%）	3.64	11	9	9	10
技术合同成交额	3.54	29	10	10	13
农业产业化省级以上龙头企业数（家）	2.84	30	30	12	12
经济社会发展	2.76	30	30	16	18
经济增长	2.83	29	28	18	18
GDP较上一年增长率（%）	2.51	29	28	18	18
本级地方财政科技支出占公共财政支出比重（%）	3.15	23	22	16	15
社会生活	2.66	28	27	13	13
居民人均可支配收入（元）	2.59	27	27	10	10
万人社会消费品零售额（万元）	2.76	28	27	15	15

如表 3-52 所示，会昌县科技创新能力排在全省二类县（市、区）第 22 位，较上一年下降了 5 位，排在赣州市第 12 位，较上一年上升了 1 位。在一级指标中，经济社会发展排在全省二类县（市、区）第 30 位，与上一年位次相同，排在赣州市第 18 位，较上一年下降了 2 位；创新投入排在全省二类县

（市、区）第 22 位，较上一年下降了 9 位，排在赣州市第 9 位，较上一年下降了 2 位；创新成效排在全省二类县（市、区）第 10 位，较上一年上升了 11 位，排在赣州市第 11 位，较上一年上升了 1 位；创新环境排在全省二类县（市、区）第 17 位，较上一年下降了 8 位，排在赣州市第 13 位，较上一年下降了 5 位。

综上所述，会昌县规模以上工业企业建立研发机构的比例、万人有效发明专利拥有量增量、高新技术产业增加值占规模以上工业增加值比重排名相对靠前，但规模以上企业数、农业产业化省级以上龙头企业数、规模以上工业企业中万人 R&D 人员全时当量、GDP 较上一年增长率等排名靠后。建议该县进一步优化创新环境，加大创新投入力度，让科技创新成为助推区域经济高质量发展的强力支撑。

十七、寻乌县

寻乌县，位于江西省东南端，赣州市下辖县。2021 年，该县常住人口为 28.02 万人，地区 GDP 为 114.83 亿元。居民人均可支配收入为 22 007 元，排在全省三类县（市、区）第 24 位，排在赣州市第 13 位。GDP 较上一年增长 9%，排在全省三类县（市、区）第 12 位，排在赣州市第 7 位。规模以上企业数为 75 家，排在全省三类县（市、区）第 27 位，排在赣州市第 16 位。每十万人科普专职人员数为 9.99 人，排在全省三类县（市、区）第 20 位，排在赣州市第 14 位。规模以上工业企业中万人 R&D 人员全时当量为 13.67 人·年，排在全省三类县（市、区）第 20 位，排在赣州市第 6 位。规模以上工业企业 R&D 经费支出为 18 008.7 万元、较上一年增幅 24.62%，排在全省三类县（市、区）第 10 位，排在赣州市第 9 位。每万家企业法人高新技术企业数为 63.92 家，排在全省三类县（市、区）第 16 位，排在赣州市第 11 位。技术合同成交额为 32 706 万元、与 GDP 之比为 2.85%，排在全省三类县（市、区）第 4 位，排在赣州市第 2 位。万人社会消费品零售额为 13 920.06 万元，排在全省三类县（市、区）第 30 位，排在赣州市第 17 位（表 3-53）。

表 3-53 寻乌县（三类）科技创新能力评价指标得分与位次

指标名称	得分（分）	全省三类县（市、区）排名		本市排名	
	2021 年	2020 年	2021 年	2020 年	2021 年
科技创新能力	74.72	1	2	3	1
创新环境	3.57	5	9	6	6
创新基础	3.85	3	3	4	5
规模以上企业数（家）	2.58	23	27	13	16
规模以上工业企业建立研发机构的比例（%）	6.01	2	1	1	2
当年新增省级及以上研发平台/创新载体（个）	2.81	13	21	9	11
科技意识	3.16	17	25	11	14
人均科普经费投入（元）	3.28	1	15	3	3
每十万人科普专职人员（人）	3.02	—	20	—	14
创新投入	4.63	1	1	1	1
人力投入	5.50	1	1	1	1
规模以上工业企业中万人 R&D 人员全时当量（人·年）	2.94	16	20	5	6
规模以上工业企业 R&D 人员占从业人员比重（%）	8.06	1	1	1	1
财力投入	3.92	2	4	3	5
规模以上工业企业 R&D 经费支出	3.57	18	10	9	9
规模以上工业企业 R&D 经费支出占营业收入比重（%）	4.21	1	3	2	4
创新成效	3.51	25	20	13	10
技术创新	3.39	24	19	13	12
万人有效发明专利拥有量增量（件）	3.45	14	28	6	14
每万家企业法人高新技术企业数（家）	3.34	22	16	12	11
每万家企业法人科技型中小企业数（家）	3.40	23	17	13	8
产业化水平	3.63	23	13	13	7
规模以上工业企业新产品销售收入占营业收入比重（%）	3.73	20	16	11	6
高新技术产业增加值占规模以上工业增加值比重（%）	3.28	17	22	12	13
技术合同成交额	4.24	31	4	11	2
农业产业化省级以上龙头企业数（家）	2.98	15	15	8	8
经济社会发展	3.20	22	18	12	9

续表

指标名称	得分（分）	全省三类县（市、区）排名		本市排名	
	2021年	2020年	2021年	2020年	2021年
经济增长	3.59	17	11	11	8
GDP 较上一年增长率（%）	3.71	18	12	11	7
本级地方财政科技支出占公共财政支出比重（%）	3.47	11	9	6	5
社会生活	2.61	29	29	15	15
居民人均可支配收入（元）	2.51	25	24	13	13
万人社会消费品零售额（万元）	2.73	30	30	17	17

如表 3-53 所示，寻乌县科技创新能力排在全省三类县（市、区）第 2 位，较上一年下降了 1 位，排在赣州市第 1 位，较上一年上升了 2 位。在一级指标中，经济社会发展排在全省三类县（市、区）第 18 位，较上一年上升了 4 位，排在赣州市第 9 位，较上一年上升了 3 位；创新投入排在全省三类县（市、区）第 1 位，排在赣州市第 1 位，均与上一年位次相同；创新成效排在全省三类县（市、区）第 20 位，较上一年上升了 5 位，排在赣州市第 10 位，较上一年上升了 3 位；创新环境排在全省三类县（市、区）第 9 位，较上一年下降了 4 位，排在赣州市第 6 位，与上一年位次相同。

综上所述，寻乌县规模以上工业企业建立研发机构的比例、规模以上工业企业 R&D 人员占从业人员比重居全省三类县（市、区）首位，规模以上工业企业 R&D 经费支出占营业收入比重、技术合同成交额排名靠前。但规模以上企业数、万人有效发明专利拥有量增量、万人社会消费品零售额等排名相对靠后。建议该县加大科普宣传力度，增强民众及企业创新意识，鼓励企业自主研发，提高产品质量，助推经济高质量发展。

十八、石城县

石城县，位于江西省东南端，赣州市下辖县。2021 年，该县常住人口为 28.32 万人，地区 GDP 为 94.78 亿元。居民人均可支配收入为 19 993 元，排在全省三类县（市、区）第 32 位，排在赣州市第 18 位。GDP 较上一年增长 8.90%，排在全省三类县（市、区）第 15 位，排在赣州市第 9 位。规模以上企业数为 78 家，排在全省三类县（市、区）第 25 位，排在赣州市第 15 位。规模以上工业企业建立研发机构的比例为 53.13%，排在全省三类县（市、区）第 5 位，排在赣州市第 4 位。规模以上工业企业中万人 R&D 人员全时当量为 7.66 人·年，排在全省三类县（市、区）第 30 位，排在赣州市第 15 位。规模以上工业企业 R&D 经费支出为 9630.5 万元、较上一年增幅 33.53%，排在全省三类县（市、区）第 15 位，排在赣州市第 11 位。万人有效发明专利拥有量增量为 0.12 件，排在全省三类县（市、区）第 30 位，排在赣州市第 17 位。每万家企业法人高新技术企业数为 73.78 家，排在全省三类县（市、区）第 13 位，排在赣州市第 10 位。技术合同成交额为 27 771.30 万元、与 GDP 之比为 2.93%，排在全省三类县（市、区）第 5 位，排在赣州市第 4 位。万人社会消费品零售额为 14 880.79 万元，排在全省三类县（市、区）第 28 位，排在赣州市第 13 位（表 3-54）。

表 3-54　石城县（三类）科技创新能力评价指标得分与位次

指标名称	得分（分）	全省三类县（市、区）排名		本市排名	
	2021 年	2020 年	2021 年	2020 年	2021 年
科技创新能力	64.66	29	19	18	10
创新环境	3.55	15	10	13	7
创新基础	3.37	18	15	12	11
规模以上企业数（家）	2.60	24	25	14	15
规模以上工业企业建立研发机构的比例（%）	4.62	10	5	7	4
当年新增省级及以上研发平台 / 创新载体（个）	2.81	13	21	9	11
科技意识	3.82	20	8	13	2
人均科普经费投入（元）	3.28	1	15	3	3
每十万人科普专职人员（人）	4.48	—	7	—	2
创新投入	3.19	30	18	17	11
人力投入	2.90	31	25	16	11
规模以上工业企业中万人 R&D 人员全时当量（人·年）	2.57	31	30	18	15
规模以上工业企业 R&D 人员占从业人员比重（%）	3.24	29	17	15	9

续表

指标名称	得分（分）	全省三类县（市、区）排名		本市排名	
	2021 年	2020 年	2021 年	2020 年	2021 年
财力投入	3.43	26	14	14	11
规模以上工业企业 R&D 经费支出	3.32	30	15	17	11
规模以上工业企业 R&D 经费支出占营业收入比重（%）	3.52	18	9	11	9
创新成效	3.52	20	19	11	9
技术创新	3.43	9	17	7	10
万人有效发明专利拥有量增量（件）	3.41	18	30	8	17
每万家企业法人高新技术企业数（家）	3.45	8	13	6	10
每万家企业法人科技型中小企业数（家）	3.43	9	15	7	7
产业化水平	3.62	28	14	15	8
规模以上工业企业新产品销售收入占营业收入比重（%）	3.36	23	19	13	9
高新技术产业增加值占规模以上工业增加值比重（%）	3.86	20	13	15	6
技术合同成交额	4.20	30	5	9	4
农业产业化省级以上龙头企业数（家）	2.41	31	31	18	18
经济社会发展	3.01	29	25	17	12
经济增长	3.35	25	19	16	10
GDP 较上一年增长率（%）	3.57	24	15	14	9
本级地方财政科技支出占公共财政支出比重（%）	3.13	25	22	17	16
社会生活	2.50	32	32	18	18
居民人均可支配收入（元）	2.26	32	32	18	18
万人社会消费品零售额（万元）	2.79	29	28	14	13

　　如表 3-54 所示，石城县科技创新能力排在全省三类县（市、区）第 19 位，较上一年上升了 10 位，排在赣州市第 10 位，较上一年上升了 8 位。在一级指标中，经济社会发展排在全省三类县（市、区）第 25 位，较上一年上升了 4 位，排在赣州市第 12 位，较上一年上升了 5 位；创新投入排在全省三类县（市、区）第 18 位，较上一年上升了 12 位，排在赣州市第 11 位，较上一年上升了 6 位；创新成效排在全省三类县（市、区）第 19 位，较上一年上

升了 1 位，排在赣州市第 9 位，较上一年上升了 2 位；创新环境排在全省三类县（市、区）第 10 位，较上一年上升了 5 位，排在赣州市第 7 位，较上一年上升了 6 位。

综上所述，石城县规模以上工业企业建立研发机构的比例、技术合同成交额、每十万人科普专职人员在全省三类县（市、区）排名靠前，但规模以上工业企业中万人 R&D 人员全时当量、万人有效发明专利拥有量增量、居民人均可支配收入等排名靠后。建议该县加大科技创新投入，夯实创新基础，优化创新环境，支持企业自主创新，因地制宜发展优势产业，助推经济高质量发展，提高人民生活水平。

第八节　宜　春　市

一、袁州区

袁州区，位于江西省西部，宜春市市辖区。2021 年，该区常住人口为 112.86 万人，地区 GDP 为 520.36 亿元。居民人均可支配收入为 32 176 元，排在全省一类县（市、区）第 22 位，排在宜春市第 1 位。GDP 较上一年增长 9.20%，排在全省一类县（市、区）第 10 位，排在宜春市第 2 位。规模以上企业数为 512 家，排在全省一类县（市、区）第 6 位，排在宜春市第 1 位。当年新增省级及以上研发平台／创新载体 4 个，排在全省一类县（市、区）第 21 位，排在宜春市第 3 位。人均科普经费投入为 1.0 元，排在全省一类县（市、区）第 22 位，排在宜春市第 3 位。规模以上工业企业 R&D 人员占从业人员比重为 6.08%，排在全省一类县（市、区）第 19 位，排在宜春市第 7 位。每万家企业法人科技型中小企业数为 104.75 家，排在全省一类县（市、区）第 11 位，排在宜春市第 3 位。高新技术产业增加值占规模以上工业增加值比重为 62.94%、较上一年增幅 7.79%，排在全省一类县（市、区）第 5 位，排在宜春市第 1 位。农业产业化省级以上龙头企业数为 16 家，排在全省一类县（市、区）第 10 位，排在宜春市第 3 位。技术合同成交额为 34 529 万元、与

GDP 之比为 0.66%，排在全省一类县（市、区）第 24 位，排在宜春市第 7 位（表 3-55）。

表 3-55 袁州区（一类）科技创新能力评价指标得分与位次

指标名称	得分（分）2021 年	全省一类县（市、区）排名 2020 年	全省一类县（市、区）排名 2021 年	本市排名 2020 年	本市排名 2021 年
科技创新能力	73.47	28	10	7	1
创新环境	3.86	12	13	1	3
创新基础	4.33	11	8	3	3
规模以上企业数（家）	5.59	6	6	1	1
规模以上工业企业建立研发机构的比例（%）	3.46	26	11	9	8
当年新增省级及以上研发平台/创新载体（个）	3.89	8	21	2	3
科技意识	3.15	27	24	3	3
人均科普经费投入（元）	3.28	33	22	9	3
每十万人科普专职人员（人）	3.00	—	20	—	5
创新投入	3.86	30	12	9	3
人力投入	3.20	32	21	9	9
规模以上工业企业中万人 R&D 人员全时当量（人·年）	3.08	28	26	9	10
规模以上工业企业 R&D 人员占从业人员比重（%）	3.33	32	19	7	7
财力投入	4.40	27	4	9	1
规模以上工业企业 R&D 经费支出	4.49	31	7	10	2
规模以上工业企业 R&D 经费支出占营业收入比重（%）	4.33	15	4	7	1
创新成效	3.77	17	14	3	1
技术创新	3.50	21	17	4	3
万人有效发明专利拥有量增量（件）	3.52	21	24	2	8
每万家企业法人高新技术企业数（家）	3.43	13	14	2	1
每万家企业法人科技型中小企业数（家）	3.56	22	11	8	3
产业化水平	4.05	12	8	2	2
规模以上工业企业新产品销售收入占营业收入比重（%）	4.37	12	7	4	2
高新技术产业增加值占规模以上工业增加值比重（%）	4.53	5	5	1	1
技术合同成交额	3.11	26	24	7	7

续表

指标名称	得分 （分） 2021年	全省一类县 （市、区）排名		本市排名	
		2020年	2021年	2020年	2021年
农业产业化省级以上龙头企业数（家）	4.41	10	10	3	3
经济社会发展	3.75	14	17	4	4
经济增长	3.76	15	14	6	5
GDP较上一年增长率（%）	3.98	18	10	3	2
本级地方财政科技支出占公共财政支出比重（%）	3.54	11	14	6	6
社会生活	3.75	18	19	1	1
居民人均可支配收入（元）	3.79	22	22	1	1
万人社会消费品零售额（万元）	3.69	16	17	1	1

如表 3-55 所示，袁州区科技创新能力排在全省一类县（市、区）第 10 位，较上一年上升了 18 位，排在宜春市第 1 位，较上一年上升了 6 位。在一级指标中，经济社会发展排在全省一类县（市、区）第 17 位，较上一年下降了 3 位，排在宜春市第 4 位，与上一年位次相同；创新环境排在全省一类县（市、区）第 13 位，较上一年下降了 1 位，排在宜春市第 3 位，较上一年下降了 2 位；创新投入排在全省一类县（市、区）第 12 位，较上一年上升了 18 位，排在宜春市第 3 位，较上一年上升了 6 位；创新成效排在全省一类县（市、区）第 14 位，较上一年上升了 3 位，排在宜春市第 1 位，较上一年上升了 2 位。

综上所述，袁州区规模以上工业企业 R&D 经费支出占营业收入比重、规模以上企业数、规模以上工业企业新产品销售收入占营业收入比重、高新技术产业增加值占规模以上工业增加值比重在全省一类县（市、区）排名靠前，但万人有效发明专利拥有量增量、当年新增省级及以上研发平台 / 创新载体、规模以上工业企业中万人 R&D 人员全时当量等排名相对靠后。建议该区夯实创新基础，积极建设研发平台，加大科普宣传力度，提高民众及企业创新意识，提升产业竞争力，为经济社会发展提供科技支撑。

二、樟树市

樟树市，位于江西省中部，宜春市下辖县级市。2021年，该市常住人口为47.89万人，地区GDP为490.18亿元。居民人均可支配收入为30 915元，排在全省一类县（市、区）第24位，排在宜春市第3位。GDP较上一年增长9%，排在全省一类县（市、区）第14位，排在宜春市第4位。规模以上企业数为395家，排在全省一类县（市、区）第7位，排在宜春市第2位。规模以上工业企业R&D人员占从业人员比重为8.24%，排在全省一类县（市、区）第10位，排在宜春市第3位。规模以上工业企业R&D经费支出为85 485.2万元、较上一年增幅18.17%，排在全省一类县（市、区）第15位，排在宜春市第6位。万人有效发明专利拥有量增量为1.94件，排在全省一类县（市、区）第9位，排在宜春市第1位。每万家企业法人高新技术企业数为66.57家，排在全省一类县（市、区）第17位，排在宜春市第3位。技术合同成交额为53 476.35万元、与GDP之比为1.09%，排在全省一类县（市、区）第17位，排在宜春市第3位。规模以上工业企业新产品销售收入占营业收入比重为23.15%，排在全省一类县（市、区）第13位，排在宜春市第5位。万人社会消费品零售额为27 496.89万元，排在全省一类县（市、区）第19位，排在宜春市第2位（表3-56）。

表3-56　樟树市（一类）科技创新能力评价指标得分与位次

指标名称	得分（分）	全省一类县（市、区）排名		本市排名	
	2021年	2020年	2021年	2020年	2021年
科技创新能力	73.12	11	11	1	2
创新环境	3.62	25	18	4	4
创新基础	4.57	10	5	2	1
规模以上企业数（家）	4.78	8	7	3	2
规模以上工业企业建立研发机构的比例（%）	4.48	7	4	3	3
当年新增省级及以上研发平台/创新载体（个）	4.43	15	8	4	1
科技意识	2.19	35	34	10	9
人均科普经费投入（元）	1.47	31	35	5	9

续表

指标名称	得分（分）	全省一类县（市、区）排名		本市排名	
	2021年	2020年	2021年	2020年	2021年
每十万人科普专职人员（人）	3.06	—	16	—	4
创新投入	4.00	9	11	3	1
人力投入	4.55	13	8	3	1
规模以上工业企业中万人R&D人员全时当量（人·年）	4.94	9	6	2	1
规模以上工业企业R&D人员占从业人员比重（%）	4.16	17	10	4	3
财力投入	3.55	8	15	3	6
规模以上工业企业R&D经费支出	3.61	13	15	1	6
规模以上工业企业R&D经费支出占营业收入比重（%）	3.51	5	8	4	5
创新成效	3.69	12	16	1	3
技术创新	3.59	12	13	1	2
万人有效发明专利拥有量增量（件）	3.94	7	9	1	1
每万家企业法人高新技术企业数（家）	3.37	11	17	1	3
每万家企业法人科技型中小企业数（家）	3.45	7	15	1	5
产业化水平	3.79	15	15	3	4
规模以上工业企业新产品销售收入占营业收入比重（%）	3.69	18	13	6	5
高新技术产业增加值占规模以上工业增加值比重（%）	3.55	8	13	2	3
技术合同成交额	3.64	27	17	8	3
农业产业化省级以上龙头企业数（家）	4.69	7	7	1	1
经济社会发展	3.87	12	15	2	3
经济增长	4.06	9	9	3	3
GDP较上一年增长率（%）	3.71	15	14	2	4
本级地方财政科技支出占公共财政支出比重（%）	4.40	4	5	4	4
社会生活	3.60	23	22	2	2
居民人均可支配收入（元）	3.63	24	24	3	3
万人社会消费品零售额（万元）	3.57	18	19	2	2

　　如表3-56所示，樟树市科技创新能力排在全省一类县（市、区）第11位，与上一年位次相同，排在宜春市第2位，较上一年下降了1位。在一级

指标中，经济社会发展排在全省一类县（市、区）第 15 位，较上一年下降了 3 位，排在宜春市第 3 位，较上一年下降了 1 位；创新环境排在全省一类县（市、区）第 18 位，较上一年上升了 7 位，排在宜春市第 4 位，与上一年位次相同；创新投入排在全省一类县（市、区）第 11 位，较上一年下降了 2 位，排在宜春市第 1 位，较上一年上升了 2 位；创新成效排在全省一类县（市、区）第 16 位，较上一年下降了 4 位，排在宜春市第 3 位，较上一年下降了 2 位。

综上所述，樟树市规模以上工业企业建立研发机构的比例、规模以上企业数、规模以上工业企业中万人 R&D 人员全时当量、本级地方财政科技支出占公共财政支出比重等在全省一类县（市、区）排名靠前，但人均科普经费投入、每万家企业法人高新技术企业数、技术合同成交额等排名落后。建议该市加大科普宣传力度，提高民众及企业创新意识，强化产学研合作，提高科技成果转移转化成效，同时加速培育高新技术企业，提升区域科技竞争力。

三、丰城市

丰城市，位于江西省中部，省试点直管市。2021 年，该市常住人口为 105.05 万人，地区 GDP 为 612.93 亿元。居民人均可支配收入为 29 708 元，排在全省一类县（市、区）第 30 位，排在宜春市第 6 位。GDP 较上一年增长 8.70%，排在全省一类县（市、区）第 21 位，排在宜春市第 6 位。规模以上企业数为 338 家，排在全省一类县（市、区）第 13 位，排在宜春市第 4 位。当年新增省级及以上研发平台 / 创新载体 1 个，排在全省一类县（市、区）第 29 位，排在宜春市第 7 位。人均科普经费投入为 2.90 元，排在全省一类县（市、区）第 2 位，排在宜春市第 1 位。规模以上工业企业中万人 R&D 人员全时当量为 19.52 人·年，排在全省一类县（市、区）第 21 位，排在宜春市第 9 位。规模以上工业企业 R&D 经费支出为 79 042.5 万元、较上一年增幅 0.33%，排在全省一类县（市、区）第 26 位，排在宜春市第 9 位。每万家企业法人科技型中小企业数为 79.24 家，排在全省一类县（市、区）第 21

位，排在宜春市第 7 位。高新技术产业增加值占规模以上工业增加值比重为 31.61%、较上一年下降 6.60%，排在一类县（市、区）第 24 位，排在宜春市第 10 位。农业产业化省级以上龙头企业数为 15 家，排在全省一类县（市、区）第 11 位，排在宜春市第 4 位。万人社会消费品零售额为 15 569.82 万元，排在全省一类县（市、区）第 34 位，排在宜春市第 10 位（表 3-57）。

表 3-57　丰城市（一类）科技创新能力评价指标得分与位次

指标名称	得分（分）	全省一类县（市、区）排名		本市排名	
	2021 年	2020 年	2021 年	2020 年	2021 年
科技创新能力	70.39	25	17	6	4
创新环境	4.62	28	4	5	1
创新基础	3.77	14	17	4	4
规模以上企业数（家）	4.39	13	13	4	4
规模以上工业企业建立研发机构的比例（%）	3.74	21	9	7	7
当年新增省级及以上研发平台 / 创新载体（个）	3.08	7	29	1	7
科技意识	5.90	34	2	9	1
人均科普经费投入（元）	8.56	30	2	4	1
每十万人科普专职人员（人）	2.64	—	34	—	10
创新投入	3.43	19	18	6	9
人力投入	3.76	17	15	6	5
规模以上工业企业中万人 R&D 人员全时当量（人·年）	3.31	22	21	8	9
规模以上工业企业 R&D 人员占从业人员比重（%）	4.21	13	9	3	2
财力投入	3.15	14	26	4	9
规模以上工业企业 R&D 经费支出	3.17	17	26	4	9
规模以上工业企业 R&D 经费支出占营业收入比重（%）	3.14	10	26	6	9
创新成效	3.47	22	19	6	6
技术创新	3.40	20	23	2	6
万人有效发明专利拥有量增量（件）	3.55	25	23	4	5
每万家企业法人高新技术企业数（家）	3.31	15	19	4	4
每万家企业法人科技型中小企业数（家）	3.31	18	21	5	7
产业化水平	3.54	21	17	6	5

续表

指标名称	得分（分）	全省一类县（市、区）排名		本市排名	
	2021 年	2020 年	2021 年	2020 年	2021 年
规模以上工业企业新产品销售收入占营业收入比重（%）	3.51	16	15	5	7
高新技术产业增加值占规模以上工业增加值比重（%）	2.85	15	24	4	10
技术合同成交额	3.91	28	13	10	1
农业产业化省级以上龙头企业数（家）	4.27	11	11	4	4
经济社会发展	3.23	34	35	7	9
经济增长	3.25	29	25	8	8
GDP 较上一年增长率（%）	3.31	29	21	7	6
本级地方财政科技支出占公共财政支出比重（%）	3.19	20	21	8	8
社会生活	3.19	31	31	7	7
居民人均可支配收入（元）	3.48	30	30	6	6
万人社会消费品零售额（万元）	2.83	34	34	10	10

如表 3-57 所示，丰城市科技创新能力排在全省一类县（市、区）第 17 位，较上一年上升了 8 位，排在宜春市第 4 位，较上一年上升了 2 位。在一级指标中，经济社会发展排在全省一类县（市、区）第 35 位，较上一年下降了 1 位，排在宜春市第 9 位，较上一年下降了 2 位；创新环境排在全省一类县（市、区）第 4 位，较上一年上升了 24 位，排在宜春市第 1 位，较上一年上升了 4 位；创新投入排在全省一类县（市、区）第 18 位，较上一年上升了 1 位，排在宜春市第 9 位，较上一年下降了 3 位；创新成效排在全省一类县（市、区）第 19 位，较上一年上升了 3 位，排在宜春市第 6 位，与上一年位次相同。

综上所述，丰城市人均科普经费投入、规模以上工业企业建立研发机构的比例、规模以上工业企业 R&D 人员占从业人员比重在全省一类县（市、区）排名靠前，但每十万人科普专职人员、居民人均可支配收入、万人社会消费品零售额、当年新增省级及以上研发平台 / 创新载体、规模以上工业企业 R&D 经费支出、规模以上工业企业 R&D 经费支出占营业收入比重等排名落后。建议该市夯实创新基础，加强科普宣传力度，鼓励企业自主创新、加大研发投入，提升产业竞争力，助推经济高质量发展，切实提高人民生活水平。

四、靖安县

靖安县，位于江西省西北部、宜春市北部，宜春市下辖县。2021 年，该县常住人口为 11.97 万人，地区 GDP 为 76.80 亿元。居民人均可支配收入为 27 232 元，排在全省三类县（市、区）第 10 位，排在宜春市第 8 位。GDP 较上一年增长 9.30%，排在全省三类县（市、区）第 6 位，排在宜春市第 1 位。规模以上企业数为 98 家，排在全省三类县（市、区）第 18 位，排在宜春市第 9 位。人均科普经费投入为 0.62 元，排在全省三类县（市、区）第 31 位，排在宜春市第 6 位。规模以上工业企业 R&D 人员占从业人员比重为 6.13%，排在全省三类县（市、区）第 15 位，排在宜春市第 6 位。规模以上工业企业 R&D 经费支出占营业收入比重为 1.06%、较上一年下降 0.67%，排在全省三类县（市、区）第 22 位，排在宜春市第 10 位。每万家企业法人高新技术企业数为 59.84 家，排在全省三类县（市、区）第 18 位，排在宜春市第 5 位。高新技术产业增加值占规模以上工业增加值比重为 32.21%、较上一年增幅 4.12%，排在全省三类县（市、区）第 21 位，排在宜春市第 5 位。万人社会消费品零售额为 20 839.56 万元，排在全省三类县（市、区）第 14 位，排在宜春市第 5 位。技术合同成交额为 14 500 万元、与 GDP 之比为 1.89%，排在全省三类县（市、区）第 16 位，排在宜春市第 5 位（表 3-58）。

表 3-58 靖安县（三类）科技创新能力评价指标得分与位次

指标名称	得分（分）	全省三类县（市、区）排名		本市排名	
	2021 年	2020 年	2021 年	2020 年	2021 年
科技创新能力	64.55	10	21	5	8
创新环境	2.74	31	32	9	10
创新基础	2.87	22	27	8	10
规模以上企业数（家）	2.74	18	18	9	9
规模以上工业企业建立研发机构的比例（%）	3.05	18	25	5	10
当年新增省级及以上研发平台／创新载体（个）	2.81	13	21	7	10
科技意识	2.55	29	31	4	6
人均科普经费投入（元）	2.22	29	31	1	6

续表

指标名称	得分（分）	全省三类县（市、区）排名		本市排名	
	2021年	2020年	2021年	2020年	2021年
每十万人科普专职人员（人）	2.95	—	21	—	7
创新投入	3.25	4	16	2	10
人力投入	3.49	5	16	4	7
规模以上工业企业中万人 R&D 人员全时当量（人·年）	3.62	5	11	4	7
规模以上工业企业 R&D 人员占从业人员比重（%）	3.35	7	15	2	6
财力投入	3.05	5	22	2	10
规模以上工业企业 R&D 经费支出	2.95	2	23	2	10
规模以上工业企业 R&D 经费支出占营业收入比重（%）	3.13	6	22	2	10
创新成效	3.55	16	16	5	5
技术创新	3.68	21	7	8	1
万人有效发明专利拥有量增量（件）	3.61	27	13	7	4
每万家企业法人高新技术企业数（家）	3.29	23	18	8	5
每万家企业法人科技型中小企业数（家）	4.22	16	2	6	1
产业化水平	3.42	6	19	4	7
规模以上工业企业新产品销售收入占营业收入比重（%）	3.77	10	14	3	4
高新技术产业增加值占规模以上工业增加值比重（%）	3.34	16	21	5	5
技术合同成交额	3.44	4	16	1	5
农业产业化省级以上龙头企业数（家）	2.98	15	15	8	8
经济社会发展	4.28	5	1	6	1
经济增长	5.03	4	2	4	1
GDP 较上一年增长率（%）	4.11	11	6	3	1
本级地方财政科技支出占公共财政支出比重（%）	5.95	3	1	3	2
社会生活	3.16	10	10	8	8
居民人均可支配收入（元）	3.17	10	10	8	8
万人社会消费品零售额（万元）	3.16	13	14	5	5

如表 3-58 所示，靖安县科技创新能力排在全省三类县（市、区）第 21 位，较上一年下降了 11 位，排在宜春市第 8 位，较上一年下降了 3 位。在一

级指标中，经济社会发展排在全省三类县（市、区）第 1 位，较上一年上升了 4 位，排在宜春市第 1 位，较上一年上升了 5 位；创新环境排在全省三类县（市、区）第 32 位，排在宜春市第 10 位，均较上一年下降了 1 位；创新投入排在全省三类县（市、区）第 16 位，较上一年下降了 12 位，排在宜春市第 10 位，较上一年下降了 8 位；创新成效排在全省三类县（市、区）第 16 位，排在宜春市第 5 位，均与上一年位次相同。

综上所述，靖安县本级地方财政科技支出占公共财政支出比重排名排在全省三类县（市、区）首位，每万家企业法人科技型中小企业数、GDP 较上一年增长率排名靠前。但人均科普经费投入、规模以上工业企业建立研发机构的比例、规模以上工业企业 R&D 经费支出等排名相对靠后。建议该县优化创新环境，加强科普宣传力度，提升民众及企业创新意识，鼓励企业自主研发，提升产业竞争力，助推经济高质量发展。

五、奉新县

奉新县，位于江西省西北部，宜春市下辖县。2021 年，该县常住人口为 26.46 万人，地区 GDP 为 220.13 亿元。居民人均可支配收入为 30 595 元，排在全省二类县（市、区）第 8 位，排在宜春市第 4 位。GDP 较上一年增长 8.90%，排在全省二类县（市、区）第 16 位，排在宜春市第 5 位。规模以上工业企业建立研发机构的比例为 27.88%，排在全省二类县（市、区）第 25 位，排在宜春市第 9 位。每十万人科普专职人员为 9.07 人，排在全省二类县（市、区）第 24 位，排在宜春市第 6 位。规模以上工业企业 R&D 人员占从业人员比重为 7.16%，排在全省二类县（市、区）第 9 位，排在宜春市第 5 位。规模以上工业企业 R&D 经费支出为 41 503.9 万元、较上一年增幅 29.46%，排在全省二类县（市、区）第 7 位，排在宜春市第 4 位。万人有效发明专利拥有量增量为 1.0 件，排在全省二类县（市、区）第 10 位，排在宜春市第 3 位。高新技术产业增加值占规模以上工业增加值比重为 49.12%、较上一年增幅 5.63%，排在全省二类县（市、区）第 4 位，排在宜春市第 2 位。农业产业化省级以上龙头企业数为 12 家，排在全省二类县（市、区）第 7

位，排在宜春市第 5 位。万人社会消费品零售额为 25 198.33 万元，排在全省二类县（市、区）第 7 位，排在宜春市第 3 位（表3-59）。

表 3-59　奉新县（二类）科技创新能力评价指标得分与位次

指标名称	得分（分）	全省二类县（市、区）排名		本市排名	
	2021 年	2020 年	2021 年	2020 年	2021 年
科技创新能力	69.15	6	5	2	5
创新环境	3.09	3	30	2	8
创新基础	3.21	20	20	7	9
规模以上企业数（家）	3.47	14	11	7	7
规模以上工业企业建立研发机构的比例（%）	3.07	23	25	6	9
当年新增省级及以上研发平台/创新载体（个）	3.08	4	13	6	7
科技意识	2.92	1	31	1	5
人均科普经费投入（元）	2.86	29	30	5	5
每十万人科普专职人员（人）	2.98	—	24	—	6
创新投入	3.84	7	3	4	4
人力投入	4.30	1	2	2	3
规模以上工业企业中万人R&D人员全时当量（人·年）	4.85	1	2	1	2
规模以上工业企业R&D人员占从业人员比重（%）	3.74	10	9	6	5
财力投入	3.47	17	18	7	8
规模以上工业企业R&D经费支出	3.80	10	7	3	4
规模以上工业企业R&D经费支出占营业收入比重（%）	3.20	23	25	9	8
创新成效	3.44	17	11	7	7
技术创新	3.46	12	14	3	4
万人有效发明专利拥有量增量（件）	3.66	12	10	3	3
每万家企业法人高新技术企业数（家）	3.40	9	9	3	2
每万家企业法人科技型中小企业数（家）	3.28	12	17	7	8
产业化水平	3.42	19	14	7	6
规模以上工业企业新产品销售收入占营业收入比重（%）	3.27	25	19	9	9
高新技术产业增加值占规模以上工业增加值比重（%）	3.97	13	4	6	2
技术合同成交额	2.80	15	26	5	10

指标名称	得分（分）	全省二类县（市、区）排名		本市排名	
	2021年	2020年	2021年	2020年	2021年
农业产业化省级以上龙头企业数（家）	3.84	7	7	5	5
经济社会发展	4.27	2	2	1	2
经济增长	4.77	2	2	1	2
GDP较上一年增长率（%）	3.57	15	16	3	5
本级地方财政科技支出占公共财政支出比重（%）	5.97	2	2	1	1
社会生活	3.52	7	7	3	3
居民人均可支配收入（元）	3.59	8	8	4	4
万人社会消费品零售额（万元）	3.43	7	7	3	3

如表 3-59 所示，奉新县科技创新能力排在全省二类县（市、区）第 5 位，较上一年上升了 1 位，排在宜春市第 5 位，较上一年下降了 3 位。在一级指标中，经济社会发展排在全省二类县（市、区）第 2 位，与上一年位次相同，排在宜春市第 2 位，较上一年下降了 1 位；创新环境排在全省二类县（市、区）第 30 位，较上一年下降了 27 位，排在宜春市第 8 位，较上一年下降了 6 位；创新投入排在全省二类县（市、区）第 3 位，较上一年上升了 4 位，排在宜春市第 4 位，与上一年位次相同；创新成效排在全省二类县（市、区）第 11 位，较上一年上升了 6 位，排在宜春市第 7 位，与上一年位次相同。

综上所述，奉新县规模以上工业企业中万人 R&D 人员全时当量、高新技术产业增加值占规模以上工业增加值比重、规模以上工业企业 R&D 人员占从业人员比重、规模以上工业企业 R&D 经费支出等排名在全省二类县（市、区）相对靠前。但人均科普经费投入、每十万人科普专职人员、规模以上工业企业新产品销售收入占营业收入比重、技术合同成交额、规模以上工业企业建立研发机构的比例等排名仍然靠后。建议该县优化创新环境，夯实创新基础，鼓励有条件的企业加大创新投入、建立研发平台，加快科技成果转移转化。

六、高安市

高安市，位于江西省中部，宜春市代管县级市。2021 年，该市常住人口为 73.11 万人，地区 GDP 为 529.96 亿元。居民人均可支配收入为 29 866 元，排在全省一类县（市、区）第 29 位，排在宜春市第 5 位。GDP 较上一年增长 8.60%，排在全省一类县（市、区）第 27 位，排在宜春市第 8 位。规模以上企业数为 372 家，排在全省一类县（市、区）第 10 位，排在宜春市第 3 位。当年新增省级及以上研发平台 / 创新载体 5 个，排在全省一类县（市、区）第 15 位，排在宜春市第 2 位。每十万人科普专职人员为 8.07 人，排在全省一类县（市、区）第 23 位，排在宜春市第 8 位。规模以上工业企业 R&D 经费支出占营业收入比重为 1.38%、较上一年增幅 0.06%，排在全省一类县（市、区）第 5 位，排在宜春市第 3 位。规模以上工业企业 R&D 人员占从业人员比重为 7.19%，排在全省一类县（市、区）第 14 位，排在宜春市第 4 位。每万家企业法人科技型中小企业数为 82.22 家，排在全省一类县（市、区）第 19 位，排在宜春市第 6 位。技术合同成交额为 59 120 万元，与 GDP 之比为 1.12%，排在全省一类县（市、区）第 15 位，排在宜春市第 2 位。万人社会消费品零售额为 20 108.53 万元，排在全省一类县（市、区）第 29 位，排在宜春市第 6 位（表 3-60）。

表 3-60　高安市（一类）科技创新能力评价指标得分与位次

指标名称	得分（分）	全省一类县（市、区）排名		本市排名	
	2021 年	2020 年	2021 年	2020 年	2021 年
科技创新能力	71.89	17	14	4	3
创新环境	3.92	17	10	3	2
创新基础	4.45	6	7	1	2
规模以上企业数（家）	4.63	7	10	2	3
规模以上工业企业建立研发机构的比例（%）	4.54	4	2	2	2
当年新增省级及以上研发平台 / 创新载体（个）	4.16	12	15	3	2
科技意识	3.13	33	27	8	4
人均科普经费投入（元）	3.28	34	22	10	3

续表

指标名称	得分（分）	全省一类县（市、区）排名		本市排名	
	2021年	2020年	2021年	2020年	2021年
每十万人科普专职人员（人）	2.94	—	23	—	8
创新投入	3.80	14	13	5	6
人力投入	4.11	14	11	5	4
规模以上工业企业中万人R&D人员全时当量（人·年）	4.46	13	8	3	3
规模以上工业企业R&D人员占从业人员比重（%）	3.75	18	14	5	4
财力投入	3.55	15	16	6	7
规模以上工业企业R&D经费支出	3.39	22	22	7	7
规模以上工业企业R&D经费支出占营业收入比重（%）	3.68	4	5	3	3
创新成效	3.64	21	17	4	4
技术创新	3.43	25	21	6	5
万人有效发明专利拥有量增量（件）	3.69	33	15	10	2
每万家企业法人高新技术企业数（家）	3.25	22	22	6	6
每万家企业法人科技型中小企业数（家）	3.34	14	19	2	6
产业化水平	3.84	19	12	5	3
规模以上工业企业新产品销售收入占营业收入比重（%）	4.10	9	8	2	3
高新技术产业增加值占规模以上工业增加值比重（%）	3.30	24	18	10	6
技术合同成交额	3.75	17	15	3	2
农业产业化省级以上龙头企业数（家）	4.69	7	7	1	1
经济社会发展	3.50	16	27	5	6
经济增长	3.62	10	18	5	7
GDP较上一年增长率（%）	3.17	12	27	1	8
本级地方财政科技支出占公共财政支出比重（%）	4.07	8	8	5	5
社会生活	3.33	28	28	4	4
居民人均可支配收入（元）	3.50	29	29	5	5
万人社会消费品零售额（万元）	3.11	30	29	6	6

　　如表3-60所示，高安市科技创新能力排在全省一类县（市、区）第14位，较上一年上升了3位，排在宜春市第3位，较上一年上升了1位。在一

级指标中，经济社会发展排在全省一类县（市、区）第27位，较上一年下降了11位，排在宜春市第6位，较上一年下降了1位；创新环境排在全省一类县（市、区）第10位，较上一年上升了7位，排在宜春市第2位，较上一年上升了1位；创新投入排在全省一类县（市、区）第13位，较上一年上升了1位，排在宜春市第6位，较上一年下降了1位；创新成效排在全省一类县（市、区）第17位，较上一年上升了4位，排在宜春市第4位，与上一年位次相同。

综上所述，高安市规模以上工业企业建立研发机构的比例、规模以上工业企业R&D经费支出占营业收入比重、农业产业化省级以上龙头企业数等在全省一类县（市、区）排名靠前，但每万家企业法人高新技术企业数、每万家企业法人科技型中小企业数、规模以上工业企业R&D经费支出、居民人均可支配收入等排名相对靠后。建议该市积极培育高新技术和科技型中小企业，不断提升产业整体技术水平，助推经济高质量发展。

七、上高县

上高县，位于江西省西北部，宜春市下辖县。2021年，该县常住人口为34.54万人，地区GDP为259.74亿元。居民人均可支配收入为31 055元，排在全省二类县（市、区）第6位，排在宜春市第2位。GDP较上一年增长8.70%，排在全省二类县（市、区）第18位，排在宜春市第6位。规模以上企业数为238家，排在全省二类县（市、区）第5位，排在宜春市第5位。每十万人科普专职人员为13.32人，排在全省二类县（市、区）第16位，排在宜春市第3位。规模以上工业企业R&D经费支出为46 905.2万元、较上一年增幅27.85%，排在全省二类县（市、区）第12位，排在宜春市第5位。每万家企业法人科技型中小企业数为66.86家，排在全省二类县（市、区）第21位，排在宜春市第10位。技术合同成交额为21 166万元、与GDP之比为0.81%，排在全省二类县（市、区）第20位，排在宜春市第8位。农业产业化省级以上龙头企业数为10家，排在全省二类县（市、区）第9位，排在宜春市第6位。万人社会消费品零售额为16 997.41万元，排在全省二类县

（市、区）第 19 位，排在宜春市第 8 位（表 3-61）。

表 3-61　上高县（二类）科技创新能力评价指标得分与位次

指标名称	得分 （分）	全省二类县 （市、区）排名		本市排名	
	2021 年	2020 年	2021 年	2020 年	2021 年
科技创新能力	62.91	25	26	8	10
创新环境	3.11	23	29	7	7
创新基础	3.75	5	5	5	5
规模以上企业数（家）	3.70	4	5	5	5
规模以上工业企业建立研发机构的比例（%）	3.90	14	13	4	6
当年新增省级及以上研发平台 / 创新载体（个）	3.62	3	1	5	4
科技意识	2.16	31	33	7	10
人均科普经费投入（元）	1.33	29	33	5	10
每十万人科普专职人员（人）	3.16	—	16	—	3
创新投入	3.44	19	16	7	8
人力投入	3.26	18	18	8	8
规模以上工业企业中万人 R&D 人员全时当量（人·年）	3.95	8	8	7	5
规模以上工业企业 R&D 人员占从业人员比重（%）	2.57	29	29	9	10
财力投入	3.59	14	14	5	5
规模以上工业企业 R&D 经费支出	3.74	15	12	5	5
规模以上工业企业 R&D 经费支出占营业收入比重（%）	3.47	13	13	5	6
创新成效	3.20	24	26	9	9
技术创新	3.20	26	25	10	10
万人有效发明专利拥有量增量（件）	3.40	25	28	8	10
每万家企业法人高新技术企业数（家）	3.01	29	25	10	9
每万家企业法人科技型中小企业数（家）	3.19	19	21	9	10
产业化水平	3.19	22	24	9	9
规模以上工业企业新产品销售收入占营业收入比重（%）	3.50	16	15	7	8
高新技术产业增加值占规模以上工业增加值比重（%）	2.97	16	27	7	8
技术合同成交额	2.98	22	20	9	8
农业产业化省级以上龙头企业数（家）	3.55	9	9	6	6

指标名称	得分（分）	全省二类县（市、区）排名		本市排名	
	2021年	2020年	2021年	2020年	2021年
经济社会发展	3.24	28	20	9	8
经济增长	3.19	31	23	9	9
GDP 较上一年增长率（%）	3.31	32	18	9	6
本级地方财政科技支出占公共财政支出比重（%）	3.08	19	24	9	9
社会生活	3.32	12	12	5	5
居民人均可支配收入（元）	3.65	7	6	2	2
万人社会消费品零售额（万元）	2.92	20	19	8	8

如表 3-61 所示，上高县科技创新能力排在全省二类县（市、区）第 26 位，较上一年下降了 1 位，排在宜春市第 10 位，较上一年下降了 2 位。在一级指标中，经济社会发展排在全省二类县（市、区）第 20 位，较上一年上升了 8 位，排在宜春市第 8 位，较上一年上升了 1 位；创新环境排在全省二类县（市、区）第 29 位，较上一年下降了 6 位，排在宜春市第 7 位，与上一年位次相同；创新投入排在全省二类县（市、区）第 16 位，较上一年上升了 3 位，排在宜春市第 8 位，较上一年下降了 1 位；创新成效排在全省二类县（市、区）第 26 位，较上一年下降了 2 位，排在宜春市第 9 位，与上一年位次相同。

综上所述，上高县当年新增省级及以上研发平台/创新载体排名居全省二类县（市、区）首位，规模以上企业数、居民人均可支配收入、规模以上工业企业中万人 R&D 人员全时当量等排名靠前。但人均科普经费投入、万人有效发明专利拥有量增量、每万家企业法人高新技术企业数、规模以上工业企业 R&D 人员占从业人员比重等排名靠后。建议该县加大科普宣传力度，积极引进和培育科技创新人才，激励有条件的企业加大研发投入，提升技术创新水平，助推区域经济高质量发展。

八、宜丰县

宜丰县，位于江西省西部，宜春市下辖县。2021 年，该县常住人口为

24.94 万人，地区 GDP 为 176.19 亿元。居民人均可支配收入为 29 341 元，排在全省二类县（市、区）第 12 位，排在宜春市第 7 位。GDP 较上一年增长 8.60%，排在全省二类县（市、区）第 21 位，排在宜春市第 8 位。规模以上工业企业建立研发机构的比例为 43.98%，排在全省二类县（市、区）第 10 位，排在宜春市第 4 位。人均科普经费投入为 1.03 元，排在全省二类县（市、区）第 12 位，排在宜春市第 2 位。规模以上工业企业 R&D 人员占从业人员比重为 4.83%，排在全省二类县（市、区）第 23 位，排在宜春市第 8 位。规模以上工业企业 R&D 经费支出占营业收入比重为 0.87%、较上一年增长 0.32%，排在全省二类县（市、区）第 14 位，排在宜春市第 7 位。每万家企业法人科技型中小企业数为 101.14 家，排在全省二类县（市、区）第 6 位，排在宜春市第 4 位。技术合同成交额为 24 053.01 万元、与 GDP 之比为 1.37%，排在全省二类县（市、区）第 14 位，排在宜春市第 6 位。本级地方财政科技支出占公共财政支出比重为 4.45%，排在全省二类县（市、区）第 4 位，排在宜春市第 3 位（表 3-62）。

表 3-62　宜丰县（二类）科技创新能力评价指标得分与位次

指标名称	得分（分）2021 年	全省二类县（市、区）排名 2020 年	全省二类县（市、区）排名 2021 年	本市排名 2020 年	本市排名 2021 年
科技创新能力	67.77	29	7	9	7
创新环境	3.60	32	5	10	5
创新基础	3.66	28	8	9	7
规模以上企业数（家）	3.29	20	21	8	8
规模以上工业企业建立研发机构的比例（%）	4.05	27	10	8	4
当年新增省级及以上研发平台/创新载体（个）	3.62	15	1	7	4
科技意识	3.52	28	9	5	2
人均科普经费投入（元）	3.36	28	12	3	2
每十万人科普专职人员（人）	3.72	—	8	—	1
创新投入	3.82	27	4	5	5
人力投入	3.59	17	13	7	6

续表

指标名称	得分（分）	全省二类县（市、区）排名		本市排名	
	2021年	2020年	2021年	2020年	2021年
规模以上工业企业中万人R&D人员全时当量（人·年）	4.32	7	5	6	4
规模以上工业企业R&D人员占从业人员比重（%）	2.85	26	23	8	8
财力投入	4.01	32	3	10	2
规模以上工业企业R&D经费支出	4.65	32	1	9	1
规模以上工业企业R&D经费支出占营业收入比重（%）	3.47	31	14	10	7
创新成效	3.16	26	28	10	10
技术创新	3.38	14	15	5	7
万人有效发明专利拥有量增量（件）	3.47	27	24	9	9
每万家企业法人高新技术企业数（家）	3.16	14	18	5	7
每万家企业法人科技型中小企业数（家）	3.53	6	6	4	4
产业化水平	2.95	30	30	10	10
规模以上工业企业新产品销售收入占营业收入比重（%）	2.65	32	28	10	10
高新技术产业增加值占规模以上工业增加值比重（%）	2.90	25	29	9	9
技术合同成交额	3.32	16	14	6	6
农业产业化省级以上龙头企业数（家）	2.84	30	30	9	9
经济社会发展	3.60	6	8	3	5
经济增长	3.86	6	6	2	4
GDP较上一年增长率（%）	3.17	15	21	3	8
本级地方财政科技支出占公共财政支出比重（%）	4.54	4	4	2	3
社会生活	3.22	15	15	6	6
居民人均可支配收入（元）	3.43	12	12	7	7
万人社会消费品零售额（万元）	2.95	19	18	7	7

如表3-62所示，宜丰县科技创新能力排在全省二类县（市、区）第7位，较上一年上升了22位，排在宜春市第7位，较上一年上升了2位。在一级指标中，经济社会发展排在全省二类县（市、区）第8位，排在宜春市第5位，均较上一年下降了2位；创新环境排在全省第5位，较上一年上升了27位，

排在宜春市第 5 位，较上一年上升了 5 位；创新投入排在全省二类县（市、区）第 4 位，较上一年上升了 23 位，排在宜春市第 5 位，较上一年上升了 3 位；创新成效排在全省二类县（市、区）第 28 位，较上一年下降了 2 位，排在宜春市第 10 位，与上一年位次相同。

综上所述，宜丰县当年新增省级及以上研发平台 / 创新载体、规模以上工业企业 R&D 经费支出排名居全省二类县（市、区）首位，每万家企业法人科技型中小企业数、本级地方财政科技支出占公共财政支出比重、规模以上工业企业中万人 R&D 人员全时当量排名靠前。但农业产业化省级以上龙头企业数、规模以上工业企业新产品销售收入占营业收入比重、高新技术产业增加值占规模以上工业增加值比重排名靠后。建议该县加强产学研合作，加快科技成果转移转化，推动产业转型升级，促进经济高质量发展。

九、铜鼓县

铜鼓县，位于江西省西北部，宜春市下辖县。2021 年，该县常住人口为 11.47 万人，地区 GDP 为 64.51 亿元。居民人均可支配收入为 21 899 元，排在全省三类县（市、区）第 25 位，排在宜春市第 10 位。GDP 较上一年增长 8.40%，排在全省三类县（市、区）第 26 位，排在宜春市第 10 位。规模以上企业数为 67 家，排在全省三类县（市、区）第 28 位，排在宜春市第 10 位。当年新增省级及以上研发平台 / 创新载体 1 个，排在全省三类县（市、区）第 13 位，排在宜春市第 7 位。每十万人科普专职人员为 5.23 人，排在全省三类县（市、区）第 27 位，排在宜春市第 9 位。万人有效发明专利拥有量增量为 0.60 件，排在全省三类县（市、区）第 15 位，排在宜春市第 6 位。高新技术产业增加值占规模以上工业增加值比重为 43.59%、较上一年下降 0.16%，排在全省三类县（市、区）第 18 位，排在宜春市第 4 位。技术合同成交额为 14 240 万元、与 GDP 之比为 2.21%，排在全省三类县（市、区）第 13 位，排在宜春市第 4 位。万人社会消费品零售额为 21 907.75 万元，排在全省三类县（市、区）第 10 位，排在宜春市第 4 位（表 3-63）。

表 3-63　铜鼓县（三类）科技创新能力评价指标得分与位次

指标名称	得分（分）	全省三类县（市、区）排名		本市排名	
	2021 年	2020 年	2021 年	2020 年	2021 年
科技创新能力	68.75	7	9	3	6
创新环境	3.09	26	26	8	9
创新基础	3.50	8	8	6	8
规模以上企业数（家）	2.53	28	28	10	10
规模以上工业企业建立研发机构的比例（%）	4.85	5	4	1	1
当年新增省级及以上研发平台 / 创新载体（个）	3.08	13	13	7	7
科技意识	2.46	31	32	6	7
人均科普经费投入（元）	2.17	32	32	8	7
每十万人科普专职人员（人）	2.82	—	27	—	9
创新投入	3.95	2	5	1	2
人力投入	4.37	2	3	1	2
规模以上工业企业中万人 R&D 人员全时当量（人·年）	3.89	6	8	5	6
规模以上工业企业 R&D 人员占从业人员比重（%）	4.85	2	4	1	1
财力投入	3.61	4	11	1	4
规模以上工业企业 R&D 经费支出	3.29	13	16	6	8
规模以上工业企业 R&D 经费支出占营业收入比重（%）	3.87	4	7	1	2
创新成效	3.71	8	11	2	2
技术创新	3.30	19	22	7	9
万人有效发明专利拥有量增量（件）	3.55	25	15	6	6
每万家企业法人高新技术企业数（家）	3.11	21	23	7	8
每万家企业法人科技型中小企业数（家）	3.24	15	21	3	9
产业化水平	4.11	3	5	1	1
规模以上工业企业新产品销售收入占营业收入比重（%）	6.16	1	1	1	1
高新技术产业增加值占规模以上工业增加值比重（%）	3.53	14	18	3	4
技术合同成交额	3.60	5	13	2	4
农业产业化省级以上龙头企业数（家）	2.84	22	22	9	9
经济社会发展	2.78	32	31	10	10

续表

指标名称	得分（分）	全省三类县（市、区）排名		本市排名	
	2021 年	2020 年	2021 年	2020 年	2021 年
经济增长	2.74	32	31	10	10
GDP 较上一年增长率（%）	2.91	32	26	10	10
本级地方财政科技支出占公共财政支出比重（%）	2.58	27	29	10	10
社会生活	2.82	19	20	9	9
居民人均可支配收入（元）	2.50	23	25	10	10
万人社会消费品零售额（万元）	3.22	11	10	4	4

如表 3-63 所示，铜鼓县科技创新能力排在全省三类县（市、区）第 9 位，较上一年下降了 2 位，排在宜春市第 6 位，较上一年下降了 3 位。在一级指标中，经济社会发展排在全省三类县（市、区）第 31 位，较上一年下降了 1 位，排在宜春市第 10 位，与上一年位次相同；创新环境排在全省三类县（市、区）第 26 位，与上一年位次相同，排在宜春市第 9 位，较上一年下降了 1 位；创新投入排在全省三类县（市、区）第 5 位，较上一年下降了 3 位，排在宜春市第 2 位，较上一年下降了 1 位；创新成效排在全省三类县（市、区）第 11 位，较上一年下降了 3 位，排在宜春市第 2 位，与上一年位次相同。

综上所述，铜鼓县规模以上工业企业新产品销售收入占营业收入比重居全省三类县（市、区）首位，规模以上工业企业建立研发机构的比例、规模以上工业企业 R&D 人员占从业人员比重等排名靠前。但每万家企业法人高新技术企业数、规模以上企业数、人均科普经费投入、本级地方财政科技支出占公共财政支出比重等排名靠后。建议该县加强科普宣传力度，适当增加科普经费投入，提高民众及企业创新意识，同时加速培育高新技术企业和科技型中小企业，助推经济高质量发展。

十、万载县

万载县，位于江西省西北部，宜春市下辖县。2021 年，该县常住人口为 48.81 万人，地区 GDP 为 240.46 亿元。居民人均可支配收入为 22 624 元，排在全省二类县（市、区）第 26 位，排在宜春市第 9 位。GDP 较上一年增长 9.10%，排在全省二类县（市、区）第 11 位，排在宜春市第 3 位。规模以上工业企业建立研发机构的比例为 43.13%，排在全省二类县（市、区）第 12 位，排在宜春市第 5 位。每十万人科普专职人员为 14.14 人，排在全省二类县（市、区）第 15 位，排在宜春市第 2 位。规模以上工业企业中万人 R&D 人员全时当量为 21.78 人·年，排在全省二类县（市、区）第 15 位，排在宜春市第 8 位。规模以上工业企业 R&D 经费支出为 42 778.3 万元、较上一年增幅 79.26%，排在全省二类县（市、区）第 3 位，排在宜春市第 3 位。每万家企业法人科技型中小企业数为 110.35 家，排在全省二类县（市、区）第 3 位，排在宜春市第 2 位。技术合同成交额为 16 080 万元、与 GDP 之比为 0.67%，排在全省二类县（市、区）第 25 位，排在宜春市第 9 位。本级地方财政科技支出占公共财政支出比重为 2.76%，排在全省二类县（市、区）第 8 位，排在宜春市第 7 位（表 3-64）。

表 3-64 万载县（二类）科技创新能力评价指标得分与位次

指标名称	得分（分）	全省二类县（市、区）排名		本市排名	
	2021 年	2020 年	2021 年	2020 年	2021 年
科技创新能力	64.34	30	20	10	9
创新环境	3.14	21	24	6	6
创新基础	3.69	30	7	10	6
规模以上企业数（家）	3.67	6	7	6	6
规模以上工业企业建立研发机构的比例（%）	4.00	32	12	10	5
当年新增省级及以上研发平台/创新载体（个）	3.35	15	7	7	6
科技意识	2.32	9	32	2	8
人均科普经费投入（元）	1.61	25	32	2	8
每十万人科普专职人员（人）	3.20	—	15	—	2
创新投入	3.54	29	13	10	7
人力投入	3.12	30	21	10	10
规模以上工业企业中万人 R&D 人员全时当量（人·年）	3.45	21	15	10	8

续表

指标名称	得分（分）	全省二类县（市、区）排名		本市排名	
	2021 年	2020 年	2021 年	2020 年	2021 年
规模以上工业企业 R&D 人员占从业人员比重（%）	2.80	32	26	10	9
财力投入	3.88	25	5	8	3
规模以上工业企业 R&D 经费支出	4.22	27	3	8	3
规模以上工业企业 R&D 经费支出占营业收入比重（%）	3.60	21	9	8	4
创新成效	3.29	22	22	8	8
技术创新	3.37	25	18	9	8
万人有效发明专利拥有量增量（件）	3.53	19	20	5	7
每万家企业法人高新技术企业数（家）	2.99	27	27	9	10
每万家企业法人科技型中小企业数（家）	3.62	25	3	10	2
产业化水平	3.20	20	23	8	8
规模以上工业企业新产品销售收入占营业收入比重（%）	3.61	17	12	8	6
高新技术产业增加值占规模以上工业增加值比重（%）	3.15	17	22	8	7
技术合同成交额	2.82	13	25	4	9
农业产业化省级以上龙头企业数（家）	3.41	13	13	7	7
经济社会发展	3.28	26	17	8	7
经济增长	3.67	25	11	7	6
GDP 较上一年增长率（%）	3.84	29	11	7	3
本级地方财政科技支出占公共财政支出比重（%）	3.49	8	8	7	7
社会生活	2.70	25	26	10	10
居民人均可支配收入（元）	2.59	26	26	9	9
万人社会消费品零售额（万元）	2.84	22	23	9	9

如表 3-64 所示，万载县科技创新能力排在全省二类县（市、区）第 20 位，较上一年上升了 10 位，排在宜春市第 9 位，较上一年上升了 1 位。在一级指标中，经济社会发展排在全省二类县（市、区）第 17 位，较上一年上升了 9 位，排在宜春市第 7 位，较上一年上升了 1 位；创新环境排在全省二类县（市、区）第 24 位，较上一年下降了 3 位，排在宜春市第 6 位，与上一年

位次相同；创新投入排在全省二类县（市、区）第 13 位，较上一年上升了 16 位，排在宜春市第 7 位，较上一年上升了 3 位；创新成效排在全省二类县（市、区）第 22 位，排在宜春市第 8 位，均与上一年位次相同。

综上所述，万载县每万家企业法人科技型中小企业数、规模以上工业企业 R&D 经费支出、规模以上企业数、当年新增省级及以上研发平台 / 创新载体等排名靠前，但人均科普经费投入、规模以上工业企业 R&D 人员占从业人员比重、每万家企业法人高新技术企业数等排名相对靠后。建议该县优化创新环境，适当提高科普经费投入，加速培育高新技术企业，进一步提升产业整体技术水平，推动区域经济社会发展。

第九节　上　饶　市

一、信州区

信州区，位于江西省东北部、上饶市东南部，上饶市市辖区。2021 年，该区常住人口为 54.14 万人，地区 GDP 为 387.37 亿元。居民人均可支配收入为 38 473 元，排在全省一类县（市、区）第 15 位，排在上饶市第 1 位。GDP 较上一年增长 8.70%，排在全省一类县（市、区）第 21 位，排在上饶市第 10 位。规模以上企业数为 199 家，排在全省一类县（市、区）第 21 位，排在上饶市第 8 位。每十万人科普专职人员为 6.65 人，排在全省一类县（市、区）第 25 位，排在上饶市第 9 位。规模以上工业企业 R&D 人员占从业人员比重为 4.91%，排在全省一类县（市、区）第 28 位，排在上饶市第 7 位。规模以上工业企业 R&D 经费支出占营业收入比重为 0.43%、较上一年下降 0.37%，排在全省一类县（市、区）第 34 位，排在上饶市第 11 位。每万家企业法人科技型中小企业数为 59.51 家，排在全省一类县（市、区）第 24 位，排在上饶市第 6 位。高新技术产业增加值占规模以上工业增加值比重为 34.97%、较上一年增幅 14.34%，排在全省一类县（市、区）第 10 位，排在上饶市第 3 位。万人社会消费品零售额为 40 848.60 万元，排在全省一类县（市、区）第 12 位，排在上饶市第 1 位。技术合同成交额为 7272.45 万元、与 GDP 之比为 0.19%，排在全省一类县（市、区）第 35 位，排在上饶市第 10 位（表 3-65）。

表 3-65　信州区（一类）科技创新能力评价指标得分与位次

指标名称	得分（分）	全省一类县（市、区）排名		本市排名	
	2021 年	2020 年	2021 年	2020 年	2021 年
科技创新能力	57.11	35	34	10	12
创新环境	3.02	34	33	6	12
创新基础	3.17	26	30	7	9
规模以上企业数（家）	3.44	21	21	8	8
规模以上工业企业建立研发机构的比例（%）	2.99	20	20	8	10
当年新增省级及以上研发平台 / 创新载体（个）	3.08	18	29	1	4
科技意识	2.79	30	32	5	11
人均科普经费投入（元）	2.72	26	32	5	10
每十万人科普专职人员（人）	2.88	—	25	—	9
创新投入	2.70	28	33	9	11
人力投入	2.62	31	32	9	10
规模以上工业企业中万人 R&D 人员全时当量（人·年）	2.35	33	32	12	12
规模以上工业企业 R&D 人员占从业人员比重（%）	2.88	23	28	7	7
财力投入	2.77	22	33	8	11
规模以上工业企业 R&D 经费支出	2.63	24	31	8	11
规模以上工业企业 R&D 经费支出占营业收入比重（%）	2.87	18	34	4	11
创新成效	3.04	35	32	12	10
技术创新	3.24	28	29	5	8
万人有效发明专利拥有量增量（件）	3.80	5	13	1	1
每万家企业法人高新技术企业数（家）	2.79	34	34	12	12
每万家企业法人科技型中小企业数（家）	3.12	32	24	9	6
产业化水平	2.84	35	32	12	11
规模以上工业企业新产品销售收入占营业收入比重（%）	2.25	31	33	11	11
高新技术产业增加值占规模以上工业增加值比重（%）	3.87	27	10	10	3

续表

指标名称	得分（分）	全省一类县（市、区）排名		本市排名	
	2021年	2020年	2021年	2020年	2021年
技术合同成交额	2.42	30	35	10	10
农业产业化省级以上龙头企业数（家）	2.55	29	29	11	11
经济社会发展	3.57	19	25	3	3
经济增长	2.96	24	28	8	10
GDP较上一年增长率（%）	3.31	18	21	6	10
本级地方财政科技支出占公共财政支出比重（%）	2.61	31	30	8	9
社会生活	4.50	12	14	1	1
居民人均可支配收入（元）	4.58	15	15	1	1
万人社会消费品零售额（万元）	4.39	9	12	1	1

如表3-65所示，信州区科技创新能力排在全省一类县（市、区）第34位，较上一年上升了1位，排在上饶市第12位，较上一年下降了2位。在一级指标中，经济社会发展排在全省一类县（市、区）第25位，较上一年下降了6位，排在上饶市第3位，与上一年位次相同；创新环境排在全省一类县（市、区）第33位，较上一年上升了1位，排在上饶市第12位，较上一年下降了6位；创新投入排在全省一类县（市、区）第33位，较上一年下降了5位，排在上饶市第11位，较上一年下降了2位；创新成效排在全省一类县（市、区）第32位，较上一年上升了3位，排在上饶市第10位，较上一年上升了2位。

综上所述，信州区2021年度科技创新能力在全省一类县（市、区）排名落后。建议该区优化创新环境，夯实创新基础，提高企业创新意识，加速培育高新技术企业和科技型中小企业，强化科技成果转移转化，让科技创新更好服务于经济社会发展。

二、广丰区

广丰区，位于江西省东北部，上饶市市辖区。2021年，该区常住人口为 76.91 万人，地区 GDP 为 551.74 亿元。居民人均可支配收入为 34 299 元，排在全省一类县（市、区）第 20 位，排在上饶市第 2 位。GDP 较上一年增长 9.50%，排在全省一类县（市、区）第 5 位，排在上饶市第 1 位。规模以上企业数为 389 家，排在全省一类县（市、区）第 8 位，排在上饶市第 1 位。规模以上工业企业建立研发机构的比例为 51.41%，排在全省一类县（市、区）3 位，排在上饶市第 1 位。当年新增省级及以上研发平台/创新载体 4 个，其中国家级 1 个，省级 3 个，排在全省一类县（市、区）第 8 位，排在上饶市第 1 位。规模以上工业企业 R&D 经费支出占营业收入比重为 0.79%、较上一年增幅 0.15%，排在全省一类县（市、区）第 14 位，排在上饶市第 5 位。每万家企业法人高新技术企业数为 54.55 家，排在全省一类县（市、区）第 24 位，排在上饶市第 6 位。技术合同成交额为 42 029 万元、与 GDP 之比为 0.76%，排在全省一类县（市、区）第 20 位，排在上饶市第 2 位。本级地方财政科技支出占公共财政支出比重为 2.50%，排在全省一类县（市、区）第 19 位，排在上饶市第 4 位。农业产业化省级以上龙头企业数为 12 家，排在全省一类县（市、区）第 14 位，排在上饶市第 3 位（表 3-66）。

表 3-66　广丰区（一类）科技创新能力评价指标得分与位次

指标名称	得分（分）	全省一类县（市、区）排名		本市排名	
	2021 年	2020 年	2021 年	2020 年	2021 年
科技创新能力	69.22	31	20	4	2
创新环境	4.03	26	9	4	1
创新基础	4.57	15	6	1	1
规模以上企业数（家）	4.74	10	6	1	1
规模以上工业企业建立研发机构的比例（%）	4.51	6	3	1	1
当年新增省级及以上研发平台/创新载体（个）	4.43	33	8	6	1
科技意识	3.22	31	22	8	7
人均科普经费投入（元）	3.28	31	22	7	5
每十万人科普专职人员（人）	3.15	—	14	—	7
创新投入	3.61	21	14	4	3
人力投入	3.87	28	13	7	2

续表

指标名称	得分（分）	全省一类县（市、区）排名		本市排名	
	2021年	2020年	2021年	2020年	2021年
规模以上工业企业中万人R&D人员全时当量（人·年）	3.50	25	19	4	3
规模以上工业企业R&D人员占从业人员比重（%）	4.24	26	8	8	1
财力投入	3.40	7	18	3	6
规模以上工业企业R&D经费支出	3.48	7	20	3	7
规模以上工业企业R&D经费支出占营业收入比重（%）	3.35	22	14	6	5
创新成效	3.30	31	26	7	3
技术创新	3.26	27	28	4	6
万人有效发明专利拥有量增量（件）	3.42	29	27	4	6
每万家企业法人高新技术企业数（家）	3.23	21	24	5	6
每万家企业法人科技型中小企业数（家）	3.10	24	28	6	8
产业化水平	3.33	29	22	8	2
规模以上工业企业新产品销售收入占营业收入比重（%）	3.50	25	16	9	5
高新技术产业增加值占规模以上工业增加值比重（%）	2.99	21	23	7	9
技术合同成交额	3.29	32	20	12	2
农业产业化省级以上龙头企业数（家）	3.84	14	14	3	3
经济社会发展	3.76	27	16	4	1
经济增长	3.85	18	11	4	2
GDP较上一年增长率（%）	4.38	18	5	6	1
本级地方财政科技支出占公共财政支出比重（%）	3.33	15	19	3	4
社会生活	3.62	21	21	3	4
居民人均可支配收入（元）	4.06	20	20	2	2
万人社会消费品零售额（万元）	3.08	31	31	10	10

如表3-66所示，广丰区科技创新能力排在全省一类县（市、区）第20位，较上一年上升了11位，排在上饶市第2位，较上一年上升了2位。在一级指标中，经济社会发展排在全省一类县（市、区）第16位，较上一年上升了11位，排在上饶市第1位，较上一年上升了3位；创新环境排在全省一类

县（市、区）第 9 位，较上一年上升了 17 位，排在上饶市第 1 位，较上一年上升了 3 位；创新投入排在全省一类县（市、区）第 14 位，较上一年上升了 7 位，排在上饶市第 3 位，较上一年上升了 1 位；创新成效排在全省一类县（市、区）第 26 位，较上一年上升了 5 位，排在上饶市第 3 位，较上一年上升了 4 位。

综上所述，广丰区 2021 年度科技创新能力排名较上一年进步较大。建议该区继续夯实创新基础，加大财政科技支出，积极引进科技创新人才，鼓励企业自主研发、做大做强，进一步提升产业整体技术水平，推动经济高质量发展。

三、广信区

广信区，原上饶县，2019 年 7 月，撤销上饶县设立上饶市广信区，位于江西省东北部。2021 年，该区常住人口为 74.24 万人，地区 GDP 为 336.71 亿元。居民人均可支配收入为 23 787 元，排在全省一类县（市、区）第 35 位，排在上饶市第 8 位。GDP 较上一年增长 9.30%，排在全省一类县（市、区）第 8 位，排在上饶市第 3 位。当年新增省级及以上研发平台 / 创新载体 5 个，排在全省一类县（市、区）第 15 位，排在上饶市第 2 位。规模以上企业数为 360 家，排在全省一类县（市、区）第 11 位，排在上饶市第 3 位。规模以上工业企业中万人 R&D 人员全时当量为 30.70 人·年，排在全省一类县（市、区）第 13 位，排在上饶市第 1 位。规模以上工业企业 R&D 经费支出为 228 483.2 万元、较上一年增幅 15.17%，排在全省一类县（市、区）第 1 位，排在上饶市第 1 位。每万家企业法人科技型中小企业数为 80.64 家，排在全省一类县（市、区）第 20 位，排在上饶市第 2 位。高新技术产业增加值占规模以上工业增加值比重为 62.64%、较上一年增幅 0.61%，排在全省一类县（市、区）第 9 位，排在上饶市第 1 位。农业产业化省级以上龙头企业数为 27 家，排在全省一类县（市、区）第 4 位，排在上饶市第 1 位（表 3-67）。

表 3-67　广信区（一类）科技创新能力评价指标得分与位次

指标名称	得分（分）	全省一类县（市、区）排名		本市排名	
	2021 年	2020 年	2021 年	2020 年	2021 年
科技创新能力	77.48	5	6	1	1
创新环境	3.17	16	32	1	9
创新基础	3.89	20	13	2	2
规模以上企业数（家）	4.54	13	11	3	3
规模以上工业企业建立研发机构的比例（%）	3.00	17	19	6	9
当年新增省级及以上研发平台/创新载体（个）	4.16	18	15	1	2
科技意识	2.09	18	35	2	12
人均科普经费投入（元）	1.61	35	34	9	12
每十万人科普专职人员（人）	2.67	—	32	—	10
创新投入	4.51	3	5	1	1
人力投入	3.96	11	12	1	1
规模以上工业企业中万人R&D人员全时当量（人·年）	4.01	11	13	1	1
规模以上工业企业 R&D 人员占从业人员比重（%）	3.91	10	13	2	3
财力投入	4.96	1	2	1	1
规模以上工业企业 R&D 经费支出	6.61	1	1	1	1
规模以上工业企业R&D经费支出占营业收入比重（%）	3.61	1	7	1	1
创新成效	4.14	6	5	1	1
技术创新	3.67	11	11	2	2
万人有效发明专利拥有量增量（件）	3.41	31	29	9	7
每万家企业法人高新技术企业数（家）	4.21	4	7	1	2
每万家企业法人科技型中小企业数（家）	3.33	19	20	2	2
产业化水平	4.61	3	4	1	1
规模以上工业企业新产品销售收入占营业收入比重（%）	6.30	3	3	1	1
高新技术产业增加值占规模以上工业增加值比重（%）	4.20	6	9	3	1
技术合同成交额	2.92	25	30	4	4
农业产业化省级以上龙头企业数（家）	5.98	4	4	1	1
经济社会发展	3.68	17	22	2	2

续表

指标名称	得分（分）	全省一类县（市、区）排名		本市排名	
	2021年	2020年	2021年	2020年	2021年
经济增长	4.10	5	7	2	1
GDP较上一年增长率（%）	4.11	8	8	2	3
本级地方财政科技支出占公共财政支出比重（%）	4.08	5	7	2	2
社会生活	3.07	34	34	9	7
居民人均可支配收入（元）	2.73	35	35	8	8
万人社会消费品零售额（万元）	3.48	24	20	7	5

　　如表3-67所示，广信区科技创新能力排在全省一类县（市、区）第6位，较上一年下降了1位，排在上饶市第1位，与上一年位次相同。在一级指标中，经济社会发展排在全省一类县（市、区）第22位，较上一年下降了5位，排在上饶市第2位，与上一年位次相同；创新环境排在全省一类县（市、区）第32位，较上一年下降了16位，排在上饶市第9位，较上一年下降了8位；创新投入排在全省一类县（市、区）第5位，较上一年下降了2位，排在上饶市第1位，与上一年位次相同；创新成效排在全省一类县（市、区）第5位，较上一年上升了1位，排在上饶市第1位，与上一年位次相同。

　　综上所述，广信区规模以上工业企业R&D经费支出在全省一类县（市、区）排名第一，规模以上工业企业新产品销售收入占营业收入比重、农业产业化省级以上龙头企业数、本级地方财政科技支出占公共财政支出比重等排名靠前。但人均科普经费投入、每十万人科普专职人员、万人有效发明专利拥有量增量、技术合同成交额、居民人均可支配收入等排名落后。建议该区优化创新环境，适当增加科普宣传投入，提高民众及企业创新意识，加快科技成果转移转化，以科技创新引领经济社会发展。

四、玉山县

　　玉山县，位于江西省东北部，上饶市下辖县。2021年，该县常住人口为51.45万人，地区GDP为265.55亿元。居民人均可支配收入为29 818元，排在全省二类县（市、区）第10位，排在上饶市第4位。GDP较上一年增长9.40%，排在全省二类县（市、区）第4位，排在上饶市第2位。规模以上企业数为363家，排在全省二类县（市、区）第1位，排在上饶市第2位。每十万人科普专职人员为89.21，排在全省二类县（市、区）第1位，排在上饶市第1位。规模以上工业企业R&D经费支出为39 443万元、较上一年增幅64.67%，排在全省二类县（市、区）第6位，排在上饶市第4位。万人有效发明专利拥有量增量为0.09件，排在全省二类县（市、区）第29位，排在上饶市第8位。每万家企业法人科技型中小企业数为77.30家，排在全省二类县（市、区）第14位，排在上饶市第3位。高新技术产业增加值占规模以上工业增加值比重为36.78%、较上一年增幅2.44%，排在全省二类县（市、区）第15位，排在上饶市第6位。技术合同成交额为14 320万元、与GDP之比为0.54%，排在全省二类县（市、区）第29位，排在上饶市第7位。万人社会消费品零售额为31 572.55万元，排在全省二类县（市、区）第2位，排在上饶市第2位（表3-68）。

表3-68　玉山县（二类）科技创新能力评价指标得分与位次

指标名称	得分（分）	全省二类县（市、区）排名		本市排名	
	2021年	2020年	2021年	2020年	2021年
科技创新能力	66.36	26	12	7	4
创新环境	3.94	16	1	5	2
创新基础	3.65	4	9	3	3
规模以上企业数（家）	4.56	1	1	2	2
规模以上工业企业建立研发机构的比例（%）	3.23	21	22	7	7
当年新增省级及以上研发平台/创新载体（个）	3.08	4	13	3	4
科技意识	4.37	25	1	6	1
人均科普经费投入（元）	2.72	23	31	4	10
每十万人科普专职人员（人）	6.38	—	1	—	1
创新投入	3.34	30	20	11	6
人力投入	3.10	26	22	11	5

续表

指标名称	得分（分）	全省二类县（市、区）排名		本市排名	
	2021 年	2020 年	2021 年	2020 年	2021 年
规模以上工业企业中万人R&D人员全时当量（人·年）	3.08	20	21	6	5
规模以上工业企业R&D人员占从业人员比重（%）	3.12	28	18	12	6
财力投入	3.54	30	15	11	4
规模以上工业企业R&D经费支出	3.90	29	6	11	4
规模以上工业企业R&D经费支出占营业收入比重（%）	3.25	29	23	11	7
创新成效	3.27	20	24	4	5
技术创新	3.25	19	21	8	7
万人有效发明专利拥有量增量（件）	3.40	23	29	8	8
每万家企业法人高新技术企业数（家）	3.06	21	22	7	7
每万家企业法人科技型中小企业数（家）	3.29	10	14	3	3
产业化水平	3.30	15	16	2	3
规模以上工业企业新产品销售收入占营业收入比重（%）	3.60	22	13	7	4
高新技术产业增加值占规模以上工业增加值比重（%）	3.42	5	15	2	6
技术合同成交额	2.72	26	29	7	7
农业产业化省级以上龙头企业数（家）	3.70	8	8	4	4
经济社会发展	3.48	12	13	5	6
经济增长	3.37	17	18	5	7
GDP 较上一年增长率（%）	4.24	4	4	1	2
本级地方财政科技支出占公共财政支出比重（%）	2.49	31	32	10	11
社会生活	3.64	4	4	4	3
居民人均可支配收入（元）	3.49	10	10	4	4
万人社会消费品零售额（万元）	3.82	2	2	2	2

如表 3-68 所示，玉山县科技创新能力排在全省二类县（市、区）第 12 位，较上一年上升了 14 位，排在上饶市第 4 位，较上一年上升了 3 位。在一级指标中，经济社会发展排在全省二类县（市、区）第 13 位，排在上饶市第

6 位，均较上一年下降了 1 位；创新环境排在全省二类县（市、区）第 1 位，较上一年上升了 15 位，排在上饶市第 2 位，较上一年上升了 3 位；创新投入排在全省二类县（市、区）第 20 位，较上一年上升了 10 位，排在上饶市第 6 位，较上一年上升了 5 位；创新成效排在全省二类县（市、区）第 24 位，较上一年下降了 4 位，排在上饶市第 5 位，较上一年下降了 1 位。

综上所述，玉山县 2021 年度科技创新能力排名进步较大，其中，规模以上企业数、每十万人科普专职人员排名均居全省二类县（市、区）首位。但本级地方财政科技支出占公共财政支出比重、人均科普经费投入、万人有效发明专利拥有量增量、技术合同成交额等排名相对靠后。建议该县加大科普宣传力度，提高民众及企业创新意识，引导企业自主创新，积极引进和培育科技型人才，提升产业整体技术水平，助推经济高质量发展。

五、铅山县

铅山县，位于江西省东北部，上饶市下辖县。2021 年，该县常住人口为 38.25 万人，地区 GDP 为 182.64 亿元。居民人均可支配收入为 23 984 元，排在全省二类县（市、区）第 24 位，排在上饶市第 7 位。GDP 较上一年增长 8.60%，排在全省二类县（市、区）第 21 位，排在上饶市第 12 位。规模以上企业数为 152 家，排在全省二类县（市、区）第 25 位，排在上饶市第 10 位。规模以上工业企业建立研发机构的比例为 36.28%，排在全省二类县（市、区）第 15 位，排在上饶市第 3 位。规模以上工业企业中万人 R&D 人员全时当量为 10.72 人·年，排在全省二类县（市、区）第 24 位，排在上饶市第 8 位。规模以上工业企业 R&D 经费支出占营业收入比重为 0.96%、较上一年增幅 0.26%，排在全省二类县（市、区）第 12 位，排在上饶市第 2 位。规模以上工业企业 R&D 经费支出总量为 27 636.10 万元、较上一年增幅 89.78%，排在全省二类县（市、区）第 4 位，排在上饶市第 3 位。技术合同成交额为 5271 万元、与 GDP 之比为 0.29%，排在全省二类县（市、区）第 31 位，排在上饶市第 9 位。万人社会消费品零售额为 22 344.65 万元，排在全省二类县（市、区）第 11 位，排在上饶市第 7 位（表 3-69）。

表 3-69　铅山县（二类）科技创新能力评价指标得分与位次

指标名称	得分（分）	全省二类县（市、区）排名		本市排名	
	2021 年	2020 年	2021 年	2020 年	2021 年
科技创新能力	64.03	22	21	5	5
创新环境	3.17	22	22	7	8
创新基础	3.19	17	24	8	8
规模以上企业数（家）	3.11	24	25	10	10
规模以上工业企业建立研发机构的比例（%）	3.58	12	15	4	3
当年新增省级及以上研发平台／创新载体（个）	2.81	15	24	6	9
科技意识	3.16	26	24	7	8
人均科普经费投入（元）	2.89	25	29	6	9
每十万人科普专职人员（人）	3.48	—	9	—	4
创新投入	3.64	14	6	6	2
人力投入	3.45	14	16	4	4
规模以上工业企业中万人 R&D 人员全时当量（人·年）	2.76	23	24	9	8
规模以上工业企业 R&D 人员占从业人员比重（%）	4.14	1	3	1	2
财力投入	3.80	19	6	7	3
规模以上工业企业 R&D 经费支出	4.16	13	4	6	3
规模以上工业企业 R&D 经费支出占营业收入比重（%）	3.50	24	12	7	2
创新成效	3.06	25	31	5	9
技术创新	3.09	28	31	10	12
万人有效发明专利拥有量增量（件）	3.43	22	26	7	5
每万家企业法人高新技术企业数（家）	2.94	25	29	9	11
每万家企业法人科技型中小企业数（家）	2.89	30	31	11	12
产业化水平	3.02	18	28	4	8
规模以上工业企业新产品销售收入占营业收入比重（%）	3.64	5	10	2	3
高新技术产业增加值占规模以上工业增加值比重（%）	3.10	23	23	5	7
技术合同成交额	2.45	24	31	6	9
农业产业化省级以上龙头企业数（家）	2.98	27	27	9	9
经济社会发展	3.50	7	10	1	5

指标名称	得分（分）	全省二类县（市、区）排名		本市排名	
	2021 年	2020 年	2021 年	2020 年	2021 年
经济增长	3.84	4	7	1	3
GDP 较上一年增长率（%）	3.17	10	21	5	12
本级地方财政科技支出占公共财政支出比重（%）	4.51	5	5	1	1
社会生活	2.98	19	20	8	9
居民人均可支配收入（元）	2.76	23	24	7	7
万人社会消费品零售额（万元）	3.25	11	11	6	7

如表 3-69 所示，铅山县科技创新能力排在全省二类县（市、区）第 21 位，较上一年上升了 1 位，排在上饶市第 5 位，与上一年位次相同。在一级指标中，经济社会发展排在全省二类县（市、区）第 10 位，较上一年下降了 3 位，排在上饶市第 5 位，较上一年下降了 4 位；创新环境排在全省第 22 位，与上一年位次相同，排在上饶市第 8 位，较上一年下降了 1 位；创新投入排在全省二类县（市、区）第 6 位，较上一年上升了 8 位，排在上饶市第 2 位，较上一年上升了 4 位；创新成效排在全省二类县（市、区）第 31 位，较上一年下降了 6 位，排在上饶市第 9 位，较上一年下降了 4 位。

综上所述，铅山县规模以上工业企业 R&D 人员占从业人员比重、规模以上工业企业 R&D 经费支出、每十万人科普专职人员等在全省二类县（市、区）排名靠前，但每万家企业法人科技型中小企业数、技术合同成交额、人均科普经费投入、每万家企业法人高新技术企业数、农业产业化省级以上龙头企业数等排名相对靠后。建议该县进一步优化创新环境，适当增加科普宣传投入，提高民众及企业创新意识，同时加速培育高新技术企业和科技型中小企业，提升产业层次和技术水平，助推经济高质量发展。

六、横峰县

横峰县，位于江西省东北部，上饶市下辖县。2021 年，该县常住人口为 18.58 万人，地区 GDP 为 100.83 亿元。居民人均可支配收入为 22 088 元，排

在全省三类县（市、区）第 23 位，排在上饶市第 10 位。GDP 较上一年增长
8.80%，排在全省三类县（市、区）第 17 位，排在上饶市第 8 位。规模以上
企业数为 115 家，排在全省三类县（市、区）第 17 位，排在上饶市第 12 位。
当年新增省级及以上研发平台 / 创新载体 1 个，排在全省三类县（市、区）
第 13 位，排在上饶市第 4 位。每十万人科普专职人员为 18.30 人，排在全省
三类县（市、区）第 14 位，排在上饶市第 6 位。规模以上工业企业 R&D 人
员占从业人员比重为 4.18%，排在全省三类县（市、区）第 30 位，排在上
饶市第 10 位。每万家企业法人科技型中小企业数为 55.93 家，排在全省三类
县（市、区）第 26 位，排在上饶市第 10 位。万人有效发明专利拥有量增量
为 0.02 件，排在全省三类县（市、区）第 32 位，排在上饶市第 11 位。技术
合同成交额为 7160 万元、与 GDP 之比为 0.71%，排在全省三类县（市、区）
第 29 位，排在上饶市第 8 位。万人社会消费品零售额为 22 217.39 万元，排
在全省三类县（市、区）第 9 位，排在上饶市第 8 位（表 3-70）。

表 3-70　横峰县（三类）科技创新能力评价指标得分与位次

指标名称	得分（分）	全省三类县（市、区）排名		本市排名	
	2021 年	2020 年	2021 年	2020 年	2021 年
科技创新能力	58.16	25	29	8	10
创新环境	3.08	24	27	8	11
创新基础	2.92	27	25	11	12
规模以上企业数（家）	2.86	17	17	12	12
规模以上工业企业建立研发机构的比例（%）	2.84	23	27	10	11
当年新增省级及以上研发平台 / 创新载体（个）	3.08	13	13	6	4
科技意识	3.32	21	19	3	6
人均科普经费投入（元）	3.28	1	15	1	5
每十万人科普专职人员（人）	3.37	—	14	—	6
创新投入	2.95	16	28	7	9
人力投入	2.72	20	29	6	9
规模以上工业企业中万人 R&D 人员全时当量（人·年）	2.83	21	24	5	7
规模以上工业企业 R&D 人员占从业人员比重（%）	2.61	15	30	6	10

续表

指标名称	得分（分）	全省三类县（市、区）排名		本市排名	
	2021 年	2020 年	2021 年	2020 年	2021 年
财力投入	3.14	13	20	5	10
规模以上工业企业 R&D 经费支出	3.34	1	13	4	9
规模以上工业企业 R&D 经费支出占营业收入比重（%）	2.98	31	28	10	10
创新成效	3.02	27	30	6	11
技术创新	3.14	28	29	9	10
万人有效发明专利拥有量增量（件）	3.38	17	32	2	11
每万家企业法人高新技术企业数（家）	2.96	26	28	8	10
每万家企业法人科技型中小企业数（家）	3.09	27	26	7	10
产业化水平	2.90	21	31	5	10
规模以上工业企业新产品销售收入占营业收入比重（%）	2.07	31	32	12	12
高新技术产业增加值占规模以上工业增加值比重（%）	4.02	3	10	1	2
技术合同成交额	2.70	23	29	8	8
农业产业化省级以上龙头企业数（家）	2.41	31	31	12	12
经济社会发展	3.19	27	19	11	9
经济增长	3.41	28	15	11	5
GDP 较上一年增长率（%）	3.44	18	17	10	8
本级地方财政科技支出占公共财政支出比重（%）	3.38	30	12	11	3
社会生活	2.85	18	19	10	10
居民人均可支配收入（元）	2.52	21	23	10	10
万人社会消费品零售额（万元）	3.24	10	9	8	8

如表 3-70 所示，横峰县科技创新能力排在全省三类县（市、区）第 29 位，较上一年下降了 4 位，排在上饶市第 10 位，较上一年下降了 2 位。在一级指标中，经济社会发展排在全省三类县（市、区）第 19 位，较上一年上升了 8 位，排在上饶市第 9 位，较上一年上升了 2 位；创新环境排在全省三类县（市、区）第 27 位，排在上饶市第 11 位，均较上一年下降了 3 位；创新投入排在全省三类县（市、区）第 28 位，较上一年下降了 12 位，排在上饶

市第 9 位，较上一年下降了 2 位；创新成效排在全省三类县（市、区）第 30 位，较上一年下降了 3 位，排在上饶市第 11 位，较上一年下降了 5 位。

综上所述，横峰县 2021 年度科技创新能力较上一年略有下降，万人有效发明专利拥有量增量、规模以上工业企业新产品销售收入占营业收入比重、农业产业化省级以上龙头企业数、规模以上工业企业 R&D 人员占从业人员比重、技术合同成交额等在全省三类县（市、区）排名较后。建议该县夯实创新基础，加大科技创新投入，强化产学研合作，加快科技成果转移转化，不断提升产业层次和技术水平，助推区域经济高质量发展。

七、弋阳县

弋阳县，位于江西省东北部，上饶市下辖县。2021 年，该县常住人口为 33.58 万人，地区 GDP 为 141.48 亿元。居民人均可支配收入为 27 149 元，排在全省二类县（市、区）第 19 位，排在上饶市第 6 位。GDP 较上一年增长 9%，排在全省二类县（市、区）第 14 位，排在上饶市第 6 位。规模以上企业数为 182 家，排在全省二类县（市、区）第 19 位，排在上饶市第 9 位。人均科普经费投入为 1.0 元，排在全省二类县（市、区）第 15 位，排在上饶市第 5 位。规模以上工业企业中万人 R&D 人员全时当量为 13.31 人·年，排在全省二类县（市、区）第 23 位，排在上饶市第 6 位。规模以上工业企业 R&D 经费支出为 15 316.7 万元、较上一年增幅 156.36%，排在全省二类县（市、区）第 2 位，排在上饶市第 2 位。每万家企业法人科技型中小企业数为 69.12 家，排在全省二类县（市、区）第 20 位，排在上饶市第 5 位。高新技术产业增加值占规模以上工业增加值比重为 16.94%、较上一年增幅 4.43%，排在全省二类县（市、区）第 31 位，排在上饶市第 10 位。万人社会消费品零售额为 20 390.24 万元，排在全省二类县（市、区）第 16 位，排在上饶市第 9 位。农业产业化省级龙头企业数为 5 家，排在全省二类县（市、区）第 30 位，排在上饶市第 10 位（表 3-71）。

表 3-71　弋阳县（二类）科技创新能力评价指标得分与位次

指标名称	得分（分）	全省二类县（市、区）排名		本市排名	
	2021 年	2020 年	2021 年	2020 年	2021 年
科技创新能力	63.32	32	24	12	6
创新环境	3.12	33	28	12	10
创新基础	3.20	31	21	12	6
规模以上企业数（家）	3.32	18	19	9	9
规模以上工业企业建立研发机构的比例（%）	3.41	28	20	12	5
当年新增省级及以上研发平台 / 创新载体（个）	2.81	15	24	6	9
科技意识	2.99	33	30	12	10
人均科普经费投入（元）	3.28	32	15	11	5
每十万人科普专职人员（人）	2.63	—	32	—	11
创新投入	3.42	32	17	12	5
人力投入	2.80	27	26	12	7
规模以上工业企业中万人 R&D 人员全时当量（人·年）	2.92	22	23	8	6
规模以上工业企业 R&D 人员占从业人员比重（%）	2.67	25	28	11	9
财力投入	3.93	31	4	12	2
规模以上工业企业 R&D 经费支出	4.54	30	2	12	2
规模以上工业企业 R&D 经费支出占营业收入比重（%）	3.43	30	15	12	3
创新成效	3.27	27	23	8	4
技术创新	3.34	15	20	7	4
万人有效发明专利拥有量增量（件）	3.51	19	21	5	2
每万家企业法人高新技术企业数（家）	3.28	17	13	6	5
每万家企业法人科技型中小企业数（家）	3.21	13	20	5	5
产业化水平	3.21	29	22	10	5
规模以上工业企业新产品销售收入占营业收入比重（%）	3.90	21	5	6	2
高新技术产业增加值占规模以上工业增加值比重（%）	2.84	28	31	8	10
技术合同成交额	3.18	17	18	3	3
农业产业化省级以上龙头企业数（家）	2.84	30	30	10	10
经济社会发展	3.28	21	18	7	8

指标名称	得分（分）	全省二类县（市、区）排名		本市排名	
	2021 年	2020 年	2021 年	2020 年	2021 年
经济增长	3.36	24	19	7	8
GDP 较上一年增长率（%）	3.71	23	14	9	6
本级地方财政科技支出占公共财政支出比重（%）	3.02	25	26	5	6
社会生活	3.15	17	17	6	6
居民人均可支配收入（元）	3.16	19	19	6	6
万人社会消费品零售额（万元）	3.13	16	16	9	9

如表 3-71 所示，弋阳县科技创新能力排在全省二类县（市、区）第 24 位，较上一年上升了 8 位，排在上饶市第 6 位，较上一年上升了 6 位。在一级指标中，经济社会发展排在全省二类县（市、区）第 18 位，较上一年上升了 3 位，排在上饶市第 8 位，较上一年下降了 1 位；创新环境排在全省二类县（市、区）第 28 位，较上一年上升了 5 位，排在上饶市第 10 位，较上一年上升了 2 位；创新投入排在全省二类县（市、区）第 17 位，较上一年上升了 15 位，排在上饶市第 5 位，较上一年上升了 7 位；创新成效排在全省二类县（市、区）第 23 位，排在上饶市第 4 位，均较上一年上升了 4 位。

综上所述，弋阳县规模以上工业企业 R&D 经费支出、规模以上工业企业新产品销售收入占营业收入比重等排名较上一年大幅提升，但规模以上工业企业 R&D 人员占从业人员比重、高新技术产业增加值占规模以上工业增加值比重、本级地方财政科技支出占公共财政支出比重、每十万人科普专职人员等排名落后。建议该县进一步优化创新环境，加大创新投入力度，鼓励有条件的企业建立研发平台、自主创新，加快科技成果转移转化，提升产业层次和技术水平，以科技创新助推区域经济高质量发展。

八、余干县

余干县，位于江西省东北部，上饶市下辖县。2021 年，该县常住人口为 83.24 万人，地区 GDP 为 238.52 亿元。居民人均可支配收入为 21 214 元，排在全省二类县（市、区）第 29 位，排在上饶市第 11 位。GDP 较上一年增长 8.70%，排在全省二类县（市、区）第 18 位，排在上饶市第 10 位。规模以上工业企业建立研发机构的比例为 27.70%，排在全省二类县（市、区）第 26 位，排在上饶市第 8 位。人均科普经费投入为 1.30 元，排在全省二类县（市、区）第 2 位，排在上饶市第 1 位。规模以上工业企业 R&D 经费支出为 20 262.9 万元、较上一年增幅 64.18%，排在全省二类县（市、区）第 17 位，排在上饶市第 6 位。当年新增省级及以上研发平台 / 创新载体 1 个，排在全省二类县（市、区）第 13 位，排在上饶市第 4 位。每万家企业法人高新技术企业数为 36.20 家，排在全省二类县（市、区）第 24 位，排在上饶市第 8 位。技术合同成交额为 570 万元、与 GDP 之比为 0.02%，排在全省二类县（市、区）第 33 位，排在上饶市第 12 位。农业产业化省级以上龙头企业数为 8 家，排在全省二类县（市、区）第 20 位，排在上饶市第 8 位。万人社会消费品零售额为 12 574.04 万元，排在全省二类县（市、区）第 30 位，排在上饶市第 12 位（表 3-72）。

表 3-72　余干县（二类）科技创新能力评价指标得分与位次

指标名称	得分（分）	全省二类县（市、区）排名		本市排名	
	2021 年	2020 年	2021 年	2020 年	2021 年
科技创新能力	58.70	31	31	11	8
创新环境	3.39	30	15	11	5
创新基础	3.20	24	22	10	7
规模以上企业数（家）	3.44	11	13	7	7
规模以上工业企业建立研发机构的比例（%）	3.06	26	26	11	8
当年新增省级及以上研发平台 / 创新载体（个）	3.08	15	13	6	4
科技意识	3.68	29	7	9	4
人均科普经费投入（元）	4.11	33	2	12	1
每十万人科普专职人员（人）	3.15	—	19	—	8
创新投入	3.12	28	29	10	8
人力投入	2.75	24	27	10	8

续表

指标名称	得分（分）	全省二类县（市、区）排名		本市排名	
	2021年	2020年	2021年	2020年	2021年
规模以上工业企业中万人R&D人员全时当量（人·年）	2.38	30	31	11	11
规模以上工业企业R&D人员占从业人员比重（%）	3.13	19	17	10	5
财力投入	3.41	24	19	9	5
规模以上工业企业R&D经费支出	3.51	21	17	7	6
规模以上工业企业R&D经费支出占营业收入比重（%）	3.33	26	19	8	6
创新成效	2.88	32	32	11	12
技术创新	3.16	31	28	12	9
万人有效发明专利拥有量增量（件）	3.37	27	33	10	12
每万家企业法人高新技术企业数（家）	3.01	31	24	11	8
每万家企业法人科技型中小企业数（家）	3.09	33	24	12	9
产业化水平	2.60	28	33	9	12
规模以上工业企业新产品销售收入占营业收入比重（%）	3.01	11	23	3	7
高新技术产业增加值占规模以上工业增加值比重（%）	2.28	31	33	11	12
技术合同成交额	2.23	28	33	11	12
农业产业化省级以上龙头企业数（家）	3.27	20	20	8	8
经济社会发展	2.76	29	29	10	12
经济增长	2.93	27	27	9	11
GDP较上一年增长率（%）	3.31	15	18	6	10
本级地方财政科技支出占公共财政支出比重（%）	2.55	30	31	9	10
社会生活	2.52	31	32	12	12
居民人均可支配收入（元）	2.41	29	29	11	11
万人社会消费品零售额（万元）	2.65	30	30	12	12

如表3-72所示，余干县科技创新能力排在全省二类县（市、区）第31位，与上一年位次相同，排在上饶市第8位，较上一年上升了3位。在一级指标中，经济社会发展排在全省二类县（市、区）第29位，与上一年位次相同，排在上饶市第12位，较上一年下降了2位；创新环境排在全省二类

县（市、区）第 15 位，较上一年上升了 15 位，排在上饶市第 5 位，较上一年上升了 6 位；创新投入排在全省二类县（市、区）第 29 位，较上一年下降了 1 位，排在上饶市第 8 位，较上一年上升了 2 位；创新成效排在全省二类县（市、区）第 32 位，与上一年位次相同，排在上饶市第 12 位，较上一年下降了 1 位。

综上所述，余干县创新环境较上一年明显提升，人均科普经费投入在全省二类县（市、区）排名第二，但规模以上工业企业中万人 R&D 人员全时当量、万人有效发明专利拥有量增量、高新技术产业增加值占规模以上工业增加值比重、技术合同成交额等排名靠后。建议该县夯实创新基础，加大科技创新投入，提升产业层次和技术水平，提高科技竞争力。

九、鄱阳县

鄱阳县，位于江西省东北部，其为省试点直管县，由上饶市代管。2021年，该县常住人口为 117.47 万人，地区 GDP 为 293.14 亿元。居民人均可支配收入为 20 495 元，排在全省二类县（市、区）第 31 位，排在上饶市第 12 位。GDP 较上一年增长 9%，排在全省二类县（市、区）第 14 位，排在上饶市第 6 位。规模以上企业数为 218 家，排在全省二类县（市、区）第 8 位，排在上饶市第 6 位。人均科普经费投入为 1.10 元，排在全省二类县（市、区）第 4 位，排在上饶市第 3 位。规模以上工业企业中万人 R&D 全时当量为 4.62 人·年，排在全省二类县（市、区）第 30 位，排在上饶市第 10 位。万人有效发明专利拥有量增量为 0.08 件，排在全省二类县（市、区）第 31 位，排在上饶市第 9 位。每万家企业法人科技型中小企业为 38.95 家，排在全省二类县（市、区）第 29 位，排在上饶市第 11 位。技术合同成交额为 3760 万元、与 GDP 之比为 0.13%，排在全省二类县（市、区）第 32 位，排在上饶市第 11 位。农业产业化省级以上龙头企业数为 22 家，排在全省二类县（市、区）第 2 位，排在上饶市第 2 位。万人社会消费品零售额为 15 122.88 万元，排在全省二类县（市、区）第 25 位，排在上饶市第 11 位（表 3-73）。

表 3-73 鄱阳县（二类）科技创新能力评价指标得分与位次

指标名称	得分（分）	全省二类县（市、区）排名		本市排名	
	2021 年	2020 年	2021 年	2020 年	2021 年
科技创新能力	58.64	24	32	6	9
创新环境	3.24	26	19	9	7
创新基础	3.31	9	17	5	5
规模以上企业数（家）	3.57	8	8	6	6
规模以上工业企业建立研发机构的比例（%）	3.48	11	18	3	4
当年新增省级及以上研发平台/创新载体（个）	2.81	15	24	6	9
科技意识	3.14	32	25	10	9
人均科普经费投入（元）	3.56	31	4	10	3
每十万人科普专职人员（人）	2.62	—	33	—	12
创新投入	2.85	8	31	2	10
人力投入	2.35	22	30	8	12
规模以上工业企业中万人 R&D 人员全时当量（人·年）	2.38	28	30	10	10
规模以上工业企业 R&D 人员占从业人员比重（%）	2.32	17	31	9	12
财力投入	3.25	4	24	2	9
规模以上工业企业 R&D 经费支出	3.13	1	26	2	10
规模以上工业企业 R&D 经费支出占营业收入比重（%）	3.36	9	18	2	4
创新成效	3.18	29	27	10	7
技术创新	3.11	29	30	11	11
万人有效发明专利拥有量增量（件）	3.39	27	31	10	9
每万家企业法人高新技术企业数（家）	3.00	30	26	10	9
每万家企业法人科技型中小企业数（家）	2.92	28	29	10	11
产业化水平	3.25	26	20	7	4
规模以上工业企业新产品销售收入占营业收入比重（%）	2.38	26	31	8	10
高新技术产业增加值占规模以上工业增加值比重（%）	3.87	33	5	12	4
技术合同成交额	2.34	11	32	2	11
农业产业化省级以上龙头企业数（家）	5.26	2	2	2	2
经济社会发展	2.92	24	25	9	10

续表

指标名称	得分（分）	全省二类县（市、区）排名		本市排名	
	2021年	2020年	2021年	2020年	2021年
经济增长	3.18	20	24	6	9
GDP 较上一年增长率（%）	3.71	7	14	3	6
本级地方财政科技支出占公共财政支出比重（%）	2.64	29	30	7	8
社会生活	2.54	30	30	11	11
居民人均可支配收入（元）	2.32	31	31	12	12
万人社会消费品零售额（万元）	2.80	24	25	11	11

如表 3-73 所示，鄱阳县科技创新能力排在全省二类县（市、区）第 32 位，较上一年下降了 8 位，排在上饶市第 9 位，较上一年下降了 3 位。在一级指标中，经济社会发展排在全省二类县（市、区）第 25 位，排在上饶市第 10 位，均较上一年下降了 1 位；创新环境排在全省二类县（市、区）第 19 位，较上一年上升了 7 位，排在上饶市第 7 位，较上一年上升了 2 位；创新投入排在全省二类县（市、区）第 31 位，较上一年下降了 23 位，排在上饶市第 10 位，较上一年下降了 8 位；创新成效排在全省二类县（市、区）第 27 位，较上一年上升了 2 位，排在上饶市第 7 位，较上一年上升了 3 位。

综上所述，鄱阳县高新技术产业增加值占规模以上工业增加值比重、农业产业化省级以上龙头企业数、人均科普经费投入在全省二类县（市、区）排名靠前，但规模以上工业企业中万人 R&D 人员全时当量、规模以上工业企业 R&D 人员占从业人员比重、每万家企业法人科技型中小企业数、每十万人科普专职人员、本级地方财政科技支出占公共财政支出比重等排名靠后。建议该县加大创新投入，加速培育高新技术企业和科技型中小企业，提高成果转移转化效率，助推经济高质量发展。

十、万年县

万年县，位于江西省东北部，上饶市下辖县。2021 年，该县常住人口为 35.46 万人，地区 GDP 为 199.39 亿元。居民人均可支配收入为 28 153 元，排在全省二类县（市、区）第 15 位，排在上饶市第 5 位。GDP 较上一年增长9.10%，排在全省二类县（市、区）第 11 位，排在上饶市第 5 位。规模以上企业数为 250 家，排在全省二类县（市、区）第 4 位，排在上饶市第 4 位。当年新增省级及以上研发平台 / 创新载体 1 个，排在全省二类县（市、区）第 13 位，排在上饶市第 4 位。规模以上工业企业 R&D 人员占从业人员比重为 4.63%，排在全省二类县（市、区）第 27 位，排在上饶市第 8 位。规模以上工业企业 R&D 经费支出占营业收入比重为 0.62%、较上一年下降 0.07%，排在全省二类县（市、区）第 29 位，排在上饶市第 9 位。万人有效发明专利拥有量增量为 0.30 件，排在全省二类县（市、区）第 25 位，排在上饶市第 4 位。规模以上工业企业新产品销售收入占营业收入比重为 18.16%，排在全省二类县（市、区）第 18 位，排在上饶市第 6 位。每万家企业法人科技型中小企业数为 70.61 家，排在全省二类县（市、区）第 19 位，排在上饶市第 4 位。万人社会消费品零售额为 23 118.50 万元，排在全省二类县（市、区）第 10 位，排在上饶市第 6 位（表 3-74）。

表 3-74　万年县（二类）科技创新能力评价指标得分与位次

指标名称	得分（分）	全省二类县（市、区）排名		本市排名	
	2021 年	2020 年	2021 年	2020 年	2021 年
科技创新能力	63.13	8	25	2	7
创新环境	3.42	10	14	2	4
创新基础	3.13	19	26	9	11
规模以上企业数（家）	3.79	4	4	4	4
规模以上工业企业建立研发机构的比例（%）	2.51	24	30	9	12
当年新增省级及以上研发平台 / 创新载体（个）	3.08	15	13	6	4
科技意识	3.85	3	4	1	3
人均科普经费投入（元）	3.28	5	15	1	5
每十万人科普专职人员（人）	4.56	—	3	—	3
创新投入	3.19	9	28	3	7
人力投入	3.02	12	23	3	6

指标名称	得分（分）	全省二类县（市、区）排名		本市排名	
	2021年	2020年	2021年	2020年	2021年
规模以上工业企业中万人R&D人员全时当量（人·年）	3.27	9	18	3	4
规模以上工业企业R&D人员占从业人员比重（%）	2.78	12	27	4	8
财力投入	3.32	11	23	4	7
规模以上工业企业R&D经费支出	3.56	4	16	5	5
规模以上工业企业R&D经费支出占营业收入比重（%）	3.13	22	29	5	9
创新成效	3.26	14	25	3	6
技术创新	3.37	13	16	3	3
万人有效发明专利拥有量增量（件）	3.46	19	25	5	4
每万家企业法人高新技术企业数（家）	3.40	8	10	3	4
每万家企业法人科技型中小企业数（家）	3.23	11	19	3	4
产业化水平	3.15	17	26	3	6
规模以上工业企业新产品销售收入占营业收入比重（%）	3.32	13	18	4	6
高新技术产业增加值占规模以上工业增加值比重（%）	3.10	21	24	4	8
技术合同成交额	2.86	10	24	1	5
农业产业化省级以上龙头企业数（家）	3.55	9	9	5	5
经济社会发展	3.42	13	15	6	7
经济增长	3.51	11	16	3	4
GDP较上一年增长率（%）	3.84	7	11	3	5
本级地方财政科技支出占公共财政支出比重（%）	3.18	20	21	4	5
社会生活	3.29	13	13	5	5
居民人均可支配收入（元）	3.28	15	15	5	5
万人社会消费品零售额（万元）	3.30	10	10	5	6

如表3-74所示，万年县科技创新能力排在全省二类县（市、区）第25位，较上一年下降了17位，排在上饶市第7位，较上一年下降了5位。在一级指标中，经济社会发展排在全省二类县（市、区）第15位，较上一年下降了2位，排在上饶市第7位，较上一年下降了1位；创新环境排在全省二类

县（市、区）第 14 位，较上一年下降了 4 位，排在上饶市第 4 位，较上一年下降了 2 位；创新投入排在全省二类县（市、区）第 28 位，较上一年下降了 19 位，排在上饶市第 7 位，较上一年下降了 4 位；创新成效排在全省二类县（市、区）第 25 位，较上一年下降了 11 位，排在上饶市第 6 位，较上一年下降了 3 位。

综上所述，万年县规模以上企业数、每十万人科普专职人员等排名靠前，但规模以上工业企业建立研发机构的比例、规模以上工业企业 R&D 人员占从业人员比重、高新技术产业增加值占规模以上工业增加值比重、技术合同成交额等排名靠后。建议该县持续加大科技创新投入力度，优化创新环境，积极引进和培育科技创新型人才，鼓励有条件的企业建立研发平台、自主创新，提高产业层次和技术水平，以科技创新助推区域经济高质量发展。

十一、婺源县

婺源县，位于江西省东北部，上饶市下辖县。2021 年，该县常住人口为 31.23 万人，地区 GDP 为 154.81 亿元。居民人均可支配收入为 23 662 元，排在全省三类县（市、区）第 16 位，排在上饶市第 9 位。GDP 较上一年增长 8.80%，排在全省三类县（市、区）第 17 位，排在上饶市第 8 位。规模以上工业企业建立研发机构的比例为 37.78%，排在全省三类县（市、区）第 16 位，排在上饶市第 2 位。人均科普经费投入为 1.20 元，排在全省三类县（市、区）第 6 位，排在上饶市第 2 位。规模以上工业企业 R&D 经费支出为 6156.4 万元、较上一年下降 18.75%，排在全省三类县（市、区）第 30 位，排在上饶市第 12 位。每万家企业法人高新技术企业数为 72.58 家，排在全省三类县（市、区）第 14 位，排在上饶市第 3 位。高新技术产业增加值占规模以上工业增加值比重为 16.73%、较上一年下降 1.35%，排在全省三类县（市、区）第 30 位，排在上饶市第 11 位。农业产业化省级以上龙头企业数为 9 家，排在全省三类县（市、区）第 7 位，排在上饶市第 7 位。万人社会消费品零售额为 26 071.80 万元，排在全省三类县（市、区）第 8 位，排在上饶市第 4 位（表 3-75）。

表 3-75　婺源县（三类）科技创新能力评价指标得分与位次

指标名称	得分（分）	全省三类县（市、区）排名		本市排名	
	2021 年	2020 年	2021 年	2020 年	2021 年
科技创新能力	57.26	28	32	9	11
创新环境	3.35	30	18	10	6
创新基础	3.14	12	21	6	10
规模以上企业数（家）	2.88	16	16	11	11
规模以上工业企业建立研发机构的比例（%）	3.67	11	16	2	2
当年新增省级及以上研发平台/创新载体（个）	2.81	6	21	3	9
科技意识	3.66	32	10	11	5
人均科普经费投入（元）	3.84	31	6	7	2
每十万人科普专职人员（人）	3.45	—	13	—	5
创新投入	2.61	14	31	5	12
人力投入	2.57	16	31	5	11
规模以上工业企业中万人 R&D 人员全时当量（人·年）	2.54	26	31	7	9
规模以上工业企业 R&D 人员占从业人员比重（%）	2.59	8	31	3	11
财力投入	2.65	16	30	6	12
规模以上工业企业 R&D 经费支出	2.45	17	30	9	12
规模以上工业企业 R&D 经费支出占营业收入比重（%）	2.81	15	30	3	12
创新成效	3.16	30	26	9	8
技术创新	3.32	23	21	6	5
万人有效发明专利拥有量增量（件）	3.38	21	31	3	10
每万家企业法人高新技术企业数（家）	3.44	13	14	4	3
每万家企业法人科技型中小企业数（家）	3.11	29	24	8	7
产业化水平	3.00	30	26	11	9
规模以上工业企业新产品销售收入占营业收入比重（%）	2.60	28	28	10	9
高新技术产业增加值占规模以上工业增加值比重（%）	2.58	28	30	9	11
技术合同成交额	3.54	24	14	9	1
农业产业化省级以上龙头企业数（家）	3.41	7	7	7	7
经济社会发展	2.88	31	29	12	11

续表

指标名称	得分（分）	全省三类县（市、区）排名		本市排名	
	2021 年	2020 年	2021 年	2020 年	2021 年
经济增长	2.77	31	30	12	12
GDP 较上一年增长率（%）	3.44	24	17	11	8
本级地方财政科技支出占公共财政支出比重（%）	2.09	32	32	12	12
社会生活	3.06	12	12	7	8
居民人均可支配收入（元）	2.72	16	16	9	9
万人社会消费品零售额（万元）	3.48	8	8	4	4

如表 3-75 所示，婺源县科技创新能力排在全省三类县（市、区）第 32 位，较上一年下降了 4 位，排在上饶市第 11 位，较上一年下降了 2 位。在一级指标中，经济社会发展排在全省三类县（市、区）第 29 位，较上一年上升了 2 位，排在上饶市第 11 位，较上一年上升了 1 位；创新环境排在全省三类县（市、区）第 18 位，较上一年上升了 12 位，排在上饶市第 6 位，较上一年上升了 4 位；创新投入排在全省三类县（市、区）第 31 位，较上一年下降了 17 位，排在上饶市第 12 位，较上一年下降了 7 位；创新成效排在全省三类县（市、区）第 26 位，较上一年上升了 4 位，排在上饶市第 8 位，较上一年上升了 1 位。

综上所述，婺源县人均科普经费投入、农业产业化省级以上龙头企业数、万人社会消费品零售额在全省三类县（市、区）排名相对靠前，但本级地方财政科技支出占公共财政支出比重、规模以上工业企业中万人 R&D 人员全时当量、规模以上工业企业 R&D 人员占从业人员比重、规模以上工业企业 R&D 经费支出、规模以上工业企业 R&D 经费支出占营业收入比重等排名靠后。建议该县积极引进和培育人才，鼓励企业自主创新、加大研发投入，提高产业核心竞争力，助推经济高质量发展。

十二、德兴市

德兴市，位于江西省东北部，其为省直辖县级市，由上饶市代管。2021

年，该市常住人口为 29.13 万人，地区 GDP 为 191.32 亿元。居民人均可支配收入为 32 205 元，排在全省三类县（市、区）第 2 位，排在上饶市第 3 位。GDP 较上一年增长 9.20%，排在全省三类县（市、区）第 8 位，排在上饶市第 4 位。规模以上企业数为 237 家，排在全省三类县（市、区）第 2 位，排在上饶市第 5 位。当年新增省级及以上研发平台／创新载体 2 个，排在全省三类县（市、区）第 6 位，排在上饶市第 3 位。规模以上工业企业 R&D 人员占从业人员比重为 6.83%，排在全省三类县（市、区）第 10 位，排在上饶市第 4 位。每十万人科普专职人员为 54.93 人，排在全省三类县（市、区）第 4 位，排在上饶市第 2 位。每万家企业法人科技型中小企业数为 146.17 家，排在全省三类县（市、区）第 4 位，排在上饶市第 1 位。技术合同成交额为 12 960.52 万元、与 GDP 之比为 0.68%，排在全省三类县（市、区）第 25 位，排在上饶市第 6 位。农业产业化省级以上龙头企业数为 10 家，排在全省三类县（市、区）第 5 位，排在上饶市第 5 位。本级地方财政科技支出占公共财政支出比重为 1.61%，排在全省三类县（市、区）第 28 位，排在上饶市第 7 位（表 3-76）。

表 3-76　德兴市（三类）科技创新能力评价指标得分与位次

指标名称	得分（分）	全省三类县（市、区）排名		本市排名	
	2021 年	2020 年	2021 年	2020 年	2021 年
科技创新能力	68.28	16	12	3	3
创新环境	3.75	11	4	3	3
创新基础	3.46	7	11	4	4
规模以上企业数（家）	3.70	2	2	4	5
规模以上工业企业建立研发机构的比例（%）	3.32	19	22	5	6
当年新增省级及以上研发平台／创新载体（个）	3.35	6	6	3	3
科技意识	4.17	25	4	4	2
人均科普经费投入（元）	3.56	25	9	3	3
每十万人科普专职人员（人）	4.92	—	4	—	2
创新投入	3.48	20	13	8	4
人力投入	3.71	11	10	2	3

续表

指标名称	得分（分）	全省三类县（市、区）排名		本市排名	
	2021 年	2020 年	2021 年	2020 年	2021 年
规模以上工业企业中万人 R&D 人员全时当量（人·年）	3.81	9	9	2	2
规模以上工业企业 R&D 人员占从业人员比重（%）	3.62	12	10	5	4
财力投入	3.28	29	17	10	8
规模以上工业企业 R&D 经费支出	3.45	20	12	10	8
规模以上工业企业 R&D 经费支出占营业收入比重（%）	3.14	30	21	9	8
创新成效	3.53	9	18	2	2
技术创新	3.91	5	4	1	1
万人有效发明专利拥有量增量（件）	3.50	30	22	10	3
每万家企业法人高新技术企业数（家）	4.28	4	4	2	1
每万家企业法人科技型中小企业数（家）	3.97	3	4	1	1
产业化水平	3.14	22	24	6	7
规模以上工业企业新产品销售收入占营业收入比重（%）	2.81	21	25	5	8
高新技术产业增加值占规模以上工业增加值比重（%）	3.58	22	17	6	5
技术合同成交额	2.77	16	25	5	6
农业产业化省级以上龙头企业数（家）	3.55	5	5	5	5
经济社会发展	3.51	19	9	8	4
经济增长	3.38	27	18	10	6
GDP 较上一年增长率（%）	3.98	24	8	11	4
本级地方财政科技支出占公共财政支出比重（%）	2.78	28	28	6	7
社会生活	3.70	2	2	2	2
居民人均可支配收入（元）	3.79	1	1	2	2
万人社会消费品零售额（万元）	3.60	7	7	3	3

如表 3-76 所示，德兴市科技创新能力排在全省三类县（市、区）第 12 位，较上一年上升了 4 位，排在上饶市第 3 位，与上一年位次相同。在一级指标中，经济社会发展排在全省三类县（市、区）第 9 位，较上一年上升了 10 位，排在上饶市第 4 位，较上一年上升了 4 位；创新环境排在全省三类县（市、区）第 4 位，较上一年上升了 7 位，排在上饶市第 3 位，与上一年位次

相同；创新投入排在全省三类县（市、区）第 13 位，较上一年上升了 7 位，排在上饶市第 4 位，较上一年上升了 4 位；创新成效排在全省三类县（市、区）第 18 位，较上一年下降了 9 位，排在上饶市第 2 位，与上一年位次相同。

综上所述，德兴市规模以上企业数、居民人均可支配收入、每十万人科普专职人员、每万家企业法人高新技术企业数、每万家企业法人科技型中小企业数等指标在全省三类县（市、区）排名靠前，具有一定优势。但本级地方财政科技支出占公共财政支出比重、规模以上工业企业新产品销售收入占营业收入比重、技术合同成交额等排名相对靠后。建议该市鼓励有条件的企业建立研发机构、加大创新投入，提高产业核心竞争力，推动经济社会高质量发展。

第十节 吉 安 市

一、吉州区

吉州区，位于江西省中部，吉安市市辖区。2021 年，该区常住人口为 40.88 万人，地区 GDP 为 278.76 亿元。居民人均可支配收入为 41 145 元，排在全省一类县（市、区）第 11 位，排在吉安市第 1 位。GDP 较上一年增长 10.10%，排在全省一类县（市、区）第 2 位，排在吉安市第 2 位。规模以上企业数为 194 家，排在全省一类县（市、区）第 23 位，排在吉安市第 4 位。当年新增省级及以上研发平台/创新载体 6 个，排在全省一类县（市、区）第 8 位，排在吉安市第 2 位。规模以上工业企业 R&D 人员占从业人员比重为 5.14%，排在全省一类县（市、区）第 26 位，排在吉安市第 12 位。规模以上工业企业 R&D 经费支出为 23 228.2 万元、较上一年增幅 126.01%，排在全省一类县（市、区）第 9 位，排在吉安市第 2 位。万人有效发明专利拥有量增量为 1.96 件，排在全省一类县（市、区）第 8 位，排在吉安市第 3 位。技术合同成交额为 15 193.90 万元、与 GDP 之比为 0.55%，排在全省一类县（市、区）第 33 位，排在吉安市第 13 位。本级地方财政科技支出占公共财政支出比重为 3.15%，排在全省一类县（市、区）第 13 位，排在吉安市第 3 位。万人社会消费品零售额为 35 093.04 万元，排在全省一类县（市、区）第 14 位，排在吉安市第 1 位（表 3-77）。

表 3-77　吉州区（一类）科技创新能力评价指标得分与位次

指标名称	得分（分）	全省一类县（市、区）排名		本市排名	
	2021 年	2020 年	2021 年	2020 年	2021 年
科技创新能力	67.60	33	23	11	7
创新环境	3.60	22	19	5	4
创新基础	3.46	27	22	8	7
规模以上企业数（家）	3.40	23	23	4	4
规模以上工业企业建立研发机构的比例（%）	2.68	27	25	12	12
当年新增省级及以上研发平台/创新载体（个）	4.43	12	8	2	2
科技意识	3.81	7	11	2	3
人均科普经费投入（元）	3.70	6	13	1	2
每十万人科普专职人员（人）	3.95	—	7	—	4
创新投入	3.41	33	21	13	9
人力投入	3.05	30	26	10	12
规模以上工业企业中万人 R&D 人员全时当量（人·年）	3.12	27	24	11	11
规模以上工业企业 R&D 人员占从业人员比重（%）	2.97	28	26	10	12
财力投入	3.71	29	10	13	5
规模以上工业企业 R&D 经费支出	4.10	29	9	11	2
规模以上工业企业 R&D 经费支出占营业收入比重（%）	3.39	30	11	13	9
创新成效	3.29	29	27	10	11
技术创新	3.28	34	26	12	11
万人有效发明专利拥有量增量（件）	3.95	27	8	10	3
每万家企业法人高新技术企业数（家）	2.94	31	32	12	12
每万家企业法人科技型中小企业数（家）	2.90	30	33	11	13
产业化水平	3.31	20	24	7	6
规模以上工业企业新产品销售收入占营业收入比重（%）	2.68	23	28	12	13

续表

指标名称	得分（分）	全省一类县（市、区）排名		本市排名	
	2021年	2020年	2021年	2020年	2021年
高新技术产业增加值占规模以上工业增加值比重（%）	4.43	3	6	3	5
技术合同成交额	2.74	31	33	13	13
农业产业化省级以上龙头企业数（家）	3.27	19	19	5	5
经济社会发展	4.48	4	5	1	1
经济增长	4.45	3	3	2	2
GDP较上一年增长率（%）	5.18	2	2	1	2
本级地方财政科技支出占公共财政支出比重（%）	3.73	10	13	2	3
社会生活	4.52	13	13	1	1
居民人均可支配收入（元）	4.92	12	11	1	1
万人社会消费品零售额（万元）	4.04	11	14	1	1

如表3-77所示，吉州区科技创新能力排在全省一类县（市、区）第23位，较上一年上升10位，排在吉安市第7位，较上一年上升了4位。在一级指标中，经济社会发展排在全省一类县（市、区）第5位，较上一年下降了1位，排在吉安市第1位，与上一年位次相同；创新环境排在全省一类县（市、区）第19位，较上一年上升了3位，排在吉安市第4位，较上一年上升了1位；创新投入排在全省一类县（市、区）第21位，较上一年上升了12位，排在吉安市第9位，较上一年上升了4位；创新成效排在全省一类县（市、区）第27位，较上一年上升了2位，排在吉安市第11位，较上一年下降了1位。

综上所述，吉州区GDP较上一年增长率、高新技术产业增加值占规模以上工业增加值比重、每十万人科普专职人员指标排名靠前，但每万家企业法人科技型中小企业数、技术合同成交额、每万家企业法人高新技术企业数、规模以上工业企业新产品销售收入占营业收入比重等排名靠后。建议该区优化科技创新环境，加快培育高新技术企业和科技型中小企业，鼓励企业加大研发投入，提高产业层次和技术水平，促进区域经济社会发展。

二、青原区

青原区，位于江西省中部，吉安市市辖区。2021 年，该区常住人口为 24.51 万人，地区 GDP 为 147.72 亿元。居民人均可支配收入为 30 124 元，排在全省三类县（市、区）第 6 位，排在吉安市第 3 位。GDP 较上一年增长 9.10%，排在全省三类县（市、区）第 11 位，排在吉安市第 12 位。规模以上企业数为 127 家，排在全省三类县（市、区）第 12 位，排在吉安市第 11 位。每十万人科普专职人员为 0.82 人，排在全省三类县（市、区）第 31 位，排在吉安市第 13 位。规模以上工业企业 R&D 人员占从业人员比重为 5.23%，排在全省三类县（市、区）第 23 位，排在吉安市第 11 位。规模以上工业企业 R&D 经费支出为 18 626.2 万元、较上一年增幅 95.26%，排在全省三类县（市、区）第 4 位，排在吉安市第 4 位。规模以上工业企业新产品销售收入占营业收入比重为 25.54%，排在全省三类县（市、区）第 12 位，排在吉安市第 6 位。万人有效发明专利拥有量增量为 1.32 件，排在全省三类县（市、区）第 5 位，排在吉安市第 6 位。万人社会消费品零售额为 21 779.77 万元，排在全省三类县（市、区）第 11 位，排在吉安市第 8 位（表 3-78）。

表 3-78　青原区（三类）科技创新能力评价指标得分与位次

指标名称	得分（分）	全省三类县（市、区）排名		本市排名	
	2021 年	2020 年	2021 年	2020 年	2021 年
科技创新能力	65.85	26	17	12	10
创新环境	3.20	4	23	4	11
创新基础	3.35	10	17	5	8
规模以上企业数（家）	2.94	10	12	11	11
规模以上工业企业建立研发机构的比例（%）	3.99	12	14	4	6
当年新增省级及以上研发平台 / 创新载体（个）	3.08	6	13	3	8
科技意识	2.99	3	30	3	13
人均科普经费投入（元）	3.28	1	15	1	6
每十万人科普专职人员（人）	2.63	—	31	—	13
创新投入	3.66	26	9	11	6

续表

指标名称	得分（分）	全省三类县（市、区）排名		本市排名	
	2021年	2020年	2021年	2020年	2021年
人力投入	3.52	25	15	9	8
规模以上工业企业中万人R&D人员全时当量（人·年）	4.03	13	7	6	5
规模以上工业企业R&D人员占从业人员比重（%）	3.01	31	23	13	11
财力投入	3.77	28	6	11	4
规模以上工业企业R&D经费支出	4.06	23	4	10	4
规模以上工业企业R&D经费支出占营业收入比重（%）	3.54	28	8	11	4
创新成效	3.29	26	24	12	12
技术创新	3.28	26	23	9	10
万人有效发明专利拥有量增量（件）	3.76	9	5	5	6
每万家企业法人高新技术企业数（家）	3.05	27	25	10	10
每万家企业法人科技型中小企业数（家）	3.00	24	29	8	10
产业化水平	3.29	24	22	12	9
规模以上工业企业新产品销售收入占营业收入比重（%）	3.86	19	12	9	6
高新技术产业增加值占规模以上工业增加值比重（%）	3.08	25	25	11	9
技术合同成交额	3.17	11	18	4	1
农业产业化省级以上龙头企业数（家）	2.98	15	15	8	9
经济社会发展	3.53	26	8	13	7
经济增长	3.62	30	10	13	11
GDP较上一年增长率（%）	3.84	31	11	13	12
本级地方财政科技支出占公共财政支出比重（%）	3.39	17	11	9	6
社会生活	3.39	5	5	4	4
居民人均可支配收入（元）	3.53	6	6	3	3
万人社会消费品零售额（万元）	3.22	9	11	7	8

如表3-78所示，青原区科技创新能力排在全省三类县（市、区）第17位，较上一年上升了9位，排在吉安市第10位，较上一年上升了2位。在一级指标中，经济社会发展排在全省三类县（市、区）第8位，较上一年上升了18位，排在吉安市第7位，较上一年上升了6位；创新环境排在全省三类

县（市、区）第 23 位，较上一年下降了 19 位，排在吉安市第 11 位，较上一年下降了 7 位；创新投入排在全省三类县（市、区）第 9 位，较上一年上升了 17 位，排在吉安市第 6 位，较上一年上升了 5 位；创新成效排在全省三类县（市、区）第 24 位，较上一年上升了 2 位，排在吉安市第 12 位，与上一年位次相同。

综上所述，青原区规模以上工业企业 R&D 经费支出、万人有效发明专利拥有量增量、居民人均可支配收入等指标在全省三类县（市、区）排名靠前，但每十万人科普专职人员、每万家企业法人科技型中小企业数等排名靠后。建议该区进一步优化创新环境，积极引进和培养科技人才，加速培育高新技术企业和科技型中小企业，不断提升产业层次和技术水平，助推区域经济高质量发展。

三、井冈山市

井冈山市，位于江西省西南部，其为省直管县级市，由吉安市代管。2021 年，该市常住人口为 15.59 万人，地区 GDP 为 88.46 亿元。居民人均可支配收入为 32 231 元，排在全省三类县（市、区）第 1 位，排在吉安市第 2 位。GDP 较上一年增长 10%，排在全省三类县（市、区）第 2 位，排在吉安市第 3 位。当年新增省级及以上研发平台 / 创新载体 4 个，排在全省三类县（市、区）第 1 位，排在吉安市第 3 位。规模以上工业企业 R&D 人员占从业人员比重为 9.63%，排在全省三类县（市、区）第 5 位，排在吉安市第 2 位。每十万人科普专职人员为 46.18 人，排在全省三类县（市、区）第 6 位，排在吉安市第 2 位。规模以上工业企业 R&D 经费支出占营业收入比重为 2.04%、较上一年增幅 0.47%，排在全省三类县（市、区）第 2 位，排在吉安市第 1 位。每万家企业法人科技型中小企业数为 39.08 家，排在全省三类县（市、区）第 32 位，排在吉安市第 12 位。技术合同成交额为 11 010 万元、与 GDP 之比为 1.24%，排在全省三类县（市、区）第 21 位，排在吉安市第 3 位。本级地方财政科技支出占公共财政支出比重为 2.48%，排在全省三类县（市、区）第 15 位，排在吉安市第 10 位。万人社会消费品零售额为 32 649.72 万元，排在全省三类县（市、区）第 1 位，排在吉安市第 2 位（表 3-79）。

表 3-79 井冈山市（三类）科技创新能力评价指标得分与位次

指标名称	得分（分）	全省三类县（市、区）排名		本市排名	
	2021 年	2020 年	2021 年	2020 年	2021 年
科技创新能力	70.41	20	5	8	3
创新环境	4.02	2	2	3	1
创新基础	4.04	2	1	3	2
规模以上企业数（家）	2.48	31	29	13	13
规模以上工业企业建立研发机构的比例（%）	5.72	1	2	1	1
当年新增省级及以上研发平台 / 创新载体（个）	3.89	6	1	3	3
科技意识	3.99	6	5	5	1
人均科普经费投入（元）	3.53	1	11	1	3
每十万人科普专职人员（人）	4.55	—	6	—	2
创新投入	4.00	18	4	4	3
人力投入	4.12	15	6	5	4
规模以上工业企业中万人 R&D 人员全时当量（人·年）	3.54	14	12	8	7
规模以上工业企业 R&D 人员占从业人员比重（%）	4.69	13	5	4	2
财力投入	3.91	19	5	5	3
规模以上工业企业 R&D 经费支出	3.45	31	11	13	11
规模以上工业企业 R&D 经费支出占营业收入比重（%）	4.29	12	2	2	1
创新成效	3.01	32	31	13	13
技术创新	3.08	32	32	13	13
万人有效发明专利拥有量增量（件）	3.51	14	21	9	13
每万家企业法人高新技术企业数（家）	2.78	31	32	13	13
每万家企业法人科技型中小企业数（家）	2.92	32	32	13	12
产业化水平	2.94	26	30	13	13
规模以上工业企业新产品销售收入占营业收入比重（%）	2.97	32	24	13	12
高新技术产业增加值占规模以上工业增加值比重（%）	2.78	19	28	9	13
技术合同成交额	3.04	9	21	2	3
农业产业化省级以上龙头企业数（家）	2.98	15	15	9	9

续表

指标名称	得分（分）	全省三类县（市、区）排名		本市排名	
	2021 年	2020 年	2021 年	2020 年	2021 年
经济社会发展	4.04	6	3	4	3
经济增长	4.18	14	5	10	5
GDP 较上一年增长率（％）	5.04	13	2	10	3
本级地方财政科技支出占公共财政支出比重（％）	3.32	13	15	6	10
社会生活	3.84	1	1	2	2
居民人均可支配收入（元）	3.80	3	1	2	2
万人社会消费品零售额（万元）	3.89	1	1	2	2

如表 3-79 所示，井冈山市科技创新能力排在全省三类县（市、区）第 5 位，较上一年上升了 15 位，排在吉安市第 3 位，较上一年上升了 5 位。在一级指标中，经济社会发展排在全省三类县（市、区）第 3 位，较上一年上升了 3 位，排在吉安市第 3 位，较上一年上升了 1 位；创新环境排在全省三类县（市、区）第 2 位，与上一年位次相同，排在吉安市第 1 位，较上一年上升了 2 位；创新投入排在全省三类县（市、区）第 4 位，较上一年上升了 14 位，排在吉安市第 3 位，较上一年上升了 1 位；创新成效排在全省三类县（市、区）第 31 位，较上一年上升了 1 位，排在吉安市第 13 位，与上一年位次相同。

综上所述，井冈山市当年新增省级及以上研发平台／创新载体、居民人均可支配收入、万人社会消费品零售额排名居全省三类县（市、区）首位，在创新环境、经济社会发展方面具有较大优势，但创新成效方面排名较弱。建议该市继续夯实创新基础，鼓励企业做大做强，加速培育高新技术企业和科技型中小企业，进一步提升产业层次和技术水平，提高科技竞争力。

四、吉安县

吉安县，位于江西省中部，吉安市下辖县。2021 年，该县常住人口为 47.13 万人，地区 GDP 为 243.38 亿元。居民人均可支配收入为 26 608 元，排在全省一类县（市、区）第 32 位，排在吉安市第 8 位。GDP 较上一年增长 9.30%，排在全省一类县（市、区）第 8 位，排在吉安市第 9 位。规模以上企业数为 337 家，排在全省一类县（市、区）第 14 位，排在吉安市第 1 位。当年新增省级及以上研发平台/创新载体共 5 个，其中国家级 1 个、省级 4 个，排在全省一类县（市、区）第 5 位，排在吉安市第 1 位。规模以上工业企业中万人 R&D 人员全时当量为 108.77 人·年，排在全省一类县（市、区）第 1 位，排在吉安市第 1 位。规模以上工业企业 R&D 经费支出占营业收入比重为 0.77%、较上一年下降 0.09%，排在全省一类县（市、区）第 16 位，排在吉安市第 12 位。万人有效发明专利拥有量增量为 2.37 件，排在全省一类县（市、区）第 6 位，排在吉安市第 2 位。每万家企业法人科技型中小企业数为 168.18 家，排在全省一类县（市、区）第 5 位，排在吉安市第 1 位。农业产业化省级以上龙头企业数为 9 家，排在全省一类县（市、区）第 17 位，排在吉安市第 2 位。本级地方财政科技支出占公共财政支出比重为 2.59%，排在全省一类县（市、区）第 17 位，排在吉安市第 7 位。万人社会消费品零售额为 21 858.64 万元，排在全省一类县（市、区）第 27 位，排在吉安市第 7 位（表 3-80）。

表 3-80　吉安县（一类）科技创新能力评价指标得分与位次

指标名称	得分（分）	全省一类县（市、区）排名		本市排名	
	2021 年	2020 年	2021 年	2020 年	2021 年
科技创新能力	83.93	4	4	1	1
创新环境	3.80	8	16	2	2
创新基础	4.29	7	9	1	1
规模以上企业数（家）	4.39	11	14	1	1
规模以上工业企业建立研发机构的比例（%）	3.84	9	8	3	7
当年新增省级及以上研发平台/创新载体（个）	4.70	10	5	1	1
科技意识	3.07	19	29	11	10
人均科普经费投入（元）	3.28	6	22	1	6
每十万人科普专职人员（人）	2.81	—	28	—	10

续表

指标名称	得分（分）	全省一类县（市、区）排名		本市排名	
	2021年	2020年	2021年	2020年	2021年
创新投入	5.20	1	2	1	1
人力投入	6.41	2	1	1	1
规模以上工业企业中万人R&D人员全时当量（人·年）	8.88	1	1	1	1
规模以上工业企业R&D人员占从业人员比重（%）	3.94	12	12	2	5
财力投入	4.21	3	6	1	1
规模以上工业企业R&D经费支出	5.41	3	3	1	1
规模以上工业企业R&D经费支出占营业收入比重（%）	3.22	16	16	4	12
创新成效	4.10	8	7	1	1
技术创新	4.33	10	4	1	1
万人有效发明专利拥有量增量（件）	4.07	17	6	2	2
每万家企业法人高新技术企业数（家）	4.70	5	4	1	1
每万家企业法人科技型中小企业数（家）	4.19	15	5	4	1
产业化水平	3.87	5	11	1	2
规模以上工业企业新产品销售收入占营业收入比重（%）	3.87	5	10	1	5
高新技术产业增加值占规模以上工业增加值比重（%）	4.88	2	1	2	2
技术合同成交额	3.09	19	26	1	2
农业产业化省级以上龙头企业数（家）	3.41	17	17	2	2
经济社会发展	3.51	29	26	6	8
经济增长	3.75	14	15	6	8
GDP较上一年增长率（%）	4.11	9	8	4	9
本级地方财政科技支出占公共财政支出比重（%）	3.39	19	17	7	7
社会生活	3.15	32	32	9	9
居民人均可支配收入（元）	3.09	32	32	8	8
万人社会消费品零售额（万元）	3.22	25	27	8	7

如表3-80所示，吉安县科技创新能力排在全省一类县（市、区）第4位，排在吉安市第1位，均与上一年位次相同。在一级指标中，经济社会发展排在全省一类县（市、区）第26位，较上一年上升了3位，排在吉安市第8位，

较上一年下降了 2 位；创新环境排在全省一类县（市、区）第 16 位，较上一年下降了 8 位，排在吉安市第 2 位，与上一年位次相同；创新投入排在全省一类县（市、区）第 2 位，较上一年下降了 1 位，排在吉安市第 1 位，与上一年位次相同；创新成效排在全省一类县（市、区）第 7 位，较上一年上升了 1 位，排在吉安市第 1 位，与上一年位次相同。

综上所述，吉安县科技创新能力在全省一类县（市、区）排名较为稳定，其中高新技术产业增加值占规模以上工业增加值比重、规模以上工业企业中万人 R&D 人员全时当量、规模以上工业企业 R&D 经费支出等多项指标排名靠前，具有一定优势。建议该县加大科普宣传力度，提高企业及民众创新意识，强化产学研合作，加快科技成果转移转化，促进经济社会发展，提高人民生活水平。

五、新干县

新干县，位于江西省中部、吉安市北部，吉安市下辖县。2021 年，该县常住人口为 28.11 万人，地区 GDP 为 204.05 亿元。居民人均可支配收入为 28 150 元，排在全省二类县（市、区）第 16 位，排在吉安市第 6 位。GDP 较上一年增长 9.70%，排在全省二类县（市、区）第 2 位，排在吉安市第 6 位。规模以上工业企业建立研发机构的比例为 46.52%，排在全省二类县（市、区）第 7 位，排在吉安市第 5 位。规模以上工业企业 R&D 人员占从业人员比重为 7.89%，排在全省二类县（市、区）第 5 位，排在吉安市第 4 位。规模以上工业企业 R&D 经费支出为 28 400 万元、较上一年增幅 35.66%，排在全省二类县（市、区）第 15 位，排在吉安市第 10 位。万人有效发明专利拥有量增量为 0.91 件，排在全省二类县（市、区）第 14 位，排在吉安市第 10 位。每万家企业法人科技型中小企业数为 114.29 家，排在全省二类县（市、区）第 2 位，排在吉安市第 2 位。技术合同成交额为 13 853.69 万元、与 GDP 之比为 0.68%，排在全省二类县（市、区）第 27 位，排在吉安市第 9 位。农业产业化省级以上龙头企业数为 16 家，排在全省二类县（市、区）第 4 位，排在吉安市第 1 位。万人社会消费品零售额为 28 420.70 万元，排在全省二类县（市、区）第 5 位，排在吉安市第 4 位（表 3-81）。

表 3-81 新干县（二类）科技创新能力评价指标得分与位次

指标名称	得分（分）	全省二类县（市、区）排名		本市排名	
	2021 年	2020 年	2021 年	2020 年	2021 年
科技创新能力	69.48	18	4	5	4
创新环境	3.59	14	7	6	5
创新基础	3.87	12	3	4	4
规模以上企业数（家）	3.99	2	2	2	2
规模以上工业企业建立研发机构的比例（%）	4.21	20	7	9	5
当年新增省级及以上研发平台/创新载体（个）	3.35	15	7	8	5
科技意识	3.16	17	23	11	9
人均科普经费投入（元）	3.28	5	15	1	6
每十万人科普专职人员（人）	3.02	—	23	—	7
创新投入	3.76	22	5	7	4
人力投入	4.22	16	3	7	3
规模以上工业企业中万人 R&D 人员全时当量（人·年）	4.43	13	4	4	3
规模以上工业企业 R&D 人员占从业人员比重（%）	4.02	21	3	8	4
财力投入	3.38	23	20	9	11
规模以上工业企业 R&D 经费支出	3.57	22	15	7	10
规模以上工业企业 R&D 经费支出占营业收入比重（%）	3.23	25	24	10	11
创新成效	3.43	11	13	6	6
技术创新	3.58	8	5	3	4
万人有效发明专利拥有量增量（件）	3.64	11	14	8	10
每万家企业法人高新技术企业数（家）	3.45	12	7	4	3
每万家企业法人科技型中小企业数（家）	3.66	2	2	2	2
产业化水平	3.28	21	19	10	10
规模以上工业企业新产品销售收入占营业收入比重（%）	3.57	24	14	11	10
高新技术产业增加值占规模以上工业增加值比重（%）	2.97	18	28	10	11
技术合同成交额	2.79	20	27	10	9
农业产业化省级以上龙头企业数（家）	4.41	4	4	1	1

指标名称	得分（分）	全省二类县（市、区）排名		本市排名	
	2021年	2020年	2021年	2020年	2021年
经济社会发展	3.79	14	4	7	5
经济增长	4.02	14	5	7	6
GDP 较上一年增长率（%）	4.64	10	2	6	6
本级地方财政科技支出占公共财政支出比重（%）	3.39	21	12	10	5
社会生活	3.44	9	9	3	3
居民人均可支配收入（元）	3.28	16	16	6	6
万人社会消费品零售额（万元）	3.63	5	5	4	4

如表 3-81 所示，新干县科技创新能力排在全省二类县（市、区）第 4 位，较上一年上升了 14 位，排在吉安市第 4 位，较上一年上升了 1 位。在一级指标中，经济社会发展排在全省二类县（市、区）第 4 位，较上一年上升了 10 位，排在吉安市第 5 位，较上一年上升了 2 位；创新环境排在全省第 7 位，较上一年上升了 7 位，排在吉安市第 5 位，较上一年上升了 1 位；创新投入排在全省二类县（市、区）第 5 位，较上一年上升了 17 位，排在吉安市第 4 位，较上一年上升了 3 位；创新成效排在全省二类县（市、区）第 13 位，较上一年上升了 2 位，排在吉安市第 6 位，与上一年位次相同。

综上所述，新干县 2021 年度科技创新能力排名进位显著，其中规模以上企业数、每万家企业法人科技型中小企业数、GDP 较上一年增长率在全省二类县（市、区）排名前二。但高新技术产业增加值占规模以上工业增加值比重、技术合同成交额排名相对靠后。建议该县引导企业提升高新技术产业化水平，加强产学研合作，提高成果转移转化效率，促进科技与经济社会融合发展。

六、永丰县

永丰县，位于江西省中部、吉安市东北部，吉安市下辖县。2021 年，该县常住人口为 38.41 万人，地区 GDP 为 211.28 亿元。居民人均可支配收入为

28 586 元，排在全省二类县（市、区）第 13 位，排在吉安市第 4 位。GDP 较上一年增长 4%，排在全省二类县（市、区）第 33 位，排在吉安市第 13 位。规模以上工业企业建立研发机构的比例为 26.28%，排在全省二类县（市、区）第 27 位，排在吉安市第 11 位。每十万人科普专职人员为 49.20 人，排在全省二类县（市、区）第 2 位，排在吉安市第 1 位。规模以上工业企业中万人 R&D 人员全时当量为 15.28 人·年，排在全省二类县（市、区）第 22 位，排在吉安市第 12 位。规模以上工业企业 R&D 经费支出为 21 800 万元、较上一年增幅 10.01%，排在全省二类县（市、区）第 27 位，排在吉安市第 13 位。每万家企业法人科技型中小企业数为 87.46 家，排在全省二类县（市、区）第 10 位，排在吉安市第 5 位。技术合同成交额为 13 900 万元、与 GDP 之比为 0.66%，排在全省二类县（市、区）第 28 位，排在吉安市第 10 位。万人有效发明专利拥有量增量为 1.82 件，排在全省二类县（市、区）第 5 位，排在吉安市第 4 位。万人社会消费品零售额为 21 423.37 万元，排在全省二类县（市、区）第 13 位，排在吉安市第 9 位（表 3-82）。

表 3-82　永丰县（二类）科技创新能力评价指标得分与位次

指标名称	得分（分）	全省二类县（市、区）排名		本市排名	
	2021 年	2020 年	2021 年	2020 年	2021 年
科技创新能力	60.54	13	28	4	13
创新环境	3.47	15	11	8	8
创新基础	3.17	18	25	7	11
规模以上企业数（家）	3.46	12	12	3	3
规模以上工业企业建立研发机构的比例（%）	2.97	19	27	8	11
当年新增省级及以上研发平台/创新载体（个）	3.08	4	13	3	8
科技意识	3.91	10	3	6	2
人均科普经费投入（元）	3.28	5	15	1	6
每十万人科普专职人员（人）	4.68	—	2	—	1
创新投入	3.23	23	26	8	13
人力投入	3.19	19	19	8	10
规模以上工业企业中万人 R&D 人员全时当量（人·年）	3.04	18	22	9	12

续表

指标名称	得分（分）	全省二类县（市、区）排名		本市排名	
	2021年	2020年	2021年	2020年	2021年
规模以上工业企业 R&D 人员占从业人员比重（%）	3.34	16	16	6	8
财力投入	3.25	21	25	6	12
规模以上工业企业 R&D 经费支出	3.10	23	27	8	13
规模以上工业企业 R&D 经费支出占营业收入比重（%）	3.37	17	17	5	10
创新成效	3.41	8	14	4	8
技术创新	3.52	11	10	5	5
万人有效发明专利拥有量增量（件）	3.91	14	5	10	4
每万家企业法人高新技术企业数（家）	3.25	11	14	3	6
每万家企业法人科技型中小企业数（家）	3.39	8	10	5	5
产业化水平	3.29	9	18	3	8
规模以上工业企业新产品销售收入占营业收入比重（%）	3.77	6	7	6	7
高新技术产业增加值占规模以上工业增加值比重（%）	3.34	7	18	5	7
技术合同成交额	2.78	23	28	11	10
农业产业化省级以上龙头企业数（家）	3.41	13	13	2	2
经济社会发展	1.33	11	33	5	13
经济增长	0.03	10	33	5	13
GDP 较上一年增长率（%）	-2.97	3	33	2	13
本级地方财政科技支出占公共财政支出比重（%）	3.03	27	25	13	12
社会生活	3.27	14	14	7	7
居民人均可支配收入（元）	3.34	14	13	5	4
万人社会消费品零售额（万元）	3.19	13	13	9	9

如表 3-82 所示，永丰县科技创新能力排在全省二类县（市、区）第 28 位，较上一年下降了 15 位，排在吉安市第 13 位，较上一年下降了 9 位。在一级指标中，经济社会发展排在全省二类县（市、区）第 33 位，较上一年下降了 22 位，排在吉安市第 13 位，较上一年下降了 8 位；创新环境排在全省第 11 位，较上一年上升了 4 位，排在吉安市第 8 位，与上一年位次相同；创

新投入排在全省二类县（市、区）第 26 位，较上一年下降了 3 位，排在吉安市第 13 位，较上一年下降了 5 位；创新成效排在全省二类县（市、区）第 14 位，较上一年下降了 6 位，排在吉安市第 8 位，较上一年下降了 4 位。

综上所述，永丰县每十万人科普专职人员、万人有效发明专利拥有量增量在全省二类县（市、区）排名前五，但规模以上工业企业建立研发机构的比例、技术合同成交额、规模以上工业企业 R&D 经费支出、本级地方财政科技支出占公共财政支出比重等指标排名靠后。建议该县夯实创新基础，鼓励有条件的企业建立研发机构、加大创新投入力度，强化产学研合作，提升高新技术产业化水平，助推经济高质量发展。

七、峡江县

峡江县，位于江西省中部、吉安市北部，吉安市下辖县。2021 年，该县常住人口为 14.63 万人，地区 GDP 为 92.68 亿元。居民人均可支配收入为 23 881 元，排在全省二类县（市、区）第 25 位，排在吉安市第 10 位。GDP 较上一年增长 9.40%，排在全省二类县（市、区）第 4 位，排在吉安市第 8 位。规模以上企业数为 186 家，排在全省二类县（市、区）第 15 位，排在吉安市第 5 位。规模以上工业企业建立研发机构的比例为 29.32%，排在全省二类县（市、区）第 23 位，排在吉安市第 10 位。人均科普经费投入为 1.05 元，排在全省二类县（市、区）第 9 位，排在吉安市第 4 位。规模以上工业企业中万人 R&D 人员全时当量为 28.24 人·年，排在全省二类县（市、区）第 9 位，排在吉安市第 6 位。规模以上工业企业 R&D 经费支出为 10 722.7 万元、较上一年增幅 25.71%，排在全省二类县（市、区）第 21 位，排在吉安市第 12 位。每万家企业法人科技型中小企业数为 78.89 家，排在全省二类县（市、区）第 12 位，排在吉安市第 6 位。高新技术产业增加值占规模以上工业增加值比重为 23.15%、较上一年增幅 4.62%，排在全省二类县（市、区）第 25 位，排在吉安市第 10 位。技术合同成交额为 10 020 万元、与 GDP 之比为 1.08%，排在全省二类县（市、区）第 22 位，排在吉安市第 6 位（表 3-83）。

表 3-83　峡江县（二类）科技创新能力评价指标得分与位次

指标名称	得分（分）	全省二类县（市、区）排名		本市排名	
	2021 年	2020 年	2021 年	2020 年	2021 年
科技创新能力	64.60	20	18	6	11
创新环境	3.14	18	25	9	12
创新基础	3.12	22	27	10	12
规模以上企业数（家）	3.35	25	15	9	5
规模以上工业企业建立研发机构的比例（%）	3.15	16	23	6	10
当年新增省级及以上研发平台/创新载体（个）	2.81	15	24	8	13
科技意识	3.18	10	22	6	8
人均科普经费投入（元）	3.42	5	9	1	4
每十万人科普专职人员（人）	2.89	—	26	—	9
创新投入	3.41	21	18	6	10
人力投入	3.70	13	9	3	6
规模以上工业企业中万人R&D人员全时当量（人·年）	3.85	14	9	5	6
规模以上工业企业R&D人员占从业人员比重（%）	3.54	9	13	3	6
财力投入	3.18	26	27	10	13
规模以上工业企业R&D经费支出	3.33	20	21	5	12
规模以上工业企业R&D经费支出占营业收入比重（%）	3.05	28	30	12	13
创新成效	3.40	18	15	8	9
技术创新	3.60	17	4	7	2
万人有效发明专利拥有量增量（件）	4.30	17	1	13	1
每万家企业法人高新技术企业数（家）	3.16	19	17	9	9
每万家企业法人科技型中小企业数（家）	3.31	16	12	7	6
产业化水平	3.19	14	25	8	12
规模以上工业企业新产品销售收入占营业收入比重（%）	3.95	1	4	2	3
高新技术产业增加值占规模以上工业增加值比重（%）	3.06	26	25	12	10
技术合同成交额	2.94	12	22	3	6
农业产业化省级以上龙头企业数（家）	2.70	33	33	12	12
经济社会发展	3.48	17	12	10	11

续表

指标名称	得分（分）	全省二类县（市、区）排名		本市排名	
	2021 年	2020 年	2021 年	2020 年	2021 年
经济增长	3.79	16	8	8	7
GDP 较上一年增长率（%）	4.24	14	4	7	8
本级地方财政科技支出占公共财政支出比重（%）	3.33	14	15	8	9
社会生活	3.02	20	19	10	10
居民人均可支配收入（元）	2.75	25	25	10	10
万人社会消费品零售额（万元）	3.35	9	9	6	6

如表 3-83 所示，峡江县科技创新能力排在全省二类县（市、区）第 18 位，较上一年上升了 2 位，排在吉安市第 11 位，较上一年下降了 5 位。在一级指标中，经济社会发展排在全省二类县（市、区）第 12 位，较上一年上升了 5 位，排在吉安市第 11 位，较上一年下降了 1 位；创新环境排在全省二类县（市、区）第 25 位，较上一年下降了 7 位，排在吉安市第 12 位，较上一年下降了 3 位；创新投入排在全省二类县（市、区）第 18 位，较上一年上升了 3 位，排在吉安市第 10 位，较上一年下降了 4 位；创新成效排在全省二类县（市、区）第 15 位，较上一年上升了 3 位，排在吉安市第 9 位，较上一年下降了 1 位。

综上所述，峡江县万人有效发明专利拥有量增量排名居全省二类县（市、区）首位，规模以上工业企业新产品销售收入占营业收入比重、GDP 较上一年增长率排名前五。但当年新增省级及以上研发平台／创新载体、农业产业化省级以上龙头企业数、规模以上工业企业 R&D 经费支出占营业收入比重等指标排名靠后。建议该县进一步优化创新环境，加强研发平台建设，鼓励企业加大科研投入，提升高新技术产品附加值，促进产业转型升级和经济可持续发展。

八、吉水县

吉水县，位于江西省中部，吉安市下辖县。2021 年，该县常住人口为

41.29 万人，地区 GDP 为 210.38 亿元。居民人均可支配收入为 28 503 元，排在全省二类县（市、区）第 14 位，排在吉安市第 5 位。GDP 较上一年增长 9.20%，排在全省二类县（市、区）第 8 位，排在吉安市第 10 位。规模以上工业企业建立研发机构的比例为 33.10%，排在全省二类县（市、区）第 21 位，排在吉安市第 8 位。每十万人科普专职人员为 41.90 人，排在全省二类县（市、区）第 4 位，排在吉安市第 3 位。规模以上工业企业 R&D 人员占从业人员比重为 5.69%，排在全省二类县（市、区）第 15 位，排在吉安市第 7 位。规模以上工业企业 R&D 经费支出为 32 500 万元、较上一年增幅 45.92%，排在全省二类县（市、区）第 11 位，排在吉安市第 7 位。万人有效发明专利拥有量增量为 0.67 件，排在全省二类县（市、区）第 19 位，排在吉安市第 11 位。规模以上工业企业新产品销售收入占营业收入比重为 22.12%，排在全省二类县（市、区）第 11 位，排在吉安市第 9 位。农业产业化省级以上龙头企业数为 6 家，排在全省二类县（市、区）第 27 位，排在吉安市第 9 位。万人社会消费品零售额为 24 616.04 万元，排在全省二类县（市、区）第 8 位，排在吉安市第 5 位（表 3-84）。

表 3-84　吉水县（二类）科技创新能力评价指标得分与位次

指标名称	得分（分）	全省二类县（市、区）排名		本市排名	
	2021 年	2020 年	2021 年	2020 年	2021 年
科技创新能力	66.22	21	14	7	9
创新环境	3.47	19	10	10	7
创新基础	3.27	21	18	9	9
规模以上企业数（家）	3.33	17	18	5	6
规模以上工业企业建立研发机构的比例（%）	3.39	18	21	7	8
当年新增省级及以上研发平台 / 创新载体（个）	3.08	15	13	8	8
科技意识	3.77	14	5	10	4
人均科普经费投入（元）	3.28	5	15	1	6
每十万人科普专职人员（人）	4.37	—	4	—	3
创新投入	3.54	20	14	3	8

续表

指标名称	得分（分）	全省二类县（市、区）排名		本市排名	
	2021 年	2020 年	2021 年	2020 年	2021 年
人力投入	3.43	15	17	6	9
规模以上工业企业中万人 R&D 人员全时当量（人·年）	3.49	15	14	7	8
规模以上工业企业 R&D 人员占从业人员比重（%）	3.37	14	15	5	7
财力投入	3.63	20	12	4	8
规模以上工业企业 R&D 经费支出	3.76	19	11	4	7
规模以上工业企业 R&D 经费支出占营业收入比重（%）	3.52	19	11	6	5
创新成效	3.32	19	19	9	10
技术创新	3.34	20	19	11	9
万人有效发明专利拥有量增量（件）	3.57	14	19	10	11
每万家企业法人高新技术企业数（家）	3.16	18	16	8	8
每万家企业法人科技型中小企业数（家）	3.29	24	16	8	7
产业化水平	3.29	13	17	6	7
规模以上工业企业新产品销售收入占营业收入比重（%）	3.61	10	11	7	9
高新技术产业增加值占规模以上工业增加值比重（%）	3.52	9	12	7	6
技术合同成交额	2.95	18	21	6	5
农业产业化省级以上龙头企业数（家）	2.98	27	27	9	9
经济社会发展	3.50	19	11	11	10
经济增长	3.59	23	13	12	12
GDP 较上一年增长率（%）	3.98	23	8	12	10
本级地方财政科技支出占公共财政支出比重（%）	3.21	24	20	11	11
社会生活	3.36	11	11	6	6
居民人均可支配收入（元）	3.33	13	14	4	5
万人社会消费品零售额（万元）	3.39	8	8	5	5

如表 3-84 所示，吉水县科技创新能力排在全省二类县（市、区）第 14 位，较上一年上升了 7 位，排在吉安市第 9 位，较上一年下降了 2 位。在一级指标中，经济社会发展排在全省二类县（市、区）第 11 位，较上一年上升

了8位，排在吉安市第10位，较上一年上升了1位；创新环境排在全省二类县（市、区）第10位，较上一年上升了9位，排在吉安市第7位，较上一年上升了3位；创新投入排在全省二类县（市、区）第14位，较上一年上升了6位，排在吉安市第8位，较上一年下降了5位；创新成效排在全省二类县（市、区）第19位，与上一年位次相同，排在吉安市第10位，较上一年下降了1位。

综上所述，吉水县每十万人科普专职人员、GDP较上一年增长率、万人社会消费品零售额等在全省二类县（市、区）排名靠前，但农业产业化省级以上龙头企业数、本级地方财政科技支出占公共财政支出比重、规模以上工业企业建立研发机构的比例、技术合同成交额等排名相对靠后。建议该县夯实创新基础，鼓励有条件的企业建立研发机构、加大研发投入力度，强化产学研合作，加快技术成果转移转化，促进经济高质量发展。

九、泰和县

泰和县，位于江西省中南部，吉安市下辖县。2021年，该县常住人口为46.17万人，地区GDP为235.28亿元。居民人均可支配收入为27 333元，排在全省二类县（市、区）第18位，排在吉安市第7位。GDP较上一年增长9.20%，排在全省二类县（市、区）第8位，排在吉安市第10位。规模以上企业数为177家，排在全省二类县（市、区）第22位，排在吉安市第7位。当年新增省级及以上研发平台/创新载体1个，排在全省二类县（市、区）第13位，排在吉安市第8位。规模以上工业企业R&D人员占从业人员比重为4.71%，排在全省二类县（市、区）第25位，排在吉安市第13位。规模以上工业企业R&D经费支出为34 900万元、较上一年增幅45.45%，排在全省二类县（市、区）第13位，排在吉安市第8位。万人有效发明专利拥有量增量为1.75件，排在全省二类县（市、区）第6位，排在吉安市第5位。每万家企业法人科技型中小企业数为42.50家，排在全省二类县（市、区）第28位，排在吉安市第11位。农业产业化省级以上龙头企业数为7家，排在全省二类县（市、区）第23位，排在吉安市第8位。万人社会消费品零售额为21 348.15万元，排在全省二类县（市、区）第14位，排在吉安市第10位

（表 3-85）。

表 3-85　泰和县（二类）科技创新能力评价指标得分与位次

指标名称	得分（分）	全省二类县（市、区）排名		本市排名	
	2021 年	2020 年	2021 年	2020 年	2021 年
科技创新能力	63.76	23	23	10	12
创新环境	2.96	25	33	13	13
创新基础	2.91	32	30	13	13
规模以上企业数（家）	3.28	21	22	8	7
规模以上工业企业建立研发机构的比例（%）	2.39	30	31	13	13
当年新增省级及以上研发平台 / 创新载体（个）	3.08	4	13	3	8
科技意识	3.05	12	27	8	11
人均科普经费投入（元）	3.28	5	15	1	6
每十万人科普专职人员（人）	2.76	—	29	—	11
创新投入	3.34	26	19	10	12
人力投入	2.99	23	24	11	13
规模以上工业企业中万人 R&D 人员全时当量（人·年）	3.18	19	19	10	10
规模以上工业企业 R&D 人员占从业人员比重（%）	2.81	27	25	12	13
财力投入	3.63	22	11	8	7
规模以上工业企业 R&D 经费支出	3.72	24	13	9	8
规模以上工业企业 R&D 经费支出占营业收入比重（%）	3.55	20	10	7	3
创新成效	3.44	7	12	2	5
技术创新	3.37	18	17	8	7
万人有效发明专利拥有量增量（件）	3.89	8	6	4	5
每万家企业法人高新技术企业数（家）	3.21	15	15	6	7
每万家企业法人科技型中小企业数（家）	2.95	27	28	12	11
产业化水平	3.51	2	11	2	5
规模以上工业企业新产品销售收入占营业收入比重（%）	4.70	2	2	3	1
高新技术产业增加值占规模以上工业增加值比重（%）	3.30	1	20	1	8
技术合同成交额	2.91	25	23	12	7
农业产业化省级以上龙头企业数（家）	3.12	23	23	8	8

指标名称	得分（分）	全省二类县（市、区）排名		本市排名	
	2021年	2020年	2021年	2020年	2021年
经济社会发展	3.50	16	9	8	9
经济增长	3.71	18	10	9	10
GDP 较上一年增长率（%）	3.98	19	8	10	10
本级地方财政科技支出占公共财政支出比重（%）	3.44	9	10	4	4
社会生活	3.18	16	16	8	8
居民人均可支配收入（元）	3.18	18	18	7	7
万人社会消费品零售额（万元）	3.19	14	14	10	10

如表 3-85 所示，泰和县科技创新能力排在全省二类县（市、区）第 23 位，与上一年位次相同，排在吉安市第 12 位，较上一年下降了 2 位。在一级指标中，经济社会发展排在全省二类县（市、区）第 9 位，较上一年上升了 7 位，排在吉安市第 9 位，较上一年下降了 1 位；创新环境排在全省二类县（市、区）第 33 位，较上一年下降了 8 位，排在吉安市第 13 位，与上一年位次相同；创新投入排在全省二类县（市、区）第 19 位，较上一年上升了 7 位，排在吉安市第 12 位，较上一年下降了 2 位；创新成效排在全省二类县（市、区）第 12 位，较上一年下降了 5 位，排在吉安市第 5 位，较上一年下降了 3 位。

综上所述，泰和县规模以上工业企业新产品销售收入占营业收入比重、万人有效发明专利拥有量增量指标得分在全省二类县（市、区）排名靠前，但规模以上工业企业建立研发机构的比例、每十万人科普专职人员、每万家企业法人科技型中小企业数等排名相对靠后。建议该县夯实科技创新基础，加大对科技型中小企业的培育力度，鼓励有条件的企业建立研发平台，增强科技成果转移转化能力，提高科技竞争力。

十、万安县

万安县，位于江西省中南部、吉安市南部，吉安市下辖县。2021 年，该县常住人口为 24.48 万人，地区 GDP 为 109.39 亿元。居民人均可支配收入为 22 115 元，排在全省三类县（市、区）第 21 位，排在吉安市第 11 位。GDP 较上一年增长 10.30%，排在全省三类县（市、区）第 1 位，排在吉安市第 1 位。规模以上工业企业建立研发机构的比例为 32.08%，排在全省三类县（市、区）第 21 位，排在吉安市第 9 位。规模以上工业企业中万人 R&D 人员全时当量为 40.07 人·年，排在全省三类县（市、区）第 2 位，排在吉安市第 2 位。规模以上工业企业 R&D 经费支出占营业收入比重为 1.98%、较上一年增幅 0.36%，排在全省三类县（市、区）第 4 位，排在吉安市第 2 位。万人有效发明专利拥有量增量为 1.20 件，排在全省三类县（市、区）第 8 位，排在吉安市第 8 位。技术合同成交额为 10 700 万元、与 GDP 之比为 0.98%，排在全省三类县（市、区）第 23 位，排在吉安市第 8 位。农业产业化省级以上龙头企业数为 8 家，排在全省三类县（市、区）第 10 位，排在吉安市第 5 位。本级地方财政科技支出占公共财政支出比重为 5.01%，排在全省三类县（市、区）第 2 位，排在吉安市第 1 位（表 3-86）。

表 3-86　万安县（三类）科技创新能力评价指标得分与位次

指标名称	得分（分）	全省三类县（市、区）排名		本市排名	
	2021 年	2020 年	2021 年	2020 年	2021 年
科技创新能力	75.07	5	1	2	2
创新环境	3.35	21	19	12	9
创新基础	3.25	23	20	11	10
规模以上企业数（家）	3.09	8	8	10	10
规模以上工业企业建立研发机构的比例（%）	3.32	24	21	10	9
当年新增省级及以上研发平台 / 创新载体（个）	3.35	13	6	8	5
科技意识	3.50	24	14	13	5
人均科普经费投入（元）	3.95	1	3	1	1
每十万人科普专职人员（人）	2.94	—	22	—	8
创新投入	4.47	3	2	2	2
人力投入	4.87	4	2	2	2

续表

指标名称	得分（分）2021年	全省三类县（市、区）排名 2020年	全省三类县（市、区）排名 2021年	本市排名 2020年	本市排名 2021年
规模以上工业企业中万人R&D人员全时当量（人·年）	4.59	3	2	2	2
规模以上工业企业R&D人员占从业人员比重（%）	5.16	6	2	1	1
财力投入	4.15	6	2	2	2
规模以上工业企业R&D经费支出	4.09	3	2	2	3
规模以上工业企业R&D经费支出占营业收入比重（%）	4.19	8	4	1	2
创新成效	3.58	12	13	5	3
技术创新	3.49	13	14	4	6
万人有效发明专利拥有量增量（件）	3.72	11	8	7	8
每万家企业法人高新技术企业数（家）	3.32	17	17	5	4
每万家企业法人科技型中小企业数（家）	3.41	14	16	3	4
产业化水平	3.66	5	12	4	4
规模以上工业企业新产品销售收入占营业收入比重（%）	3.77	15	15	8	8
高新技术产业增加值占规模以上工业增加值比重（%）	4.54	7	9	4	4
技术合同成交额	2.90	13	23	5	8
农业产业化省级以上龙头企业数（家）	3.27	10	10	5	5
经济社会发展	4.17	4	2	3	2
经济增长	5.16	2	1	1	1
GDP较上一年增长率（%）	5.44	4	1	5	1
本级地方财政科技支出占公共财政支出比重（%）	4.88	2	2	1	1
社会生活	2.68	26	26	12	12
居民人均可支配收入（元）	2.52	24	21	12	11
万人社会消费品零售额（万元）	2.88	23	22	12	12

　　如表3-86所示，万安县科技创新能力排在全省三类县（市、区）第1位，较上一年上升了4位，排在吉安市第2位，与上一年位次相同。在一级指标中，经济社会发展排在全省三类县（市、区）第2位，较上一年上升了2位，排在吉安市第2位，较上一年上升了1位；创新环境排在全省三类县（市、

区）第 19 位，较上一年上升了 2 位，排在吉安市第 9 位，较上一年上升了 3 位；创新投入排在全省三类县（市、区）第 2 位，较上一年上升了 1 位，排在吉安市第 2 位，与上一年位次相同；创新成效排在全省三类县（市、区）第 13 位，较上一年下降了 1 位，排在吉安市第 3 位，较上一年上升了 2 位。

综上所述，万安县 GDP 较上一年增长率居全省三类县（市、区）首位，科技创新人力、财力投入均列全省三类县（市、区）第二，具有一定竞争优势。但每十万人科普专职人员、技术合同成交额等排名相对靠后。建议该县优化创新环境，适当增加科普专职人员，强化产学研合作，加快科技成果转移转化，助推区域经济高质量发展。

十一、遂川县

遂川县，位于江西省西南边缘，吉安市下辖县。2021 年，该县常住人口为 50.76 万人，地区 GDP 为 200.76 亿元。居民人均可支配收入为 22 106 元，排在全省三类县（市、区）第 22 位，排在吉安市第 12 位。GDP 较上一年增长 9.80%，排在全省三类县（市、区）第 4 位，排在吉安市第 5 位。规模以上工业企业建立研发机构的比例为 50.43%，排在全省三类县（市、区）第 9 位，排在吉安市第 4 位。每十万人科普专职人员为 17.34 人，排在全省三类县（市、区）第 16 位，排在吉安市第 5 位。规模以上工业企业 R&D 经费支出为 30 300 万元、较上一年增幅 38.02%，排在全省三类县（市、区）第 9 位，排在吉安市第 9 位。每万家企业法人科技型中小企业数为 72.52 家，排在全省三类县（市、区）第 20 位，排在吉安市第 8 位。技术合同成交额为 12 702 万元、与 GDP 之比为 0.63%，排在全省三类县（市、区）第 28 位，排在吉安市第 12 位。农业产业化省级以上龙头企业数为 9 家，排在全省三类县（市、区）第 7 位，排在吉安市第 2 位。万人社会消费品零售额为 15 526.38 万元，排在全省三类县（市、区）第 24 位，排在吉安市第 13 位（表 3-87）。

表 3-87 遂川县（三类）科技创新能力评价指标得分与位次

指标名称	得分（分）	全省三类县（市、区）排名		本市排名	
	2021 年	2020 年	2021 年	2020 年	2021 年
科技创新能力	67.34	21	15	9	8
创新环境	3.53	10	11	7	6
创新基础	3.68	11	4	6	5
规模以上企业数（家）	3.20	4	7	6	9
规模以上工业企业建立研发机构的比例（%）	4.45	15	9	5	4
当年新增省级及以上研发平台／创新载体（个）	3.35	13	6	8	5
科技意识	3.30	14	20	9	6
人均科普经费投入（元）	3.28	1	15	1	6
每十万人科普专职人员（人）	3.33	—	16	—	5
创新投入	3.40	23	15	9	11
人力投入	3.18	29	18	12	11
规模以上工业企业中万人 R&D 人员全时当量（人·年）	3.22	25	14	12	9
规模以上工业企业 R&D 人员占从业人员比重（%）	3.14	28	19	11	9
财力投入	3.58	18	12	3	10
规模以上工业企业 R&D 经费支出	3.66	8	9	3	9
规模以上工业企业 R&D 经费支出占营业收入比重（%）	3.51	19	10	3	6
创新成效	3.55	17	15	7	4
技术创新	3.35	17	20	6	8
万人有效发明专利拥有量增量（件）	3.51	8	20	3	12
每万家企业法人高新技术企业数（家）	3.27	20	19	7	5
每万家企业法人科技型中小企业数（家）	3.25	19	20	6	8
产业化水平	3.76	16	10	9	3
规模以上工业企业新产品销售收入占营业收入比重（%）	3.99	22	8	10	2
高新技术产业增加值占规模以上工业增加值比重（%）	4.75	10	5	6	3
技术合同成交额	2.75	14	28	7	12
农业产业化省级以上龙头企业数（家）	3.41	7	7	2	2
经济社会发展	3.62	9	6	9	6

续表

指标名称	得分（分）	全省三类县（市、区）排名		本市排名	
	2021 年	2020 年	2021 年	2020 年	2021 年
经济增长	4.26	7	3	4	3
GDP 较上一年增长率（%）	4.78	5	4	7	5
本级地方财政科技支出占公共财政支出比重（%）	3.75	6	7	3	2
社会生活	2.66	27	28	13	13
居民人均可支配收入（元）	2.52	22	22	11	12
万人社会消费品零售额（万元）	2.83	25	24	13	13

如表 3-87 所示，遂川县科技创新能力排在全省三类县（市、区）第 15 位，较上一年上升了 6 位，排在吉安市第 8 位，较上一年上升了 1 位。在一级指标中，经济社会发展排在全省三类县（市、区）第 6 位，排在吉安市第 6 位，均较上一年上升了 3 位；创新环境排在全省三类县（市、区）第 11 位，较上一年下降了 1 位，排在吉安市第 6 位，较上一年上升了 1 位；创新投入排在全省三类县（市、区）第 15 位，较上一年上升了 8 位，排在吉安市第 11 位，较上一年下降了 2 位；创新成效排在全省三类县（市、区）第 15 位，较上一年上升了 2 位，排在吉安市第 4 位，较上一年上升了 3 位。

综上所述，遂川县当年新增省级及以上研发平台/创新载体、规模以上企业数、高新技术产业增加值占规模以上工业增加值比重等排名靠前，但技术合同成交额、万人社会消费品零售额、居民人均可支配收入排名相对靠后。建议该县优化创新环境，提高民众及企业创新意识，鼓励企业加大研发投入，同时强化产学研合作，加快科技成果转移转化，助推区域经济高质量发展。

十二、安福县

安福县，位于江西省中南部、吉安市西部，吉安市下辖县。2021 年，该县常住人口为 32.21 万人，地区 GDP 为 192.31 亿元。居民人均可支配收入为 26 205 元，排在全省三类县（市、区）第 11 位，排在吉安市第 9 位。GDP

较上一年增长 10%，排在全省三类县（市、区）第 2 位，排在吉安市第 3 位。规模以上企业数为 171 家，排在全省三类县（市、区）第 5 位，排在吉安市第 8 位。人均科普经费投入为 1.02 元，排在全省三类县（市、区）第 14 位，排在吉安市第 5 位。规模以上工业企业 R&D 经费支出占营业收入比重为 0.96%、较上一年增幅 0.24%，排在全省三类县（市、区）第 11 位，排在吉安市第 7 位。每万家企业法人科技型中小企业数为 107.85 家，排在全省三类县（市、区）第 9 位，排在吉安市第 3 位。技术合同成交额为 18 096 万元、与 GDP 之比为 0.94%，排在全省三类县（市、区）第 22 位，排在吉安市第 4 位。本级地方财政科技支出占公共财政支出比重为 2.52%，排在全省三类县（市、区）第 14 位，排在吉安市第 8 位。万人社会消费品零售额为 30 468.33 万元，排在全省三类县（市、区）第 4 位，排在吉安市第 3 位（表 3-88）。

表 3-88　安福县（三类）科技创新能力评价指标得分与位次

指标名称	得分（分）2021 年	全省三类县（市、区）排名 2020 年	全省三类县（市、区）排名 2021 年	本市排名 2020 年	本市排名 2021 年
科技创新能力	68.71	8	10	3	6
创新环境	3.68	1	5	1	3
创新基础	3.94	1	2	2	3
规模以上企业数（家）	3.24	5	5	7	8
规模以上工业企业建立研发机构的比例（%）	4.91	3	3	2	2
当年新增省级及以上研发平台 / 创新载体（个）	3.62	6	3	3	4
科技意识	3.29	2	22	1	7
人均科普经费投入（元）	3.34	1	14	1	5
每十万人科普专职人员（人）	3.24	—	18	—	6
创新投入	3.58	19	12	5	7
人力投入	3.53	13	14	4	7
规模以上工业企业中万人 R&D 人员全时当量（人·年）	4.05	7	6	3	4
规模以上工业企业 R&D 人员占从业人员比重（%）	3.02	25	21	7	10
财力投入	3.61	21	10	7	9
规模以上工业企业 R&D 经费支出	3.76	11	7	6	6

续表

指标名称	得分（分）	全省三类县（市、区）排名		本市排名	
	2021年	2020年	2021年	2020年	2021年
规模以上工业企业R&D经费支出占营业收入比重（%）	3.50	22	11	8	7
创新成效	3.43	11	22	3	7
技术创新	3.59	10	12	2	3
万人有效发明专利拥有量增量（件）	3.73	10	7	6	7
每万家企业法人高新技术企业数（家）	3.45	10	12	2	2
每万家企业法人科技型中小企业数（家）	3.59	10	9	1	3
产业化水平	3.26	14	23	5	11
规模以上工业企业新产品销售收入占营业收入比重（%）	3.92	5	11	5	4
高新技术产业增加值占规模以上工业增加值比重（%）	2.96	18	27	8	12
技术合同成交额	3.00	17	22	9	4
农业产业化省级以上龙头企业数（家）	3.27	10	10	5	5
经济社会发展	3.86	3	4	2	4
经济增长	4.19	6	4	3	4
GDP较上一年增长率（%）	5.04	2	2	3	3
本级地方财政科技支出占公共财政支出比重（%）	3.34	12	14	5	8
社会生活	3.36	6	6	5	5
居民人均可支配收入（元）	3.04	11	11	9	9
万人社会消费品零售额（万元）	3.75	4	4	3	3

如表 3-88 所示，安福县科技创新能力排在全省三类县（市、区）第 10 位，较上一年下降了 2 位，排在吉安市第 6 位，较上一年下降了 3 位。在一级指标中，经济社会发展排在全省三类县（市、区）第 4 位，较上一年下降了 1 位，排在吉安市第 4 位，较上一年下降了 2 位；创新环境排在全省三类县（市、区）第 5 位，较上一年下降了 4 位，排在吉安市第 3 位，较上一年下降了 2 位；创新投入排在全省三类县（市、区）第 12 位，较上一年上升了 7 位，排在吉安市第 7 位，较上一年下降了 2 位；创新成效排在全省三类县（市、区）第 22 位，较上一年下降了 11 位，排在吉安市第 7 位，较上一年下

降了 4 位。

综上所述，安福县当年新增省级及以上研发平台／创新载体、GDP 较上一年增长率、规模以上工业企业建立研发机构的比例、万人社会消费品零售额排名居全省三类县（市、区）前五，具有一定优势。但规模以上工业企业 R&D 人员占从业人员比重、高新技术产业增加值占规模以上工业增加值比重、技术合同成交额等排名靠后。建议该县加大科普宣传力度，提高民众及企业创新意识，积极引进和培育科技人才，强化产学研合作，进一步提升产业层次和技术水平，不断提高科技竞争力。

十三、永新县

永新县，位于江西省西部，吉安市下辖县。2021 年，该县常住人口为 38.34 万人，地区 GDP 为 134 亿元。居民人均可支配收入为 21 697 元，排在全省三类县（市、区）第 26 位，排在吉安市第 13 位。GDP 较上一年增长 9.60%，排在全省三类县（市、区）第 5 位，排在吉安市第 7 位。规模以上企业数为 125 家，排在全省三类县（市、区）第 14 位，排在吉安市第 12 位。规模以上工业企业建立研发机构的比例为 50.59%，排在全省三类县（市、区）第 8 位，排在吉安市第 3 位。规模以上工业企业 R&D 经费支出占营业收入比重为 0.94%、较上一年增幅 0.19%，排在全省三类县（市、区）第 12 位，排在吉安市第 8 位。每万家企业法人科技型中小企业数为 57.14 家，排在全省三类县（市、区）第 25 位，排在吉安市第 9 位。高新技术产业增加值占规模以上工业增加值比重为 76.89%、较上一年增幅 57.64%，排在全省三类县（市、区）第 1 位，排在吉安市第 1 位。技术合同成交额为 10 000 万元、与 GDP 之比为 0.75%，排在全省三类县（市、区）第 26 位，排在吉安市第 11 位。万人社会消费品零售额为 18 288.91 万元，排在全省三类县（市、区）第 16 位，排在吉安市第 11 位（表 3-89）。

表 3-89 永新县（三类）科技创新能力评价指标得分与位次

指标名称	得分（分）	全省三类县（市、区）排名		本市排名	
	2021 年	2020 年	2021 年	2020 年	2021 年
科技创新能力	69.13	30	8	13	5
创新环境	3.32	18	20	11	10
创新基础	3.51	26	7	12	6
规模以上企业数（家）	2.93	12	14	12	12
规模以上工业企业建立研发机构的比例（%）	4.46	25	8	11	3
当年新增省级及以上研发平台／创新载体（个）	3.08	13	13	8	8
科技意识	3.04	5	29	4	12
人均科普经费投入（元）	3.28	1	15	1	6
每十万人科普专职人员（人）	2.74	—	30	—	12
创新投入	3.68	28	8	12	5
人力投入	3.70	30	11	13	5
规模以上工业企业中万人 R&D 人员全时当量（人·年）	3.04	29	17	13	13
规模以上工业企业 R&D 人员占从业人员比重（%）	4.37	27	6	9	3
财力投入	3.66	30	8	12	6
规模以上工业企业 R&D 经费支出	3.90	29	6	12	5
规模以上工业企业 R&D 经费支出占营业收入比重（%）	3.46	25	12	9	8
创新成效	3.74	23	9	11	2
技术创新	3.25	27	25	10	12
万人有效发明专利拥有量增量（件）	3.67	5	9	1	9
每万家企业法人高新技术企业数（家）	2.97	28	27	11	11
每万家企业法人科技型中小企业数（家）	3.10	25	25	10	9
产业化水平	4.23	20	3	11	1
规模以上工业企业新产品销售收入占营业收入比重（%）	3.42	4	18	4	11
高新技术产业增加值占规模以上工业增加值比重（%）	7.15	27	1	13	1
技术合同成交额	2.76	15	26	8	11
农业产业化省级以上龙头企业数（家）	2.70	26	26	12	12
经济社会发展	3.33	20	14	12	12

指标名称	得分（分）	全省三类县（市、区）排名		本市排名	
	2021年	2020年	2021年	2020年	2021年
经济增长	3.74	16	9	11	9
GDP较上一年增长率（%）	4.51	5	5	7	7
本级地方财政科技支出占公共财政支出比重（%）	2.97	24	27	12	13
社会生活	2.71	24	24	11	11
居民人均可支配收入（元）	2.47	26	26	13	13
万人社会消费品零售额（万元）	3.00	16	16	11	11

如表 3-89 所示，永新县科技创新能力排在全省三类县（市、区）第 8 位，较上一年上升了 22 位，排在吉安市第 5 位，较上一年上升了 8 位。在一级指标中，经济社会发展排在全省三类县（市、区）第 14 位，较上一年上升了 6 位，排在吉安市第 12 位，与上一年位次相同；创新环境排在全省三类县（市、区）第 20 位，较上一年下降了 2 位，排在吉安市第 10 位，较上一年上升了 1 位；创新投入排在全省三类县（市、区）第 8 位，较上一年上升了 20 位，排在吉安市第 5 位，较上一年上升了 7 位；创新成效排在全省三类县（市、区）第 9 位，较上一年上升了 14 位，排在吉安市第 2 位，较上一年上升了 9 位。

综上所述，永新县 2021 年度科技创新能力排名进位较为突出，高新技术产业增加值占规模以上工业增加值比重居全省三类县（市、区）首位，规模以上工业企业建立研发机构的比例、规模以上工业企业 R&D 人员占从业人员比重、规模以上工业企业 R&D 经费支出排名靠前。但每十万人科普专职人员、每万家企业法人科技型中小企业数、每万家企业法人高新技术企业数等排名相对偏后。建议该县加大科普宣传力度，提高企业及民众科技创新意识，鼓励有条件的企业开展研发活动，同时加速引进、培育高新技术企业和科技型中小企业，促进区域经济高质量发展。

第十一节 抚 州 市

一、临川区

临川区，位于江西省东部，抚州市市辖区。2021 年，该区常住人口为 110.39 万人，地区 GDP 为 552.60 亿元。居民人均可支配收入为 36 545 元，排在全省一类县（市、区）第 16 位，排在抚州市第 1 位。GDP 较上一年增长 7.80%，排在全省一类县（市、区）第 35 位，排在抚州市第 8 位。规模以上企业数为 348 家，排在全省一类县（市、区）第 12 位，排在抚州市第 1 位。当年新增省级及以上研发平台 / 创新载体 5 个，排在全省一类县（市、区）第 15 位，排在抚州市第 1 位。规模以上工业企业 R&D 经费支出占营业收入比重为 0.88%、较上一年下降 0.24%，排在全省一类县（市、区）第 17 位，排在抚州市第 9 位。每万家企业法人高新技术企业数为 101.94 家，排在全省一类县（市、区）第 9 位，排在抚州市第 3 位。高新技术产业增加值占规模以上工业增加值比重为 57.50%、较上一年增幅 15.48%，排在全省一类县（市、区）第 3 位，排在抚州市第 2 位。本级地方财政科技支出占公共财政支出比重为 3.16%，排在全省一类县（市、区）第 12 位，排在抚州市第 6 位。农业产业化省级以上龙头企业数为 20 家，排在全省一类县（市、区）第 5 位，排在抚州市第 1 位。技术合同成交额为 93 334.64 万元、与 GDP 之比为 1.69%，排在全省一类县（市、区）第 4 位，排在抚州市第 1 位（表 3-90）。

表 3-90 临川区（一类）科技创新能力评价指标得分与位次

指标名称	得分（分）	全省一类县（市、区）排名		本市排名	
	2021 年	2020 年	2021 年	2020 年	2021 年
科技创新能力	70.73	12	16	2	2
创新环境	3.81	7	14	1	1
创新基础	4.23	12	10	1	1

续表

指标名称	得分（分）	全省一类县（市、区）排名		本市排名	
	2021 年	2020 年	2021 年	2020 年	2021 年
规模以上企业数（家）	4.46	12	12	1	1
规模以上工业企业建立研发机构的比例（%）	4.05	5	6	5	7
当年新增省级及以上研发平台/创新载体（个）	4.16	18	15	3	1
科技意识	3.19	12	23	1	7
人均科普经费投入（元）	3.28	6	22	2	5
每十万人科普专职人员（人）	3.07	—	15	—	5
创新投入	3.33	15	23	4	6
人力投入	3.41	15	20	3	7
规模以上工业企业中万人R&D人员全时当量（人·年）	3.26	21	23	3	5
规模以上工业企业R&D人员占从业人员比重（%）	3.56	7	17	3	7
财力投入	3.27	13	24	6	7
规模以上工业企业R&D经费支出	3.33	18	23	3	4
规模以上工业企业R&D经费支出占营业收入比重（%）	3.22	9	17	9	9
创新成效	4.07	15	8	6	2
技术创新	3.71	18	10	8	3
万人有效发明专利拥有量增量（件）	3.59	12	20	4	5
每万家企业法人高新技术企业数（家）	3.78	19	9	8	3
每万家企业法人科技型中小企业数（家）	3.78	21	10	9	3
产业化水平	4.42	11	5	4	1
规模以上工业企业新产品销售收入占营业收入比重（%）	3.55	8	14	4	8
高新技术产业增加值占规模以上工业增加值比重（%）	4.68	19	3	4	2
技术合同成交额	4.60	13	4	5	1
农业产业化省级以上龙头企业数（家）	4.98	5	5	1	1
经济社会发展	3.26	31	34	5	3
经济增长	2.92	21	29	10	8
GDP较上一年增长率（%）	2.11	24	35	8	8
本级地方财政科技支出占公共财政支出比重（%）	3.74	14	12	6	6

指标名称	得分（分）	全省一类县（市、区）排名		本市排名	
	2021 年	2020 年	2021 年	2020 年	2021 年
社会生活	3.78	19	18	1	1
居民人均可支配收入（元）	4.34	17	16	1	1
万人社会消费品零售额（万元）	3.09	29	30	3	3

如表 3-90 所示，临川区科技创新能力排在全省一类县（市、区）第 16 位，较上一年下降了 4 位，排在抚州市第 2 位，与上一年位次相同。在一级指标中，经济社会发展排在全省一类县（市、区）第 34 位，较上一年下降了 3 位，排在抚州市第 3 位，较上一年上升了 2 位；创新环境排在全省一类县（市、区）第 14 位，较上一年下降了 7 位，排在抚州市第 1 位，与上一年位次相同；创新投入排在全省一类县（市、区）第 23 位，较上一年下降了 8 位，排在抚州市第 6 位，较上一年下降了 2 位；创新成效排在全省一类县（市、区）第 8 位，较上一年上升了 7 位，排在抚州市第 2 位，较上一年上升了 4 位。

综上所述，临川区高新技术产业增加值占规模以上工业增加值比重、技术合同成交额、农业产业化省级以上龙头企业数等指标排名均位列全省一类县（市、区）前五名，但万人社会消费品零售额、规模以上工业企业 R&D 经费支出、人均科普经费投入等排名相对偏后。建议该区适当增加科普投入经费，优化创新环境，鼓励企业自主创新、加大研发投入，提升产业层次和技术水平，发挥科技创新引领经济社会发展的作用。

二、南城县

南城县，位于江西省东部、抚州市中部，抚州市下辖县。2021 年，该县常住人口为 28.17 万人，地区 GDP 为 175.13 亿元。居民人均可支配收入为 31 743 元，排在全省二类县（市、区）第 4 位，排在抚州市第 4 位。GDP 较上一年增长 7.80%，排在全省二类县（市、区）第 30 位，排在抚州市第 8 位。规模以上企业数为 185 家，排在全省二类县（市、区）第 17 位，排在抚州市第 2 位。每十万人科普专职人员为 1.77 人，排在全省二类县（市、区）第 31 位，排在抚州市第 11 位。规模以上工业企业中万人 R&D 人员全时当量为 22.93 人·年，排在全省二类县（市、区）第 13 位，排在抚州市第 3 位。规模以上工业企业 R&D 经费支出为 23 770.6 万元、较上一年增幅 16.85%，排在全省二类县（市、区）第 20 位，排在抚州市第 2 位。每万家企业法人科技型中小企业数为 94.56 家，排在全省二类县（市、区）第 9 位，排在抚州市第 9 位。规模以上工业企业新产品销售收入占营业收入比重为 25.29%，排在全省二类县（市、区）第 6 位，排在抚州市第 4 位。农业产业化省级以上龙头企业数为 9 家，排在全省二类县（市、区）第 13 位，排在抚州市第 4 位。本级地方财政科技支出占公共财政支出比重为 2.73%，排在全省二类县（市、区）第 9 位，排在抚州市第 7 位（表 3-91）。

表 3-91 南城县（二类）科技创新能力评价指标得分与位次

指标名称	得分（分）	全省二类县（市、区）排名		本市排名	
	2021 年	2020 年	2021 年	2020 年	2021 年
科技创新能力	68.28	7	6	5	4
创新环境	3.37	7	16	5	6
创新基础	3.61	7	10	5	2
规模以上企业数（家）	3.34	23	17	4	2
规模以上工业企业建立研发机构的比例（%）	4.33	4	3	2	2
当年新增省级及以上研发平台/创新载体（个）	3.08	15	13	6	5
科技意识	3.01	15	29	8	11
人均科普经费投入（元）	3.28	5	15	2	5
每十万人科普专职人员（人）	2.67	—	31	—	11
创新投入	3.58	10	9	5	5
人力投入	3.82	9	6	5	3
规模以上工业企业中万人R&D人员全时当量（人·年）	3.52	16	13	4	3
规模以上工业企业R&D人员占从业人员比重（%）	4.11	4	4	5	4
财力投入	3.38	12	21	5	5
规模以上工业企业R&D经费支出	3.37	16	20	6	2

续表

指标名称	得分（分）	全省二类县（市、区）排名		本市排名	
	2021 年	2020 年	2021 年	2020 年	2021 年
规模以上工业企业 R&D 经费支出占营业收入比重（%）	3.39	11	16	7	6
创新成效	3.78	2	2	3	5
技术创新	3.64	2	3	3	4
万人有效发明专利拥有量增量（件）	4.05	1	2	1	1
每万家企业法人高新技术企业数（家）	3.37	13	11	6	7
每万家企业法人科技型中小企业数（家）	3.46	3	9	3	9
产业化水平	3.92	4	2	2	3
规模以上工业企业新产品销售收入占营业收入比重（%）	3.85	9	6	5	4
高新技术产业增加值占规模以上工业增加值比重（%）	4.17	4	2	3	3
技术合同成交额	4.00	7	5	3	3
农业产业化省级以上龙头企业数（家）	3.41	13	13	4	4
经济社会发展	3.02	15	23	6	8
经济增长	2.79	19	29	6	9
GDP 较上一年增长率（%）	2.11	19	30	5	8
本级地方财政科技支出占公共财政支出比重（%）	3.47	10	9	7	7
社会生活	3.37	10	10	3	3
居民人均可支配收入（元）	3.74	4	4	4	4
万人社会消费品零售额（万元）	2.92	21	20	6	6

如表 3-91 所示，南城县科技创新能力排在全省二类县（市、区）第 6 位，排在抚州市第 4 位，均较上一年上升了 1 位。在一级指标中，经济社会发展排在全省二类县（市、区）第 23 位，较上一年下降了 8 位，排在抚州市第 8 位，较上一年下降了 2 位；创新环境排在全省二类县（市、区）第 16 位，较上一年下降了 9 位，排在抚州市第 6 位，较上一年下降了 1 位；创新投入排在全省二类县（市、区）第 9 位，较上一年上升了 1 位，排在抚州市第 5 位，与上一年位次相同；创新成效排在全省二类县（市、区）第 2 位，与上一年位次相同，排在抚州市第 5 位，较上一年上下降了 2 位。

综上所述,南城县万人有效发明专利拥有量增量、高新技术产业增加值占规模以上工业增加值比重、规模以上工业企业建立研发机构的比例、居民人均可支配收入、规模以上工业企业 R&D 人员占从业人员比重在全省二类县(市、区)排名前五,具有一定优势。但每十万人科普专职人员、GDP 较上一年增长率排名相对靠后。建议该县加强科普宣传力度,增强民众及企业科技创新意识,优化创新环境,进一步提升科技竞争力。

三、黎川县

黎川县,位于江西省中部偏东,抚州市下辖县。2021 年,该县常住人口为 20.17 万人,地区 GDP 为 97.39 亿元。居民人均可支配收入为 25 627 元,排在全省三类县(市、区)第 13 位,排在抚州市第 7 位。规模以上工业企业建立研发机构的比例为 45.83%,排在全省三类县(市、区)第 12 位,排在抚州市第 6 位。当年新增省级及以上研发平台 / 创新载体 2 个,排在全省三类县(市、区)第 6 位,排在抚州市第 2 位。每十万人科普专职人员为 47.09人,排在全省三类县(市、区)第 5 位,排在抚州市第 2 位。规模以上工业企业 R&D 经费支出为 11 561.6 万元、较上一年增幅 23.61%,排在全省三类县(市、区)第 14 位,排在抚州市第 3 位。每万家企业法人科技型中小企业数为 102.86 家,排在全省三类县(市、区)第 11 位,排在抚州市第 6 位。规模以上工业企业新产品销售收入占营业收入比重为 31.13%,排在全省三类县(市、区)第 4 位,排在抚州市第 3 位。本级地方财政科技支出占本地公共财政支出比重为 2.19%,排在全省三类县(市、区)第 21 位,排在抚州市第 10 位。技术合同成交额为 21 100 万元、与 GDP 之比为 2.17%,排在全省三类县(市、区)第 12 位,排在抚州市第 5 位(表 3-92)。

表 3-92　黎川县(三类)科技创新能力评价指标得分与位次

指标名称	得分(分)	全省三类县(市、区)排名		本市排名	
	2021 年	2020 年	2021 年	2020 年	2021 年
科技创新能力	66.72	15	16	7	5

续表

指标名称	得分（分）	全省三类县（市、区）排名		本市排名	
	2021 年	2020 年	2021 年	2020 年	2021 年
创新环境	3.59	8	8	6	3
创新基础	3.41	9	13	6	5
规模以上企业数（家）	2.70	21	19	7	8
规模以上工业企业建立研发机构的比例（%）	4.17	6	12	1	6
当年新增省级及以上研发平台/创新载体（个）	3.35	13	6	6	2
科技意识	3.87	9	7	5	2
人均科普经费投入（元）	3.28	1	15	2	5
每十万人科普专职人员（人）	4.59	—	5	—	2
创新投入	3.22	13	17	7	8
人力投入	3.02	18	23	7	9
规模以上工业企业中万人 R&D 人员全时当量（人·年）	3.06	15	16	6	7
规模以上工业企业 R&D 人员占从业人员比重（%）	2.98	18	24	8	9
财力投入	3.38	10	15	4	6
规模以上工业企业 R&D 经费支出	3.33	7	14	7	3
规模以上工业企业 R&D 经费支出占营业收入比重（%）	3.42	13	13	5	5
创新成效	3.78	21	6	9	4
技术创新	3.48	14	15	7	8
万人有效发明专利拥有量增量（件）	3.48	24	25	10	10
每万家企业法人高新技术企业数（家）	3.44	15	15	7	6
每万家企业法人科技型中小企业数（家）	3.55	12	11	5	6
产业化水平	4.08	27	6	10	2
规模以上工业企业新产品销售收入占营业收入比重（%）	4.28	18	4	8	3
高新技术产业增加值占规模以上工业增加值比重（%）	4.93	31	3	10	1
技术合同成交额	3.69	8	12	7	5
农业产业化省级以上龙头企业数（家）	2.84	22	22	10	10
经济社会发展	3.01	1	24	1	9
经济增长	3.09	1	27	1	7

指标名称	得分（分）	全省三类县（市、区）排名		本市排名	
	2021 年	2020 年	2021 年	2020 年	2021 年
GDP 较上一年增长率（%）	3.04	1	24	1	2
本级地方财政科技支出占公共财政支出比重（%）	3.13	19	21	9	10
社会生活	2.90	17	17	7	7
居民人均可支配收入（元）	2.97	13	13	6	7
万人社会消费品零售额（万元）	2.81	26	26	8	8

如表 3-92 所示，黎川县科技创新能力排在全省三类县（市、区）第 16 位，较上一年下降了 1 位，排在抚州市第 5 位，较上一年上升了 2 位。在一级指标中，经济社会发展排在全省三类县（市、区）第 24 位，较上一年下降了 23 位，排在抚州市第 9 位，较上一年下降了 8 位；创新环境排在全省三类县（市、区）第 8 位，与上一年位次相同，排在抚州市第 3 位，较上一年上升了 3 位；创新投入排在全省三类县（市、区）第 17 位，较上一年下降了 4 位，排在抚州市第 8 位，较上一年下降了 1 位；创新成效排在全省三类县（市、区）第 6 位，较上一年上升了 15 位，排在抚州市第 4 位，较上一年上升了 5 位。

综上所述，黎川县高新技术产业增加值占规模以上工业增加值比重、规模以上工业企业新产品销售收入占营业收入比重、每十万人科普专职人员等指标在全省三类县（市、区）排名前五，科技创新成效较上一年明显提升。建议该县持续巩固良好创新环境，加大科技创新投入力度，积极引进和培养人才，发挥科技创新引领经济社会高质量发展的作用。

四、南丰县

南丰县，位于江西省东南部、抚州市南部，抚州市下辖县。2021 年，该县常住人口为 26.75 万人，地区 GDP 为 161.99 亿元。居民人均可支配收入为 32 087 元，排在全省三类县（市、区）第 3 位，排在抚州市第 3 位。GDP 较上一年增长 8.10%，排在全省三类县（市、区）第 32 位，排在抚州市第

6 位。规模以上工业企业建立研发机构的比例为 52.08%，排在全省三类县（市、区）第 6 位，排在抚州市第 1 位。人均科普经费投入为 1.10 元，排在全省三类县（市、区）第 9 位，排在抚州市第 1 位。规模以上工业企业 R&D 人员占从业人员比重为 10.07%，排在全省三类县（市、区）第 3 位，排在抚州市第 2 位。规模以上工业企业 R&D 经费支出为 12 751.7 万元、较上一年增幅 39.40%，排在全省三类县（市、区）第 18 位，排在抚州市第 7 位。万人有效发明专利拥有量增量为 0.97 件，排在全省三类县（市、区）第 11 位，排在抚州市第 4 位。每万家企业法人科技型中小企业数为 102.28 家，排在全省三类县（市、区）第 13 位，排在抚州市第 7 位。本级地方财政科技支出占公共财政支出比重为 3.33%，排在全省三类县（市、区）第 6 位，排在抚州市第 5 位。万人社会消费品零售额为 14 546.92 万元，排在全省三类县（市、区）第 29 位，排在抚州市第 9 位（表 3-93）。

表 3-93 南丰县（三类）科技创新能力评价指标得分与位次

指标名称	得分（分）	全省三类县（市、区）排名		本市排名	
	2021 年	2020 年	2021 年	2020 年	2021 年
科技创新能力	65.40	13	18	6	8
创新环境	3.30	9	21	7	8
创新基础	3.35	13	16	7	7
规模以上企业数（家）	2.62	22	23	9	9
规模以上工业企业建立研发机构的比例（%）	4.55	8	6	4	1
当年新增省级及以上研发平台/创新载体（个）	2.81	13	21	6	7
科技意识	3.21	8	24	2	6
人均科普经费投入（元）	3.56	1	9	2	1
每十万人科普专职人员（人）	2.79	—	28	—	8
创新投入	3.70	6	7	2	2
人力投入	3.79	7	8	4	4
规模以上工业企业中万人 R&D 人员全时当量（人·年）	2.73	27	27	8	9
规模以上工业企业 R&D 人员占从业人员比重（%）	4.85	3	3	1	2
财力投入	3.63	7	9	3	3

续表

指标名称	得分（分）	全省三类县（市、区）排名		本市排名	
	2021 年	2020 年	2021 年	2020 年	2021 年
规模以上工业企业 R&D 经费支出	3.24	16	18	9	7
规模以上工业企业 R&D 经费支出占营业收入比重（%）	3.94	5	6	2	1
创新成效	3.21	24	25	10	10
技术创新	3.48	18	16	9	9
万人有效发明专利拥有量增量（件）	3.66	25	11	11	4
每万家企业法人高新技术企业数（家）	3.24	19	20	9	9
每万家企业法人科技型中小企业数（家）	3.54	13	13	7	7
产业化水平	2.94	25	29	9	11
规模以上工业企业新产品销售收入占营业收入比重（%）	2.78	12	26	6	11
高新技术产业增加值占规模以上工业增加值比重（%）	2.68	32	29	11	10
技术合同成交额	3.38	6	17	6	7
农业产业化省级以上龙头企业数（家）	2.84	22	22	10	10
经济社会发展	3.23	12	16	7	4
经济增长	3.17	18	25	9	6
GDP 较上一年增长率（%）	2.51	28	32	11	6
本级地方财政科技支出占公共财政支出比重（%）	3.84	7	6	5	5
社会生活	3.32	8	8	5	5
居民人均可支配收入（元）	3.78	2	3	2	3
万人社会消费品零售额（万元）	2.77	27	29	9	9

如表 3-93 所示，南丰县科技创新能力排在全省三类县（市、区）第 18 位，较上一年下降了 5 位，排在抚州市第 8 位，较上一年下降了 2 位。在一级指标中，经济社会发展排在全省三类县（市、区）第 16 位，较上一年下降了 4 位，排在抚州市第 4 位，较上一年上升了 3 位；创新环境排在全省三类县（市、区）第 21 位，较上一年下降了 12 位，排在抚州市第 8 位，较上一年下降了 1 位；创新投入排在全省三类县（市、区）第 7 位，较上一年下降了 1 位，排在抚州市第 2 位，与上一年位次相同；创新成效排在全省三类县

（市、区）第 25 位，较上一年下降了 1 位，排在抚州市第 10 位，与上一年位次相同。

综上所述，南丰县规模以上工业企业 R&D 人员占从业人员比重、居民人均可支配收入、规模以上工业企业建立研发机构的比例、规模以上工业企业 R&D 经费支出占营业收入比重等指标排名靠前，但每十万人科普专职人员、高新技术产业增加值占规模以上工业增加值比重、规模以上工业企业中万人 R&D 人员全时当量、万人社会消费品零售额排名靠后。建议该县优化创新环境，增加科普人员数量，鼓励企业自主创新，积极引进和培养科技人才，提升高新技术产业化水平，助推经济高质量发展。

五、崇仁县

崇仁县，位于江西省中部偏东、抚州西部，抚州市下辖县。2021 年，该县常住人口为 29.80 万人，地区 GDP 为 152.28 万元。居民人均可支配收入为 27 925 元，排在全省二类县（市、区）第 17 位，排在抚州市第 5 位。GDP 较上一年增长 8%，排在全省二类县（市、区）第 29 位，排在抚州市第 7 位。规模以上工业企业建立研发机构的比例为 48.18%，排在全省二类县（市、区）第 4 位，排在抚州市第 3 位。当年新增省级及以上研发平台／创新载体 2 个，排在全省二类县（市、区）第 7 位，排在抚州市第 2 位。规模以上工业企业中万人 R&D 人员全时当量为 30.74 人·年，排在全省二类县（市、区）第 7 位，排在抚州市第 2 位。规模以上工业企业 R&D 经费支出占营业收入比重为 1.53%、较上一年增幅 0.14%，排在全省二类县（市、区）第 5 位，排在抚州市第 3 位。每万家企业法人科技型中小企业数为 222.09 家，排在全省二类县（市、区）第 1 位，排在抚州市第 2 位。技术合同成交额为 33 086 万元、与 GDP 之比为 2.17%，排在全省二类县（市、区）第 7 位，排在抚州市第 4 位。农业产业化省级以上龙头企业数为 10 家，排在全省二类县（市、区）第 9 位，排在抚州市第 3 位（表 3-94）。

表 3-94　崇仁县（二类）科技创新能力评价指标得分与位次

指标名称	得分（分）	全省二类县（市、区）排名		本市排名	
	2021 年	2020 年	2021 年	2020 年	2021 年
科技创新能力	74.98	1	1	1	1
创新环境	3.44	4	12	3	4
创新基础	3.61	3	11	3	3
规模以上企业数（家）	3.12	22	24	3	4
规模以上工业企业建立研发机构的比例（%）	4.31	6	4	6	3
当年新增省级及以上研发平台/创新载体（个）	3.35	2	7	2	2
科技意识	3.18	19	21	10	8
人均科普经费投入（元）	3.28	5	15	2	5
每十万人科普专职人员（人）	3.07	—	22	—	6
创新投入	4.21	4	1	1	1
人力投入	4.73	3	1	2	1
规模以上工业企业中万人R&D人员全时当量（人·年）	4.01	11	7	2	2
规模以上工业企业 R&D 人员占从业人员比重（%）	5.44	3	1	4	2
财力投入	3.80	9	7	2	1
规模以上工业企业 R&D 经费支出	3.78	9	9	1	1
规模以上工业企业 R&D 经费支出占营业收入比重（%）	3.81	7	5	4	3
创新成效	4.07	1	1	1	1
技术创新	4.30	1	1	1	1
万人有效发明专利拥有量增量（件）	3.94	4	4	3	2
每万家企业法人高新技术企业数（家）	4.29	1	1	1	2
每万家企业法人科技型中小企业数（家）	4.72	1	1	1	2
产业化水平	3.85	3	4	1	4
规模以上工业企业新产品销售收入占营业收入比重（%）	3.69	7	9	3	7
高新技术产业增加值占规模以上工业增加值比重（%）	4.10	3	3	2	4
技术合同成交额	3.89	8	7	4	4
农业产业化省级以上龙头企业数（家）	3.55	9	9	3	3
经济社会发展	3.11	10	22	4	6

续表

指标名称	得分（分）	全省二类县（市、区）排名		本市排名	
	2021年	2020年	2021年	2020年	2021年
经济增长	3.20	7	22	3	5
GDP 较上一年增长率（%）	2.37	10	29	2	7
本级地方财政科技支出占公共财政支出比重（%）	4.02	7	6	4	3
社会生活	2.97	21	21	6	6
居民人均可支配收入（元）	3.26	17	17	5	5
万人社会消费品零售额（万元）	2.62	31	31	11	11

如表 3-94 所示，崇仁县科技创新能力排在全省二类县（市、区）第 1 位，排在抚州市第 1 位，均与上一年位次相同。在一级指标中，经济社会发展排在全省二类县（市、区）第 22 位，较上一年下降了 12 位，排在抚州市第 6 位，较上一年下降了 2 位；创新环境排在全省二类县（市、区）第 12 位，较上一年下降了 8 位，排在抚州市第 4 位，较上一年下降了 1 位；创新投入排在全省二类县（市、区）第 1 位，较上一年上升了 3 位，排在抚州市第 1 位，与上一年位次相同；创新成效排在全省二类县（市、区）第 1 位，排在抚州市第 1 位，均与上一年位次相同。

综上所述，崇仁县规模以上工业企业 R&D 人员占从业人员比重、每万家企业法人高新技术企业数、每万家企业法人科技型中小企业数居全省二类县（市、区）首位，规模以上工业企业建立研发机构的比例、万人有效发明专利拥有量增量、高新技术产业增加值占规模以上工业增加值比重排名前五，科技创新能力优势明显。建议该县持续优化创新环境，加大创新投入，巩固创新成效，以科技创新助推区域经济高质量发展，提高人民生活水平。

六、乐安县

乐安县，位于江西省中部、抚州市西南部，抚州市下辖县。2021 年，该县常住人口为 30.35 万人，地区 GDP 为 86.31 亿元。居民人均可支配收入为 19 502 元，排在全省二类县（市、区）第 32 位，排在抚州市第 11 位。GDP

较上一年增长 7.70%，排在全省二类县（市、区）第 31 位，排在抚州市第
10 位。规模以上工业企业数为 70 家，排在全省二类县（市、区）第 33 位，
排在抚州市第 10 位。每十万人科普专职人员为 13.18 人，排在全省二类县
（市、区）第 17 位，排在抚州市第 4 位。规模以上工业企业 R&D 经费支出
占营业收入比重为 1.87%、较上一年下降 0.12%，排在全省二类县（市、区）
第 4 位，排在抚州市第 2 位。每万家企业法人科技型中小企业数为 105.54 家，
排在全省二类县（市、区）第 5 位，排在抚州市第 5 位。规模以上工业企业
新产品销售收入占营业收入比重为 11%，排在全省二类县（市、区）第 27
位，排在抚州市第 10 位。技术合同成交额为 14 899.05 万元、与 GDP 之比为
1.73%，排在全省二类县（市、区）第 13 位，排在抚州市第 8 位。万人社会
消费品零售额为 15 853.74 万元，排在全省二类县（市、区）第 22 位，排在
抚州市第 7 位（表 3-95）。

表 3-95　乐安县（二类）科技创新能力评价指标得分与位次

指标名称	得分（分）	全省二类县（市、区）排名		本市排名	
	2021 年	2020 年	2021 年	2020 年	2021 年
科技创新能力	60.94	19	27	10	9
创新环境	3.12	20	27	10	10
创新基础	2.98	25	28	10	10
规模以上企业数（家）	2.55	33	33	10	10
规模以上工业企业建立研发机构的比例（%）	3.55	13	16	11	8
当年新增省级及以上研发平台 / 创新载体（个）	2.81	15	24	6	7
科技意识	3.33	7	14	3	3
人均科普经费投入（元）	3.48	5	7	2	3
每十万人科普专职人员（人）	3.16	—	17	—	4
创新投入	3.20	18	27	8	9
人力投入	2.66	32	29	10	10
规模以上工业企业中万人 R&D 人员全时当量（人·年）	2.48	32	28	10	10
规模以上工业企业 R&D 人员占从业人员比重（%）	2.85	30	24	10	10
财力投入	3.63	6	9	1	2

续表

指标名称	得分（分）	全省二类县（市、区）排名		本市排名	
	2021 年	2020 年	2021 年	2020 年	2021 年
规模以上工业企业 R&D 经费支出	3.31	11	22	2	5
规模以上工业企业 R&D 经费支出占营业收入比重（%）	3.90	4	4	1	2
创新成效	3.39	9	16	7	8
技术创新	3.55	9	8	6	5
万人有效发明专利拥有量增量（件）	3.49	9	22	8	9
每万家企业法人高新技术企业数（家）	3.59	5	4	3	4
每万家企业法人科技型中小企业数（家）	3.57	15	5	10	5
产业化水平	3.23	12	21	6	9
规模以上工业企业新产品销售收入占营业收入比重（%）	2.78	20	27	10	10
高新技术产业增加值占规模以上工业增加值比重（%）	3.39	2	17	1	8
技术合同成交额	3.36	14	13	9	8
农业产业化省级以上龙头企业数（家）	3.41	13	13	4	4
经济社会发展	2.39	31	32	11	11
经济增长	2.33	30	32	11	11
GDP 较上一年增长率（%）	1.97	27	31	10	10
本级地方财政科技支出占公共财政支出比重（%）	2.68	28	29	11	11
社会生活	2.49	33	33	11	11
居民人均可支配收入（元）	2.20	32	32	11	11
万人社会消费品零售额（万元）	2.85	23	22	7	7

如表 3-95 所示，乐安县科技创新能力排在全省二类县（市、区）第 27 位，较上一年下降了 8 位，排在抚州市第 9 位，较上一年上升了 1 位。在一级指标中，经济社会发展排在全省二类县（市、区）第 32 位，较上一年下降了 1 位，排在抚州市第 11 位，与上一年位次相同；创新环境排在全省二类县（市、区）第 27 位，较上一年下降了 7 位，排在抚州市第 10 位，与上一年位次相同；创新投入排在全省二类县（市、区）第 27 位，较上一年下降了 9 位，排在抚州市第 9 位，较上一年下降了 1 位；创新成效排在全省二类县

（市、区）第 16 位，较上一年下降了 7 位，排在抚州市第 8 位，较上一年下降了 1 位。

综上所述，乐安县规模以上工业企业 R&D 经费支出占营业收入比重、每万家企业法人高新技术企业数、每万家企业法人科技型中小企业数等排名靠前，但规模以上企业数、本级地方财政科技支出占公共财政支出比重、规模以上工业企业中万人 R&D 人员全时当量、居民人均可支配收入、GDP 较上一年增长率等多项指标排名靠后。建议该县夯实创新基础，优化创新环境，加大科技创新投入力度，提升技术创新和产业化水平，促进产业转型升级，助推区域经济高质量发展。

七、宜黄县

宜黄县，位于江西省中部偏东、抚州市南部，抚州市下辖县。2021 年，该县常住人口为 19.76 万人，地区 GDP 为 99.78 亿万元。居民人均可支配收入为 23 299 元，排在全省三类县（市、区）第 18 位，排在抚州市第 9 位。GDP 较上一年增长 8.60%，排在全省三类县（市、区）第 21 位，排在抚州市第 1 位。规模以上企业数为 126 家，排在全省三类县（市、区）第 13 位，排在抚州市第 5 位。当年新增省级及以上研发平台 / 创新载体 1 个，排在全省三类县（市、区）第 13 位，排在抚州市第 5 位。规模以上工业企业中万人 R&D 人员全时当量为 34.62 人·年，排在全省三类县（市、区）第 3 位，排在抚州市第 1 位。万人有效发明专利拥有量增量为 0.53 件，排在全省三类县（市、区）第 17 位，排在抚州市第 7 位。每万家企业法人科技型中小企业数为 230.39 家，排在全省三类县（市、区）第 1 位，排在抚州市第 1 位。高新技术产业增加值占规模以上工业增加值比重为 25.47%、较上一年增幅 4.31%，排在全省三类县（市、区）第 24 位，排在抚州市第 9 位。技术合同成交额为 7850 万元、与 GDP 之比为 0.79%，排在全省三类县（市、区）第 27 位，排在抚州市第 10 位（表 3-96）。

表 3-96　宜黄县（三类）科技创新能力评价指标得分与位次

指标名称	得分（分）	全省三类县（市、区）排名		本市排名	
	2021 年	2020 年	2021 年	2020 年	2021 年
科技创新能力	69.14	3	7	4	3
创新环境	3.37	6	15	4	5
创新基础	3.42	5	12	4	4
规模以上企业数（家）	2.93	14	13	5	5
规模以上工业企业建立研发机构的比例（%）	4.20	7	11	3	4
当年新增省级及以上研发平台/创新载体（个）	3.08	2	13	3	5
科技意识	3.30	16	21	7	4
人均科普经费投入（元）	3.28	1	15	2	5
每十万人科普专职人员（人）	3.33	—	17	—	3
创新投入	3.65	8	11	3	3
人力投入	4.15	3	5	1	2
规模以上工业企业中万人 R&D 人员全时当量（人·年）	4.25	2	3	1	1
规模以上工业企业 R&D 人员占从业人员比重（%）	4.04	4	8	2	5
财力投入	3.24	20	18	11	8
规模以上工业企业 R&D 经费支出	3.24	15	17	8	6
规模以上工业企业 R&D 经费支出占营业收入比重（%）	3.24	20	18	11	8
创新成效	3.82	6	5	2	3
技术创新	4.24	4	1	2	2
万人有效发明专利拥有量增量（件）	3.53	7	17	7	7
每万家企业法人高新技术企业数（家）	4.47	3	2	2	1
每万家企业法人科技型中小企业数（家）	4.80	2	1	2	1
产业化水平	3.41	15	20	8	8
规模以上工业企业新产品销售收入占营业收入比重（%）	4.81	3	3	2	2
高新技术产业增加值占规模以上工业增加值比重（%）	3.12	21	24	5	9
技术合同成交额	2.75	21	27	11	10
农业产业化省级以上龙头企业数（家）	2.98	15	15	8	8
经济社会发展	3.05	18	23	9	7

指标名称	得分（分）	全省三类县（市、区）排名		本市排名	
	2021 年	2020 年	2021 年	2020 年	2021 年
经济增长	3.23	15	23	7	4
GDP 较上一年增长率（%）	3.17	5	21	3	1
本级地方财政科技支出占公共财政支出比重（%）	3.28	21	16	10	9
社会生活	2.79	21	23	9	9
居民人均可支配收入（元）	2.67	18	18	9	9
万人社会消费品零售额（万元）	2.93	18	20	5	5

如表 3-96 所示，宜黄县科技创新能力排在全省三类县（市、区）第 7 位，较上一年下降了 4 位，排在抚州市第 3 位，较上一年上升 1 位。在一级指标中，经济社会发展排在全省三类县（市、区）第 23 位，较上一年下降 5 位，排在抚州市第 7 位，较上一年上升 2 位；创新环境排在全省三类县（市、区）第 15 位，较上一年下降 9 位，排在抚州市第 5 位，较上一年下降 1 位；创新投入排在全省三类县（市、区）第 11 位，较上一年下降 3 位，排在抚州市第 3 位，与上一年位次相同；创新成效排在全省三类县（市、区）第 5 位，较上一年上升 1 位，排在抚州市第 3 位，较上一年下降 1 位。

综上所述，宜黄县每万家企业法人科技型中小企业数居全省三类县（市、区）首位，每万家企业法人高新技术企业数、规模以上工业企业新产品销售收入占营业收入比重、规模以上工业企业中万人 R&D 人员全时当量排名前三，具有一定优势。建议该县进一步优化创新环境，加大科普宣传力度，鼓励企业自主研发，强化产学研合作，提高科技成果转移转化效率，提升科技竞争力。

八、金溪县

金溪县，位于江西省中部，抚州市下辖县。2021 年，该县常住人口为 24.99 万人，地区 GDP 为 108.14 亿元。居民人均可支配收入为 25 635 元，排在全省二类县（市、区）第 21 位，排在抚州市第 6 位。GDP 较上一年增长

7.60%，排在全省二类县（市、区）第 32 位，排在抚州市第 11 位。规模以上工业企业建立研发机构的比例为 45.95%，排在全省二类县（市、区）第 8 位，排在抚州市第 5 位。人均科普经费投入为 1.0 元，排在全省二类县（市、区）第 15 位，排在抚州市第 5 位。规模以上工业企业 R&D 经费支出为 9464 万元、较上一年增幅 31.39%，排在全省二类县（市、区）第 24 位，排在抚州市第 8 位。每万家企业法人科技型中小企业数为 109.11 家，排在全省二类县（市、区）第 4 位，排在抚州市第 4 位。高新技术产业增加值占规模以上工业增加值比重为 31.16%、较上一年增幅 10.83%，排在全省二类县（市、区）第 10 位，排在抚州市第 6 位。本级地方财政科技支出占公共财政支出比重为 2.48%，排在全省二类县（市、区）第 17 位，排在抚州市第 8 位。农业产业化省级以上龙头企业数为 8 家，排在全省二类县（市、区）第 20 位，排在抚州市第 6 位（表 3-97）。

表 3-97　金溪县（二类）科技创新能力评价指标得分与位次

指标名称	得分（分）	全省二类县（市、区）排名		本市排名	
	2021 年	2020 年	2021 年	2020 年	2021 年
科技创新能力	65.95	15	15	8	7
创新环境	3.16	17	23	8	9
创新基础	3.25	16	19	8	8
规模以上企业数（家）	2.71	32	31	8	7
规模以上工业企业建立研发机构的比例（%）	4.18	7	8	7	5
当年新增省级及以上研发平台 / 创新载体（个）	2.81	4	24	5	7
科技意识	3.01	21	28	11	10
人均科普经费投入（元）	3.28	5	15	2	5
每十万人科普专职人员（人）	2.68	—	30	—	10
创新投入	3.59	24	8	10	4
人力投入	3.71	21	8	9	5
规模以上工业企业中万人 R&D 人员全时当量（人·年）	3.15	25	20	9	6
规模以上工业企业 R&D 人员占从业人员比重（%）	4.27	18	2	9	3
财力投入	3.49	18	16	10	4

指标名称	得分（分）	全省二类县（市、区）排名		本市排名	
	2021年	2020年	2021年	2020年	2021年
规模以上工业企业R&D经费支出	3.21	26	24	10	8
规模以上工业企业R&D经费支出占营业收入比重（%）	3.72	10	7	6	4
创新成效	3.64	5	4	5	7
技术创新	3.51	6	11	5	7
万人有效发明专利拥有量增量（件）	3.57	6	18	6	6
每万家企业法人高新技术企业数（家）	3.37	10	12	5	8
每万家企业法人科技型中小企业数（家）	3.61	4	4	4	4
产业化水平	3.77	8	5	5	5
规模以上工业企业新产品销售收入占营业收入比重（%）	3.44	12	16	7	9
高新技术产业增加值占规模以上工业增加值比重（%）	3.59	32	10	9	6
技术合同成交额	4.47	1	2	1	2
农业产业化省级以上龙头企业数（家）	3.27	20	20	6	6
经济社会发展	2.69	22	31	10	10
经济增长	2.58	21	30	8	10
GDP较上一年增长率（%）	1.84	19	32	5	11
本级地方财政科技支出占公共财政支出比重（%）	3.32	13	17	8	8
社会生活	2.85	23	23	8	8
居民人均可支配收入（元）	2.97	21	21	7	6
万人社会消费品零售额（万元）	2.71	27	29	10	10

如表3-97所示，金溪县科技创新能力排在全省二类县（市、区）第15位，与上一年位次相同，排在抚州市第7位，较上一年上升1位。在一级指标中，经济社会发展排在全省二类县（市、区）第31位，较上一年下降9位，排在抚州市第10位，与上一年位次相同；创新环境排在全省二类县（市、区）第23位，较上一年下降6位，排在抚州市第9位，较上一年下降1位；创新投入排在全省二类县（市、区）第8位，较上一年上升16位，排在抚州市第4位，较上一年上升6位；创新成效排在全省二类县（市、区）

第 4 位，较上一年上升 1 位，排在抚州市第 7 位，较上一年下降 2 位。

综上所述，金溪县技术合同成交额、规模以上工业企业 R&D 人员占从业人员比重、每万家企业法人科技型中小企业数等指标在全省二类县（市、区）排名前五，但每十万人科普专职人员、规模以上企业数、规模以上工业企业 R&D 经费支出、GDP 较上一年增长率等排名偏后。建议该县加大科普宣传力度，加强科技创新意识，持续优化创新环境，吸引更多规模以上企业入驻，进一步增强科技竞争力，促进经济社会发展。

九、资溪县

资溪县，位于江西省中部偏东、抚州市东部，抚州市下辖县。2021 年，该县常住人口为 9.53 万人，地区 GDP 为 51.87 亿元。居民人均可支配收入为 25 436 元，排在全省三类县（市、区）第 14 位，排在抚州市第 8 位。GDP 较上一年增长 8.30%，排在全省三类县（市、区）第 29 位，排在抚州市第 4 位。规模以上工业企业建立研发机构的比例为 32.14%，排在全省三类县（市、区）第 20 位，排在抚州市第 10 位。人均科普经费投入为 1.03 元，排在全省三类县（市、区）第 13 位，排在抚州市第 4 位。每十万人科普专职人员为 110.19 人，排在全省三类县（市、区）第 1 位，排在抚州市第 1 位。万人有效发明专利拥有量增量为 0.43 件，排在全省三类县（市、区）第 24 位，排在抚州市第 8 位。高新技术产业增加值占规模以上工业增加值比重为 6.24%、较上一年增幅 0.46%，排在全省三类县（市、区）第 32 位，排在抚州市第 11 位。本级地方财政科技支出占公共财政支出比重为 4.93%，排在全省三类县（市、区）第 3 位，排在抚州市第 1 位。万人社会消费品零售额为 31 467.85 万元，排在全省三类县（市、区）第 3 位，排在抚州市第 1 位（表 3-98）。

表 3-98 资溪县（三类）科技创新能力评价指标得分与位次

指标名称	得分（分）	全省三类县（市、区）排名		本市排名	
	2021 年	2020 年	2021 年	2020 年	2021 年
科技创新能力	60.29	31	28	11	11

续表

指标名称	得分（分）2021 年	全省三类县（市、区）排名 2020 年	全省三类县（市、区）排名 2021 年	本市排名 2020 年	本市排名 2021 年
创新环境	3.75	20	3	11	2
创新基础	2.83	24	28	11	11
规模以上企业数（家）	2.35	32	32	11	11
规模以上工业企业建立研发机构的比例（%）	3.33	16	20	10	10
当年新增省级及以上研发平台/创新载体（个）	2.81	13	21	6	7
科技意识	5.12	11	1	6	1
人均科普经费投入（元）	3.36	1	13	2	4
每十万人科普专职人员（人）	7.27	—	1	—	1
创新投入	2.71	31	30	11	11
人力投入	2.42	32	32	11	11
规模以上工业企业中万人 R&D 人员全时当量（人·年）	2.47	32	32	11	11
规模以上工业企业 R&D 人员占从业人员比重（%）	2.38	32	32	11	11
财力投入	2.94	12	25	7	10
规模以上工业企业 R&D 经费支出	2.58	24	28	11	11
规模以上工业企业 R&D 经费支出占营业收入比重（%）	3.24	9	17	3	7
创新成效	3.07	31	29	11	11
技术创新	3.13	29	31	11	11
万人有效发明专利拥有量增量（件）	3.50	4	24	5	8
每万家企业法人高新技术企业数（家）	2.84	32	31	11	11
每万家企业法人科技型中小企业数（家）	3.03	28	27	11	11
产业化水平	3.02	31	25	11	10
规模以上工业企业新产品销售收入占营业收入比重（%）	3.82	26	13	11	5
高新技术产业增加值占规模以上工业增加值比重（%）	2.31	29	32	8	11
技术合同成交额	3.09	10	20	8	9
农业产业化省级以上龙头企业数（家）	2.98	15	15	8	8
经济社会发展	3.62	2	7	2	1
经济增长	3.81	3	7	2	1

续表

指标名称	得分（分）	全省三类县（市、区）排名		本市排名	
	2021 年	2020 年	2021 年	2020 年	2021 年
GDP 较上一年增长率（%）	2.77	15	29	7	4
本级地方财政科技支出占公共财政支出比重（%）	4.84	1	3	1	1
社会生活	3.33	7	7	4	4
居民人均可支配收入（元）	2.94	14	14	8	8
万人社会消费品零售额（万元）	3.81	3	3	1	1

如表 3-98 所示，资溪县科技创新能力排在全省三类县（市、区）第 28 位，较上一年上升 3 位，排在抚州市第 11 位，与上一年位次相同。在一级指标中，经济社会发展排在全省三类县（市、区）第 7 位，较上一年下降 5 位，排在抚州市第 1 位，较上一年上升 1 位；创新环境排在全省三类县（市、区）第 3 位，较上一年上升 17 位，排在抚州市第 2 位，较上一年上升 9 位；创新投入排在全省三类县（市、区）第 30 位，较上一年上升 1 位，排在抚州市第 11 位，与上一年位次相同；创新成效排在全省三类县（市、区）第 29 位，较上一年上升 2 位，排在抚州市第 11 位，与上一年位次相同。

综上所述，资溪县每十万人科普专职人员在全省三类县（市、区）排名第一，但规模以上企业数、规模以上工业企业中万人 R&D 人员全时当量、规模以上工业企业 R&D 人员占从业人员比重、每万家企业法人高新技术企业数、高新技术产业增加值占规模以上工业增加值比重等排名落后。建议该县进一步加大科技创新投入力度，加快引进和培育科技型人才，鼓励企业自主研发，同时加速培育高新技术企业，提高技术创新和产业化水平，助推经济高质量发展。

十、广昌县

广昌县，位于江西省抚州市南部，抚州市下辖县。2021 年，该县常住人口为 20.14 万人，地区 GDP 为 95.19 亿元。居民人均可支配收入为 21 673 元，排在全省三类县（市、区）第 27 位，排在抚州市第 10 位。GDP 较上一年增长 8.20%，排在全省三类县（市、区）第 31 位，排在抚州市第 5 位。规模以上企业数为 123 家，排在全省三类县（市、区）第 15 位，排在抚州市第 6 位。每十万人科普专职人员为 4.47 人，排在全省三类县（市、区）第 29 位，排在抚州市第 9 位。规模以上工业企业中万人 R&D 人员全时当量为 15.09 人·年，排在全省三类县（市、区）第 18 位，排在抚州市第 8 位。每万家企业法人科技型中小企业数为 68.03 家，排在全省三类县（市、区）第 22 位，排在抚州市第 10 位。技术合同成交额为 5102 万元、与 GDP 之比为 0.54%，排在全省三类县（市、区）第 32 位，排在抚州市第 11 位。农业产业化省级以上龙头企业数为 8 家，排在全省三类县（市、区）第 10 位，排在抚州市第 6 位。本级地方财政科技支出占公共财政支出比重为 4.41%，排在全省三类县（市、区）第 4 位，排在抚州市第 2 位（表 3-99）。

表 3-99　广昌县（三类）科技创新能力评价指标得分与位次

指标名称	得分（分）	全省三类县（市、区）排名		本市排名	
	2021 年	2020 年	2021 年	2020 年	2021 年
科技创新能力	60.65	19	27	9	10
创新环境	3.04	14	28	9	11
创新基础	3.02	17	22	9	9
规模以上企业数（家）	2.91	15	15	6	6
规模以上工业企业建立研发机构的比例（%）	3.31	13	23	9	11
当年新增省级及以上研发平台 / 创新载体（个）	2.81	13	21	6	7
科技意识	3.06	18	28	9	9
人均科普经费投入（元）	3.28	1	15	2	5
每十万人科普专职人员（人）	2.79	—	29	—	9
创新投入	2.98	17	24	9	10
人力投入	3.10	22	21	8	8
规模以上工业企业中万人 R&D 人员全时当量（人·年）	3.03	22	18	7	8
规模以上工业企业 R&D 人员占从业人员比重（%）	3.17	17	18	7	8
财力投入	2.88	14	27	9	11
规模以上工业企业 R&D 经费支出	2.66	5	26	5	10

续表

指标名称	得分（分）	全省三类县（市、区）排名		本市排名	
	2021年	2020年	2021年	2020年	2021年
规模以上工业企业R&D经费支出占营业收入比重（%）	3.06	16	24	10	11
创新成效	3.37	18	23	8	9
技术创新	3.25	22	26	10	10
万人有效发明专利拥有量增量（件）	3.46	19	26	9	11
每万家企业法人高新技术企业数（家）	3.08	25	24	10	10
每万家企业法人科技型中小企业数（家）	3.20	18	22	8	10
产业化水平	3.50	13	17	7	7
规模以上工业企业新产品销售收入占营业收入比重（%）	4.85	2	2	1	1
高新技术产业增加值占规模以上工业增加值比重（%）	3.40	24	19	6	7
技术合同成交额	2.57	19	32	10	11
农业产业化省级以上龙头企业数（家）	3.27	10	10	6	6
经济社会发展	3.22	15	17	8	5
经济增长	3.58	8	12	5	2
GDP较上一年增长率（%）	2.64	21	31	8	5
本级地方财政科技支出占公共财政支出比重（%）	4.51	4	4	2	2
社会生活	2.69	25	25	10	10
居民人均可支配收入（元）	2.47	27	27	10	10
万人社会消费品零售额（万元）	2.97	17	18	4	4

如表3-99所示，广昌县科技创新能力排在全省三类县（市、区）第27位，较上一年下降8位，排在抚州市第10位，较上一年下降了1位。在一级指标中，经济社会发展排在全省三类县（市、区）第17位，较上一年下降2位，排在抚州市第5位，较上一年上升3位；创新环境排在全省三类县（市、区）第28位，较上一年下降14位，排在抚州市第11位，较上一年下降2位；创新投入排在全省三类县（市、区）第24位，较上一年下降7位，排在抚州市第10位，较上一年下降1位；创新成效排在全省三类县（市、区）第23位，较上一年下降了5位，排在抚州市第9位，较上一年下降1位。

综上所述，广昌县 2021 年度科技创新能力排名有所下降，技术合同成交额、每十万人科普专职人员、GDP 较上一年增长率、万人有效发明专利拥有量增量等多项指标排名相对靠后。建议该县优化创新环境，提高民众及企业创新意识，鼓励企业开展科技创新活动，强化产学研合作，提高成果转移转化效益，同时加速培育高新技术企业和科技型中小企业，让科技创新更好服务于经济社会发展。

十一、东乡区

东乡区，原东乡县，2017 年 12 月撤销东乡县设立东乡区，位于江西省东部，抚州市市辖区。2021 年，该区常住人口为 37.89 万人，地区 GDP 为 213.86 亿元。居民人均可支配收入为 32 145 元，排在全省二类县（市、区）第 3 位，排在抚州市第 2 位。GDP 较上一年增长 8.40%，排在全省二类县（市、区）第 24 位，排在抚州市第 3 位。规模以上企业数为 179 家，排在全省二类县（市、区）第 20 位，排在抚州市第 3 位。当年新增省级及以上研发平台 / 创新载体 2 个，排在全省二类县（市、区）第 7 位，排在抚州市第 2 位。人均科普经费投入为 1.10 元，排在全省二类县（市、区）第 4 位，排在抚州市第 1 位。规模以上工业企业 R&D 经费支出为 28 786.4 万元、较上一年下降 1.59%，排在全省二类县（市、区）第 25 位，排在抚州市第 9 位。每万家企业法人科技型中小企业数为 94.59 家，排在全省二类县（市、区）第 8 位，排在抚州市第 8 位。高新技术产业增加值占规模以上工业增加值比重为 31.20%、较上一年增幅 12.52%，排在全省二类县（市、区）第 8 位，排在抚州市第 5 位。技术合同成交额为 33 001.74 万元、与 GDP 之比为 1.54%，排在全省二类县（市、区）第 9 位，排在抚州市第 6 位。农业产业化省级以上龙头企业数为 16 家，排在全省二类县（市、区）第 4 位，排在抚州市第 2 位（表 3-100）。

表 3-100　东乡区（二类）科技创新能力评价指标得分与位次

指标名称	得分（分）2021 年	全省二类县（市、区）排名		本市排名	
	2021 年	2020 年	2021 年	2020 年	2021 年
科技创新能力	66.30	5	13	3	6
创新环境	3.32	1	18	2	7
创新基础	3.37	1	15	2	6
规模以上企业数（家）	3.30	13	20	2	3
规模以上工业企业建立研发机构的比例（%）	3.47	9	19	8	9
当年新增省级及以上研发平台/创新载体（个）	3.35	1	7	1	2
科技意识	3.23	8	18	4	5
人均科普经费投入（元）	3.56	2	4	1	1
每十万人科普专职人员（人）	2.82	—	27	—	7
创新投入	3.32	12	23	6	7
人力投入	3.49	11	15	6	6
规模以上工业企业中万人 R&D 人员全时当量（人·年）	3.28	17	17	5	4
规模以上工业企业 R&D 人员占从业人员比重（%）	3.70	6	11	6	6
财力投入	3.19	13	26	8	9
规模以上工业企业 R&D 经费支出	3.18	14	25	4	9
规模以上工业企业 R&D 经费支出占营业收入比重（%）	3.19	12	27	8	10
创新成效	3.65	4	3	4	6
技术创新	3.55	3	9	4	6
万人有效发明专利拥有量增量（件）	3.67	2	9	2	3
每万家企业法人高新技术企业数（家）	3.49	6	6	4	5
每万家企业法人科技型中小企业数（家）	3.46	5	6	6	8
产业化水平	3.75	6	6	3	6
规模以上工业企业新产品销售收入占营业收入比重（%）	3.70	15	8	9	6
高新技术产业增加值占规模以上工业增加值比重（%）	3.67	27	8	7	6
技术合同成交额	3.55	2	9	2	6
农业产业化省级以上龙头企业数（家）	4.41	4	4	2	2
经济社会发展	3.45	8	14	3	2

指标名称	得分（分）	全省二类县（市、区）排名		本市排名	
	2021年	2020年	2021年	2020年	2021年
经济增长	3.42	8	17	4	3
GDP 较上一年增长率（%）	2.91	15	24	4	3
本级地方财政科技支出占公共财政支出比重（%）	3.92	6	7	3	4
社会生活	3.49	8	8	2	2
居民人均可支配收入（元）	3.79	3	3	3	2
万人社会消费品零售额（万元）	3.14	15	15	2	2

如表 3-100 所示，东乡区科技创新能力排在全省二类县（市、区）第 13 位，较上一年下降 8 位，排在抚州市第 6 位，较上一年下降 3 位。在一级指标中，经济社会发展排在全省二类县（市、区）第 14 位，较上一年下降 6 位，排在抚州市第 2 位，较上一年上升 1 位；创新环境排在全省二类县（市、区）第 18 位，较上一年下降 17 位，排在抚州市第 7 位，较上一年下降 5 位；创新投入排在全省二类县（市、区）第 23 位，较上一年下降 11 位，排在抚州市第 7 位，较上一年下降 1 位；创新成效排在全省二类县（市、区）第 3 位，较上一年上升了 1 位，排在抚州市第 6 位，较上一年下降 2 位。

综上所述，东乡区人均科普经费投入、每万家企业法人高新技术企业数、农业产业化省级以上龙头企业数、居民人均可支配收入等排名靠前，但每十万人科普专职人员、规模以上工业企业 R&D 经费支出占营业收入比重、规模以上工业企业 R&D 经费支出等排名相对偏后。建议该区夯实创新基础，鼓励有条件的企业建立研发机构、加大研发投入，提升产业竞争力水平，促进经济高质量发展。

科技创新能力得分计算方法 [1]

第一步，将三级指标原始数据进行标准化：

$$S_{ijk} = \frac{X_{ijk} - \overline{X}}{\sigma}$$

其中，S_{ijk} 为三级指标标准化后的数值；X_{ijk} 为第 i 个一级指标下、第 j 个二级指标下的第 k 个三级指标；$\overline{X}$ 为三级指标各区县的均值；σ 为标准差。

第二步，二级指标得分：

$$S_{ij} = \sum_{k=1}^{n_j} (S_{ijk} + \partial) W_{ijk}$$

其中，S_{ij} 为二级指标得分；∂ 为三级指标得分修正值；W_{ijk} 为各三级指标对应权重；n_j 为第 j 个二级指标下设的三级指标个数。

第三步，一级指标得分：

$$S_i = \sum_{j=1}^{n_i} S_{ij} W_{ij}$$

其中，S_i 为一级指标得分；W_{ij} 为各二级指标对应权重；n_i 为第 i 个一级指标下设的二级指标个数。

第四步，综合得分：

$$S = \sum_{i=1}^{n} S_i W_i$$

---

[1] 陈勇，李政刚，张欣. 2016. 2014 年度重庆市区县科技竞争力评价报告. 重庆：重庆出版集团. 各级指标权重由专家打分综合确定。数值保留小数点后两位。

其中，S 为综合得分；W_i 为各一级指标对应权重；n 为一级指标个数。

第五步，百分制转换后总得分：

$$S_{总}=S/t$$

其中，$S_{总}$ 为百分制转换后的总得分；S 为综合得分；t 为转换系数。

江西省科学院科技战略研究所

　　江西省科学院科技战略研究所（简称战略所）成立于2013年12月，直属于江西省科学院，是江西省首个集科技战略研究、科技决策咨询、科技信息服务为一体的智库型科学研究机构。2016年成为全国地方科技智库联盟副理事长单位，2017年入选"中国智库索引"（CTTI）单位，同年当选国际科学院协会科学与科学学学会理事单位，2021年成为中国工程科技发展战略江西研究院运行管理单位，同年被评为省级重点高端智库，2022年入选首批江西省科协高端科技创新智库研究基地。

　　战略所按照"服务区域创新、支撑战略决策、促进产业发展"的定位，围绕江西省委、省人民政府重大决策及全省经济和社会发展的重大需求，为全省各级政府、行业企业、科研院所、高等院校等社会各界提供科技战略研究、科技咨询、科技查新及知识产权分析评议等科技服务，为江西省科技、经济、社会发展的宏观决策、创新驱动发展提供有效的决策支撑。

　　战略所采取靠大联强、借梯登高的方式，先后与中国科学院文献情报中心、中国科学院科技战略咨询研究院和中国科学技术发展战略研究院签订合作协议，在国内一流智库的支持帮助下，组建了一支多学科专业研究团队和国内外专家库；搭建了3个国家级平台、6个省级平台和3个与中国科学院共建平台；构建了多个海量情报信息的专业数据库；推出了一批应用对策性研究成果并得到实施，先后获得江西省委、省人民政府领导重要批示320余次，为省领导、省直部门、地方政府决策发挥了重要的科技支撑作用。

战略所先后完成了《全国地方科学院科技竞争力分析》《中部六省科技竞争力比较分析报告》《长江经济带内陆开放经济科技创新战略研究》《加快融入长三角 G60 科创走廊，深化科技创新共建共享》《依托国家级大院大所增强江西科技创新驱动力的建议》等报告，得到省领导和相关部门的肯定，在科技创新评价领域形成了自己的优势和特色，发挥了"思想库、智囊团"作用。